AF612166

Colección Bitácora

Colección de la microeditorial Biblioteca de Chilenia dedicada a la investigación, reflexión y difusión de la cultura popular en Chile, enfocada principalmente a tribus urbanas, subculturas, géneros y corrientes artísticas que actualmente son poco analizadas desde la academia.

Equipo Editorial

Dirección de la colección y editor	: Emiliano Navarrete
Autoras del ensayo	: Kata Allende, Priska Gallardo
Editora asesora	: Jacqueline Herrera
Diseño de la portada	: Gaspar Ortega
Diagramación	: Eric Carvajal
Impresión	: Talleres Gráficos de Chilenia, Puente Alto
Encuadernación	: Libros Independientes, Rancagua

ISBN : 978-956-9505-51-5

Contacto con la editorial
Facebook: Biblioteca de Chilenia
Twitter: @biblidechilenia
Instagram: @BibliotecaDeChilenia

Bitácora es una colección de la microeditorial Biblioteca de Chilenia

Primera edición
Mayo de 2021
Escrito en El Bosque y Puerto Natales, editado en Puente Alto y El Quisco

Steven Universe

O cómo ser fuerte de verdad

Kata Allende y Priska Gallardo

Epílogo de Jacqueline Herrera

Prólogo: Steven Universe, el pequeño niño que todos adoramos y las bacanas gemas de cristal

Para muchos aficionados y fanáticos de la serie animada *Hora de Aventura* (*Adventure Time* su título original) apareció un genuino interés por conocer los nombres del equipo realizador. El trabajo de animadores, actores y actrices de doblaje, los directores y compositores que aparecen en los créditos de un capítulo adquiere relevancia a la hora de pasar por alto o degustar cada detalle de dicho capítulo. Incluso si una serie está dirigida y concebida por la figura de un creador enfocado en contar una historia en particular. En muchas ocasiones la realización de un capítulo u otro requiere distintos equipos de trabajo, y esto se delata en lo épico de los capítulos de Patrick McHale (creador de *Mas allá del jardín*), lo kawaii y queer en los capítulos en donde el rol de Natasha Allegri (creadora de *Bee & Puppycat*) es relevante, el melodrama y las letras juguetonas e intensas de Rebecca Sugar, o el trabajo tanto como supervisor y guionista gráfico de Ian Jones-Quartey (creador de la serie *Ok K.O.! Let's be heroes*) sin olvidar del constante trabajo de Adam Muto (el hombre ancla de la serie y mano derecha del creador de la serie) y el autor de "*la pieza maestra del surrealismo por TV*" según el New York Times, el artista Pendelton Ward (creador de *Braviest Warriors*).

En ese contexto nos concentramos en la figura de la compositora y desarrolladora de storyboards Rebecca Sugar, quien llamó la atención desde el principio por colar una canción lesboafectiva llamada *Soy tu problema* (*I'm just your problem*). El contexto de la canción radica en un acertijo musical que aparece en el capítulo "Lo que estaba perdido" de la tercera temporada de la serie. La consola de videojuegos BMO, Jake el perro y Finn el humano aparecen como músicos de apoyo de Marceline, la reina de los vampiros, ésta mira con desprecio y desgarro frente a Dulce Princesa. Muchos televidentes que veían la serie primero en inglés, temían que "cristianizaran" o censuraran la intención de la letra. Tal como dice casi al inicio de la canción, cuando la vampira cambia la melodía electropop por una metalera:

Ooh
You don't like that?
Or do you just not like me!

Aunque, por fortuna, o por relajo de la censura dentro de la cadena Cartoon Network para esta región en particular, en español latino se respetó la intencionalidad e inclusive la rima y el ritmo de la canción. Más sorprendía ver en la señal de TV cable y en pleno horario infantil, el escuchar esta letra con un excelente bass line:

Siento no tratarte como Diosa,
Eso es lo que quisieras que yo haga.
Pienso que no eres tan perfecta,
Como todos tus súbditos.
Lo siento no soy de azúcar,
Y no soy dulce para ti.

Sus capítulos no solo habla de la identidad de género, también habla del abandono, de la melancolía, de problemas de salud mental, como es el caso del Rey Helado, quien, a lo largo de distintas temporadas se delata de su padecimiento de amnesia retrógrada frente a su verdadero ego, el científico entusiasta Simon Petrikov, y su gran capacidad de crear canciones ociosas, infantiles y joviales, como la canción dedicada a las papas fritas o a los calcetines de un bebé, y la pegajosa canción de Jake el perro, *Bacon Pancakes*. Definitivamente, Rebecca Sugar, logra tener éxito y su labor es apreciada y destacada dentro de la serie producida por Freederator Studios para Cartoon Network. Con un equipo de trabajo consolidado, la bendición de todos compañeros de trabajo en *Hora de Aventura*, y bajo la tutela de Warner Brothers Animation (los mismos responsables de todas las animaciones del universo DC), debuta como directora y creadora con una serie tan ambiciosa como el apellido de su protagonista, *Steven Universe*. No mucho se intuía con la publicidad que aparecía tanto en

Cartoon Network, como en Chilevisión (señal chilena que, en ese año, era propiedad de Warner Brothers), solo aparecían voces femeninas de distintas razas y un niño con un piercing en el ombligo, claramente, no mucho se puede inferir de ese anuncio. Tal vez, lo que más llamó la atención, es que era la primera vez que Cartoon Network preparaba una animación dirigida por una mujer.

Steven Universe es una serie animada que vino a plantear diversos temas como salud mental, sociabilidad, autosuperación, exopolítica (solo *Star Trek* y *Star Wars* han popularizado ese tema), asuntos raciales, integración, discriminación, maltrato infantil, crímenes de guerra, exilio, iniciación de la vida afectiva y peleas épicas con látigos, escudo y espada con colores flúor y llamativos. El 4 de noviembre del 2013 en Estados Unidos es la fecha de lanzamiento en Estados Unidos, mientras que, el 21 de abril del siguiente año fue el debut para la señal latinoamericana, y el 31 de mayo la versión española. Para los efectos de este libro, las fechas y capítulos que hablaremos corresponderán a la versión latinoamericana de la serie televisiva.

Si bien, los primeros capítulos no fueron del todo amado o admirado por el *fandom*, si logró crear expectación sobre el entrenamiento y desarrollo del pequeño Steven de 13 años, quien es criado por una familia alienígena. Y si, la palabra sirve para sus dos acepciones, alienígenas de extraterrestres, puesto que son mujeres de otra galaxia, y alienígenas de extranjeras, puesto que Garnet ocupa acento y pelo rizado como las afroamericanas. Mientras que Amatista es baja y maciza, como los cuerpos de mujeres precolombinas, además de usar slang y frases en chicano y español pronunciadas por la voz original en inglés. En tanto Perla ocupa tanto la parsimonia, los ritos, modales y el acento británico. La figura de una madre ausente y un padre pauperizado, con trabajo precario, pero pendiente de la crianza de su prole y cariñoso.

En el ámbito musical, Rebecca Sugar sigue trabajando como compositora y letrista, y muchas veces acompañadas por el dueto electrónico Aivi & Aurasshu, además de contar con la participación de la artista urbana Estelle en las canciones donde aparece su personaje a quien personifica, Garnet.

Steven Universe, a diferencia de *Teen titans go!*, *Bob Esponja* o *Los Simpson*, no es un cartoon (expresión usada para referirse a las caricaturas estadounidenses) anecdótico, o de gags. Más bebe de una tradición de una caricatura formativa, educativa, o inclusive, que explora la identidad íntima de dicho país. Muy cercano a lo que es *Snoopy*, *Daria*, *Rugrats* o *La leyenda de Korra*, es una obra que no viene a juzgar a una niña por ser asiática, o criminalizar a un niño de Bajos de Mena. O discriminar a una joven en su proceso de transición que habita el tercer mundo. O menos aún, maltratar a quienes somos los otros (o les otres), los diferentes. Tanto Rebecca Sugar, como su esposo Ian Jones-Quartey y el resto del staff, cada capítulo crucial y delicado no es tomada a la ligera, sino con un guante de seda que viene a abrazar a las otras infancias y a la alteridad.

Este es un libro nace bajo la siguiente inquietud, cómo artistas urbanas como Nicki Minaj o Estelle prefieren dar voces a gemas guerreras, o cómo Takafumi Hori, miembro del estudio de animé Trigger, y uno de los responsables de *Kill la Kill* y *Little Witch Academia* accede a escribir y hacer el storyboard de un capítulo dedicado a la inteligencia emocional *(Educación consciente)*, o anima la secuencia de acción más vertiginosa en la película de *Steven Universe*, con una canción contagiosa de Spinel, una gema cuya silueta es digna de un Mickey Mouse malvado, cómo es posible que en San Diego Comic Con del 2018 decidieran dar un espacio de inmersión en el stand Cartoon Network, siendo a su vez el único (y gran) atractivo de dicho espacio, excluyendo a sus docenas de otras series animadas.

Bajo estos hechos y preguntas surge este libro contemplativo, en donde las autoras Kata Allende y Priska Gallardo, quienes, en años de estudios académicos en la Universidad de Chile, dieron forma a estos ensayos que abordan la salud mental, las instituciones, la integración social, el impacto y el legado de las gemas de cristal con el cariño que dos autoras dan a una serie animada que las acompañó en su formación profesional, y así enseñar a la infancia y juventud, cómo ser fuertes de verdad, una interpretación de esta letra original de Rebecca Sugar, quien aparece una sabia y valiente Perla:

> *And can't you see that she's out of control*
> *And overzealous?*
> *I'm telling you for your own good*
> *And not because I'm*
> *I can show you how to be strong*
> *In the real way.*

Emiliano Navarrete
Director Editorial
21 de abril de 2021
Otro otoño en pandemia

La Propuesta

La idea surgió el año 2015 en pleno semestre de invierno en un aulario de Juan Gómez Millas (edificio que alberga carreras humanistas y de ciencias sociales en la Universidad de Chile) durante una clase del proceso de investigación, las sillas se encontraban desordenadas y una gran cantidad de personas hablaban mientras se alejaba del lugar. Kata estaba cursando su tercer año de Periodismo teniendo muy pocos amigos en su carrera porque se llevaba mucho mejor con los amigos conocidos en la carrera de Cine y Televisión, en paralelo Priska se encontraba retomando ramos de investigación para continuar su carrera de Cine haciendo una especie de tercer/cuarto año donde conocía a pocas personas por su carácter tímido.

Ambas se encontraban en la sala preparándose para salir. Kata guardaba su cuaderno en el bolso pensando en comprar galletas cuando inesperadamente se iluminó la ampolleta y tuvo la idea de estudiar la serie infantil *Steven Universe* ya que los temas sugeridos por la universidad eran abordados de forma tradicional siendo pocos atractivos el público general.

Alzó rápidamente su cabeza observando su entorno, hasta distinguir la espalda de una persona conocida y decidió acercarse directamente pese a recordar su nombre. Con gran entusiasmo saltó a su lado para llamar su atención preguntando: hola, ¿quieres hacer una investigación sobre gemas lesbianas? En ese instante Priska se estaba colocando un chaleco, mientras pensaba en salir a comprar un café; sorpresivamente apareció una persona conocida presentando una idea interesante por diferenciarse a las temáticas abordadas en la universidad. Para ella fue confuso, inesperado pero atractivo, sin pensarlo dos veces decidió aceptarlo. En ese semestre ambas formaron un equipo de investigación junto a una chica de intercambio mexicana y otro compañero de Cine indagando las relaciones afectivas en aplicaciones.

Al año siguiente ambas dieron el paso inicial para materializar la idea propuesta del semestre anterior, reuniéndose con Paulo Cubillos y Carolina Contreras (estudiantes de Cine) comenzando la primera versión de la investigación. Cuando inició el proceso no estaban seguros de cumplir los requisitos para el proyecto porque la serie no se encontraba en televisión abierta, sin embargo, ocurrió la mágica coincidencia pues *Steven Universe* comenzó a ser emitido por Chilevisión (CHV) durante su limitada franja infantil emitida desde la ocho de la mañana. Su proceso de trabajo grupal estuvo marcado por su larga duración con extenuantes jornadas dedicadas a rehacer sus ideas, viendo por muchas horas un mismo capítulo durante la época de paro, leyendo una gran cantidad de bibliografía, aprendiendo a comunicarse entre cuatro personas y muchas veces editando hasta altas horas de la noche pues debían entregar un avance a la mañana siguiente.

La segunda edición del texto comenzó a ser reformulada el 2018 durante el inicio del invierno y su redacción desde noviembre del mismo año sin la participación de Paulo y Carolina por motivos personales. Pese a esto, ellas aceptaron la oportunidad deseando reenfocar la primera investigación ya que la serie estaba ayudándolas a crecer emocionalmente y contaban con el apoyo de Emiliano Navarrete representando a la editorial Biblioteca de Chilenia.

¿Qué es Steven Universe?

La serie de animación *Steven Universe* forma parte del amplio catálogo de contenidos producidos o emitidos por Cartoon Network dirigidas hacia un público mayoritariamente infantil. La historia fue creada y presentada por Rebecca Sugar en 2012 a los ejecutivos del canal mientras formaba parte del equipo realizador de *Hora de Aventura*.

La historia se encuentra protagonizada por un niño de 13 años llamado Steven Universe, un híbrido entre humano y gema, descubriendo sus poderes mágicos. El chico es cuidado por Garnet, Amatista y Perla, seres provenientes de otro planeta. Los cuatro conviven diariamente en una casa ubicada en la costanera de la Ciudad Playa. Estas tres figuras femeninas conforman a las Crystal Gems, un grupo de poderosas gemas espaciales con la misión de cuidar la Tierra usando sus poderes mágicos.

Esta animación norteamericana tiene un episodio piloto nombrado no oficialmente como *La cosa del tiempo* (en inglés: *The Time Thing*), con una duración de siete minutos, dirigido por Genddy Tartakovsky (el genio detrás de *Dos Perros Tontos* y *Las Chicas Superpoderosas*) y transmitido en 2013. En Julio, Cartoon Network utilizó su página en Facebook y su plataforma digital oficial se compartió temporalmente, una versión editada del corto. Posteriormente fue exhibido en Comic Con de San Diego realizada ese mismo año junto a las series de comedia *Clarence* creado por Skyler Page y *Tío Grampa* del dibujante Pete Browngardt. Después del piloto hubo cambios a niveles estéticos notorios en el estilo de dibujo generando la modificación en la apariencia de personajes, paleta de colores y el entorno.

Su estreno oficial aconteció el 4 de noviembre 2013 emitiendo los episodios *Brillo de Gema* y *El Cañón Láser* a través de la señal de televisión estadounidense. Durante 2014 comenzó a ser transmitida por diversos lugares del globo como Latinoamérica, Australia, Reino Unido, Irlanda y parte del continente asiático. La serie está dividida en cinco temporadas: la primera compuesta por 42 episodios y desde la segunda hasta la quinta temporada cuentan entre 26 a 32 capítulos. Más una película para televisión llamada *Steven Universe: The movie* y el epílogo *Steven Universe Future* ambientadas en el futuro cercano mostrando la vida del protagonista y las gemas viviendo una nueva etapa de su vida en la tierra.

Asimismo, posee ocho cortos lanzados entre los años 2015 y 2016 junto a una campaña de cuidado personal patrocinada por la empresa Dove dedicada a fomentar una mayor autoestima en los jóvenes. Existen productos asociados como videojuegos para dispositivos móviles y consolas; podcast abordando temáticas sobre la serie, diversos tipos de merchandising, cómics y novelas gráficas.

La serie ha recibido nominaciones en competencias: entre los años 2014 y 2016 participó en diversas categorías de la Asociación Internacional de Películas Animadas (ANNIE). Los capítulos *León 3, el video (*2015), *La respuesta* (2016), *El señor Greg* (2017) y *Selva Lunar* (2018) fueron nominados a los Premios Emmy en la categoría *mejor episodio corto de animación.* En el año 2015 *Steven Universe* estuvo ubicado en la lista de honor de los James Tiptree Jr. Award, este galardón está destinado a premiar trabajos ambientados en la ciencia ficción o fantasía donde se abordan temáticas ligadas a la identidad de género. Y la Alianza Contra la Difamación de Gays y Lesbianas, realizó la edición número 28 de los GLAAD Media Awards en el 2017 donde la serie compitió en la categoría serie de comedia excepcional. Los actores de habla inglesa ganaron la premiación Behind the Voice Actor Awards, la interpretación de Zach Callison como Steven fue galardonada en 2013. Al año siguiente triunfaron Deedee Magno Hall como Perla, Jennifer Paz como Lapislázuli y el premio al mejor reparto de voces en una serie comedia/musical de televisión.

La banda sonora de la historia fue compuesta por el dueto Aivi & Surasshu, conocidos por mezclar el piano con el estilo musical chiptune (música de 8-bits). Ellos son los encargados de elaborar las piezas instrumentales usadas para ambientar y complementar el relato presentado en cada capítulo. El tema de inicio *Somos Las Gemas de Cristal* (en inglés: *We Are The Crystal Gems)* fue creada por Rebecca Sugar junto a los compositores e interpretada por protagonistas de la serie: Steven Universe, Perla, Garnet, Amatista y Greg Universe. En tanto la canción de cierre *Amar como tu* (en inglés: *Love Like You*) fue creada por el trabajo conjunto de Aivi & Surasshu y Sugar, siendo esta última la intérprete de la canción.

Es interesante estudiar la serie de televisión *Steven Universe* ya que la historia presenta a Steven con sus tres compañeras viviendo situaciones cotidianas, momentos cómicos y batallas. Las experiencias involucran a los personajes forzándolos a experimentar un proceso de crecimiento personal otorgando un mayor grado de complejidad en el relato. De esa forma Steven es el personaje gatillante porque va construyendo su identidad, reconociendo el vínculo entre sus poderes mágicos y sus emociones generando un autoconocimiento personal. Esta acción tiene repercusiones directas o indirectas provocando un proceso similar en sus compañeras. La experimentación del autoconocimiento permite iniciar un proceso emocional enfocado en el reconocimiento y valor del amor propio. De esa forma la serie expone como el trabajo personal genera la vinculación afectiva con su entorno basado en la relación establecida con otros y/o el lugar físico considerado un hogar. Asimismo, se justifica la existencia de una constante motivación haciéndoles luchar contra las injusticias siguiendo un ideal.

Gracias a las múltiples experiencias personales vividas y relatadas por los personajes involucrados en la historia se aborda complejamente la afectividad exponiendo la teoría del amor descrita en *Apego y relaciones amorosas.* Donde el autor Félix López describe las ideas propuestas de John Allan Lee formuladas tras una gran cantidad de entrevistas y técnicas de análisis. Él propuso una tipología de los estilos del amor relacionados entre sí en un círculo cerrado: los tres tipos de amor primarios son Eros (amor romántico y pasional), Ludus (amor lúdico), Storge o Amistad (amor - amistad); seguido por y tres secundarios: Manía (amor posesivo y dependiente), Pragma (amor lógico y práctico) y Ágape (amor altruista).

La educación emocional está relacionada directamente con los puntos anteriores pues en el transcurso del relato se presenta la importancia de comprender como la conciencia sobre un mundo interior habitado por conflictos personales tiene una gran influencia en el personaje, afectado la toma de decisiones y la realización de acciones concretas. Esta idea es reforzada por los autores Gemma Filella y Rafael Bisquerra en *Educación emocional y medios de comunicación* reafirman la educación emocional porque tiene un valor fundamentalmente preventivo para la sociedad actual marcada por el analfabetismo emocional. Teniendo repercusión a nivel colectivo por la sensación de conflictividad, violencia, problemas de salud entre otros. Y a nivel individual puede afectar la vida cotidiana cuando la persona está enfrentada a la necesidad de tomar decisiones sobre el futuro, superar los fracasos, situaciones frustrantes, conflictos en las interacciones personales, organización del tiempo personal. mantener la serenidad delante del bombardeo de malas noticias que nos llegan, etc. Siguiendo esta idea asociada a la educación emocional en el texto *Orígenes, evolución y modelos de inteligencia emocional* los autores Mara Trujillo y Luis Rivas resaltan la idea planteada por Robert Sternberg pues la globalización experimentada por la psicología establece un vínculo directo entre la emoción con la salud mental.

El recurso más notorio utilizado en la serie para manifestar el vínculo entre las emociones y la salud mental es la música siendo una forma de reconocer cuál o cuáles sentimientos pueden ser experimentados individualmente, en pareja o grupalmente. La autora Rebecca Sugar, en una entrevista del 2016 en el sitio web Inverse, aseguró que usar canciones en la serie tiene varias funciones como *una forma de exponer otro nivel emocional del personaje junto con un recurso para abordar tópicos serios de forma respetuosa, gentil y sanadora.* Esto permite a diversos personajes comunicar determinadas emociones como Perla o Amatista expresando su inseguridad, anhelos, emociones no verbalizadas o conflictos emocionales; Garnet expone su percepción sobre el afecto, la comunicación y la educación en torno a los sentimientos. Y Steven suele cantar abordando emociones sobre su crecimiento personal, sus gustos o algún tema específico relacionado con el capítulo.

El planteamiento de Sugar es complementado por las ideas expresadas en la obra *Educación emocional y educación musical* de Josep Gustems y Salvador Oriola donde otorgan una gran relevancia a la educación musical porque estimula el desarrollo de competencias intrapersonal entregando conocimiento, capacidades, habilidades y actitudes necesarias para identificar o regular las propias emociones. También ayuda en la construcción de competencias interpersonales permitiendo reconocer las emociones de los demás y establecer unas buenas relaciones sociales. Por lo mismo esta forma de expresión es una herramienta entregada al espectador y puede ser aplicable a toda persona sin importar su rango etario.

Una demostración de este nexo es realizada por los personajes masculinos Greg Universe y Steven Universe ya que expresan sus temores o sentimientos de afecto explícitamente mediante la música. Estas representaciones contradicen los estereotipos de género explicados en el texto *La influencia de la Nueva Televisión en las Emociones y en la Educación* de Serafín Aldea Muñoz donde se caracteriza al hombre actuando en forma agresiva, activa y constructiva haciéndolos merecedores de recompensas tangibles. Y las mujeres tienden a ser representadas tomando roles pasivos y siendo ignoradas.

Asimismo, las gemas utilizan la interpretación de canciones para expresar su necesidad de comprender sus emociones pues habitaron por miles de años en el Homeworld (su planeta nativo). La cultura del lugar asigna a cada integrante una vida pre determinada a cumplir un rol específico sin conocer la existencia de emociones. Cuando ellas comenzaron su nueva vida en la tierra experimentaron un cambio de espacio físico permitiéndoles conocer nuevas emociones e iniciar una búsqueda de su propia identidad cuestionando el deber ser impuesto durante mucho tiempo. Por ejemplo, existe un tipo de gema llamado perla con la función de servir hacia otra gema superior sin tener su propia identidad, por esto, Perla debe aprender a actuar estando motivada por sí misma. O en el caso de Zafiro, un tipo de gema perteneciente a la aristocracia y dotada con la habilidad de conocer el futuro, conoce una gema de menor estrato llamada Rubí, abriéndole la posibilidad de experimentar una vida diferente a la observada con sus poderes mágicos. Estas acciones realizadas individualmente son un cuestionamiento hacia su propio deber ser pueden interpretarse como un cuestionamiento a los roles de género de nuestra sociedad.

¿Quién es Steven Universe?

Steven Cuarzo Universe es el protagonista de la historia, tiene 13 años hasta *El cumpleaños de Steven* (segunda temporada, capítulo 23, 2016) cuando cumple 14. Su madre es Rose Cuarzo, una gema espacial y su padre es Greg Universe, un humano aficionado a la música. Gracias a la herencia de su madre, es la única criatura mitad gema mitad humano con género masculino. Posee rasgos humanos, su estatura es baja, de contextura física gruesa, tez rosada, cabello color negro ondulado y tiene una gema rosa ubicada en su ombligo. Él viste una polera con mangas cortas decorada en el centro por una estrella amarilla, un jeans azul y sandalias rosadas.

El niño tiene un carácter extrovertido, mostrado en su interacción con los habitantes de la Ciudad Playa, se puede describir como una persona amigable, divertida, sociable, respetuosa, alegre e infantil. Así mismo puede empatizar con las sensaciones ajenas y posee la facilidad para reconocer sus propias emociones, expresándolas por medio de canciones interpretadas en solitario o acompañado por otro personaje. Demuestra su gran curiosidad por asuntos mágicos relacionados a las Crystal Gems como sus misiones o poderes; particularmente por la habilidad de fusionarse expresado en los episodios *La mujer gigante* (primera temporada, capítulo 12, 2014) y *Pedido de ayuda* (segunda temporada, capítulo 11, 2015). Su visión del entorno está marcada por la inocencia, siendo incapaz de comprender los gestos y comentarios malintencionados hechos por otros personajes. Ante la ocurrencia de situaciones inesperadas demuestra su habilidad para crear o improvisar soluciones, aunque no todas sean útiles. Entre sus pasatiempos está dibujar, jugar videojuegos, ver el atardecer y disfrutar la música compuesta por Greg Universe. Le gusta comer helado marca Gato-galletas, donas o sobras de papas fritas; es alérgico al polen, le disgustan los cepillos usados en el lavado de autos y odia los helados de marca Leones-lamedores.

En el comienzo de la historia Steven desconoce el origen de las Crystal Gems junto a Rose Cuarzo y la historia familiar de Greg Universe. Actualmente vive en el Templo de Cristal acompañado por las Crystal Gems, siendo visitado regularmente por su padre a la vez que está aprendiendo con las gemas sobre cómo utilizar sus habilidades mágicas.

Tres gemas y un bebé

Al comienzo de la historia las Crystal Gems y Steven Universe habitan tranquilamente en la Tierra, a través de los capítulos se nos muestra su interacción cotidiana, como durante el primer episodio *Brillo de Gema* (primera temporada, capítulo 1, 2013) donde el chico camina hacia su casa, pero al abrir la puerta se encuentra inesperadamente con un monstruo. Amatista irrumpe en la escena con una actitud despreocupada usando su látigo para salvar al niño, tras lo que aparece Perla haciendo movimientos coreográficos mientras ataca a varios monstruos con su lanza. Por último, aparece Garnet dando golpes certeros con sus grandes puños destruyendo rápidamente a los enemigos. Steven observa fascinado a las gemas luchar y pregunta: "¿qué son estás criaturas?" Perla le responde al niño prometiendo sacar a los Centirabajo para evitar su entrada en el templo.

En tanto Amatista se hurga la nariz mencionado que las criaturas no tienen gemas y Garnet sugiere que podría haber una madre cerca. Steven entusiasta pide acompañarlas, pero Perla con un tono protector dice: "mientras no aprenda a controlar los poderes de su gema ellas estarán encargadas de proteger a la humanidad". Steven ahuyenta a un Centirabajo oculto en el interior del refrigerador, ahí ve una gran cantidad de Gato-galletas, sus helados favoritos, comprados por las Crystal Gems. Él mastica una galleta y canta emocionado sobre la historia del personaje hasta activar su gema en forma inconsciente. Cuando lo nota, se esfuerza por invocar su arma, pero la ansiedad se lo impide.

El chico busca ayuda y Perla entusiasmada levanta su mano para ser la primera en enseñarle. Ella junto a Steven están bajo la sombra de un árbol con follaje rosado (árbol de Sakura o cerezo) ubicado sobre un cerro alejado de la ciudad. Realiza una analogía entre el movimiento de los pétalos, las propiedades físicas de la Tierra y su gema, resaltando la importancia del trabajo metódico para reconocer como funciona su propia gema e invocar su arma. Más tarde en la parte trasera de la Gran Rosquilla, Amatista comenta la aburrida metodología de Perla mientras come una dona. La gema ubica su mano sobre el pecho, sacando relajadamente un látigo, moviéndolo descontroladamente, hecho que genera que accidentalmente parta en dos un basurero.

En la cima del templo Steven habla con Garnet manifestando su confusión tras haber presenciado dos ejemplos totalmente opuestos sobre como invocar armas. Garnet le explica que puede conectar su mente con la energía existente a través de su gema y así ella invoca su arma; esto aumenta la confusión en el chico y lo motiva a intentar reconstruir el momento donde su gema fue activada sin tener éxito. Las Crystal Gems lo reconfortan recordándole que es parte del grupo, el chico come su galleta alegremente hasta activar su gema liberado momentáneamente su escudo.

Durante el capítulo aparecen momentos situados en la cotidianidad en los cuales Steven Universe demuestra su ansiedad por obtener sus poderes ya que desea formar parte del grupo. Asimismo, actúa con gran valentía para enfrentarse contra una criatura mágica sin tener experiencia en batallas. Él vive esta aventura en compañía de tres gemas: Garnet es de actitud reflexiva, serena y segura de sí misma. Amatista se desenvuelve de una forma espontánea, divertida y directa. Y Perla tiene una personalidad detallista y cuidadosa, auto determinándose un rol sobreprotector con el niño. Al interior de la familia es posible apreciar el rol asumido por cada integrante haciéndose patente en las relaciones presentadas durante el transcurso del capítulo. De esa forma Garnet representa una figura de liderazgo o como la interacción de Amatista junto a Perla demuestra la posibilidad de observar un equipo integrado por dos gemas opuestas pero dispuestas a unirse y colaborar. El niño concibe a las Crystal Gems como una figura guía, generando un deseo de aprender de ellas extendido durante la serie.

Las aventuras del grupo continúan en el segundo capítulo *El cañón láser* (primera temporada, capítulo 2, 2013) cuando se encuentran las Crystal Gems y Steven observando por un telescopio la repentina aparición del Ojo rojo sobre la costa. Garnet propone usar un cañón láser perteneciente a Rose Cuarzo, más Perla descarta la idea pues el arma está perdida. El chico interrumpe la conversación con gran entusiasmo y sugiere hablar con su padre para buscar el cañón perdido. Perla trata disimular la expresión incómoda en su rostro dudando que el humano sepa dónde se encuentra el objeto. Amatista comenta directamente su desconfianza hacia Greg mientras toca el hombro de Steven, Garnet reafirma la postura de sus compañeras. No obstante, el chico optimista corre hacia el exterior de la playa.

En Ciudad Playa cae el atardecer. Steven ve una van estacionada fuera del autolavado, grita a su padre mientras golpea el vehículo reiteradamente usando sus puños, su cuerpo y saltando sobre ella. Greg abre las puertas traseras enojado alzando una waflera, Steven saluda desde el techo bajando para abrazarlo y pedirle ayuda para encontrar el cañón perteneciente a su madre Rose. Greg Universe junto a su hijo caminan por la ciudad hasta detenerse frente a un almacén donde se guardan cajas y gran cantidad de objetos acumulados por él. Steven pone una linterna en su cabeza usando un calcetín y ata a su cuerpo un cable eléctrico; mientras se adentra, su padre habla cariñosamente sobre su primer concierto donde se encontró con Rose Cuarzo. El chico interrumpe a su padre porque ha roto un marco café rectangular con una foto protagonizada por sus padres Greg y Rose. Desde afuera su padre lo calma diciendo: "si las costillas de cerdo fueran perfectas no existirían los perros calientes", mientras Steven lo escucha nota un destello rosado proveniente del cañón. El cielo está teñido de rojo por la gran cercanía del ojo a la

Tierra. Mientras las Crystal Gems continúan en la playa lanzando a Amatista contra el objeto para vencerlo. Ellas se sorprenden y celebran cuando la van se estaciona frente a ellas arrastrando el cañón láser. El grupo intenta usar la gema de Steven para activar el arma sin tener éxito hasta usar la frase dicha por Greg Universe disparando el rayo láser hacia el horizonte para destruir el Ojo Rojo.

En esta ocasión se presenta la relación entre Steven Universe y su padre Greg Universe marcada por la cercanía ya que viven situaciones cotidianas transformándolas en divertidas. No obstante, las Crystal Gems muestran abiertamente su desconfianza porque el humano no podría ser capaz de conservar y cuidar un objeto de esas características. Además, toda la familia de Steven hace referencia a la figura ausente y la importancia de Rose Cuarzo en sus vidas.

Si bien existen diferencias establecidas entre las gemas y el humano integrantes del grupo familiar, Steven siente un gran amor por ellos definido en *Actitudes hacia el amor y apego* como una fuerte inclinación emocional a otra persona o un grupo de personas. El protagonista basa su confianza en el apego, este término entendido como vínculo afectivo por excelencia establecido por niños o niñas durante el primer año de vida. Generado con las personas encargadas de su cuidado ya sean uno, varios cuidadores e incluso con figuras paternas fallecidas pueden seguir siendo figuras afectivas muy importantes en su vida, según lo planteado por Félix López referenciado por la autora Miriam Sánchez en *Apego en la infancia y apego adulto: influencia en las relaciones amorosas y sexuales.*

Esta sensación esta reforzada por las Crystal Gems cuando expresan interés por conocer sus poderes o mostrarles individualmente sus propias formas para invocar sus armas. De igual manera Greg Universe en un gesto de confianza ayuda a encontrar el cañón perteneciente a Rose y narra su vínculo con ella mientras recorre el garaje buscando este objeto. Sus acciones reafirman la figura de apego descrita por Félix López en *Apego y relaciones amorosas* porque el niño construye a nivel mental la idea de incondicionalidad a nivel emocional donde el vínculo va acompañado de sentimientos de pertenencia y dependencia, se disfruta de la intimidad y a nivel comportamental se expresa en esfuerzos por mantener la proximidad en interacciones íntimas como peticiones de consuelo y ayuda, llamadas, etc.

En esta familia las Crystal Gems son una faceta mágica con la responsabilidad de asistir a misiones y colaborar en la crianza del chico sin exponerlo a situaciones peligrosas pese a la insistencia del chico por acompañarlas. Esta postura mostrada por las cuidadoras cambia, momentáneamente, porque deciden darle una oportunidad a Steven para vivir su primera aventura durante *Mochila Hamburguesa* (primera temporada, capítulo 3, 2013).

Esto comienza cuando aparecen los primeros rayos del sol cayendo sobre unas rocas junto a un buzón de correos; en ese lugar Jaime el cartero se encuentra con Steven Universe para hacerle entrega de un paquete. Steven quiere utilizar el objeto para ayudar a las Crystal Gems en sus misiones, tratando de compensar su incapacidad de usar sus poderes mágicos. Su conversación es interrumpida momentáneamente por un sonido y una luz azulina; él toma la caja y sube entusiasmado las escaleras dejando a Jaime en la playa.

En la habitación las tres gemas se preparan para viajar hacia la Torre del Mar Lunar con la misión de llevar la estatua de Diosa Lunar antes de la media noche. Perla señala la importancia del edificio proyectando un holograma con imágenes antiguas donde muestra el lugar habitado por diversas gemas. En ese momento Steven sugiere transportar el importante objeto usando su nueva mochila de hamburguesa para ayudarlas. Perla niega la idea sin embargo Amatista propone hacerlo partícipe de la misión con el fin de entregarle una experiencia educativa. El niño guarda una gran cantidad de objetos en su mochila, camina hacia el portal y se transporta junto a las Crystal Gems. El grupo llega a una construcción dañada por el paso del tiempo rodeada por cascada circular junto un torbellino protector con la capacidad de succionar objetos. Steven lanza un suéter para cruzar arriesgadamente y Amatista usa su látigo para imitarlo logrando cruzar junto a sus compañeras hacia la torre. Perla lo regaña por su acto temerario pero lo felicita mirando a Garnet y Amatista.

Recorren el interior encontrando una escalera infestada de camarones de Cristal, Perla comparte con ellos una estrategia para avanzar, pero el niño lanza un sándwich de rosquillas logrando despejar el camino. En la recta final del ascenso, Steven usa una balsa inflable para cruzar un río motivado por las gemas. El chico, Perla y Amatista ven al objeto caer por la cascada en tanto Garnet derrumba un pilar para crear un puente. Ellos llegan a la cima, Perla mira la luna y se muestra alegre por haber llegado a tiempo. Steven no encuentra la estatua en el interior de su mochila e intenta detener la destrucción de la torre colocando su peluche el Sr. Mareos en el pedestal. Sin embargo, la estructura se derrumba siendo atrapada por el mar. El grupo emerge hacia la superficie, el niño manifiesta su frustración por no haber logrado cumplir la misión. Perla destaca su capacidad para actuar bajo presión y Amatista recuerda sus dos aciertos durante el viaje. Las Crystals Gems observan la balsa reflotar y la usan para regresar a la Ciudad Playa.

En este viaje Steven realiza su primera misión entusiasmado por tener la posibilidad de participar junto al grupo mientras las Crystal Gems analizan su desempeño y hacen evidente su preocupación prestando atención al comportamiento del chico en la misión. Cuando terminan el recorrido las Crystal Gems destacan el proceso de aprendizaje recordando como el chico logró solucionar dos dificultades usando su capacidad de improvisación. Gracias a esto Amatista y Perla lo alientan a seguir aportando sus ideas.

La crianza realizada por las Crystal Gems se basa en aplicar su conocimiento para cuidar a su compañero y ayudarlo a entender sus particularidades como una existencia mitad humano mitad gema. En determinados momentos este proceso representa un desafío para ellas llevándolas a vivir situaciones donde se requiere un gran esfuerzo emocional como el acontecido en *Demasiados cumpleaños* (primera temporada, capítulo 13, 2014). Mientras el grupo hace un recorrido por la habitación de Amatista, Steven sorprendido encuentra un cuadro protagonizado por las Crystal Gems vistiendo ropa antigua, se entera que las gemas han vivido por miles de años y propone celebrar a cada una. El niño intenta crear una atmósfera de diversión durante las tres fiestas, pero las gemas no entienden cómo funcionan estos eventos. Durante la última Garnet detiene las actividades porque la edad solo es una ilusión y Perla comparte la petición interpretando el ritual como una actividad infantil. Steven cuestiona qué significa cumplir años y siente vergüenza por haber tenido fiestas de niños.

Más tarde la Ciudad Playa está cubierta por la bruma, durante un recorrido el chico contempla melancólicamente lugares como "El mundo de los videojuegos", compra una playera e intenta ordenar una dona notando una apariencia adulta. Él corre asustado adquiriendo una imagen de anciano, en forma inesperada se tropieza y cae sobre la arena; León (su mascota mágica) toma el cuerpo debilitado del chico y lo lanza frente a las Crystal Gems. Ellas lo visten con su traje de cumpleaños, repiten las actividades infantiles, pero Steven envejece más rápido desesperando a las gemas. Garnet lo sacude bruscamente siendo detenida por sus compañeras, Él alza su voz para quejarse por verlas discutir mientras su cuerpo rejuvenece y Perla se percata de la conexión entre la gema del chico con su estado mental. Gracias a los comentarios agradables de las gemas Steven retoma su confianza y rejuvenece su cuerpo.

Todas las situaciones vividas en forma conjunta por los personajes adquieren una gran importancia porque ayudan a comprender como funciona la relación familiar; haciendo evidente el contraste entre la imagen adulta proyectada por las Crystal Gems y la actitud infantil expresada en la figura de Steven. En este caso, el grupo experimenta momentáneamente un cambio en el cual las Crystal Gems viven una crisis ya que no poseen el conocimiento para ayudar a Steven. Esto genera un quiebre en los roles mostrando a Garnet actuando en forma violenta, Perla expresando su desesperación por medio de llanto y Amatista adopta un comportamiento serio marcado por el sentido común para intentar resolver el problema. Por su parte, Steven muestra una actitud madura cuando interrumpe la discusión entre las gemas.

Si bien esta familia pareciera tener relaciones cercanas entre sus integrantes existe una jerarquía rigiendo sus relaciones mostrada en *El equipo Secreto* (primera temporada, capítulo 29, 2014). Steven Universe juega en la habitación de Amatista y salta desde una pila de objetos atravesando un charco de agua conectado con la habitación de Perla. El chico junto a la gema observa a su compañera manipular una burbuja perteneciente a Rose Cuarzo, Amatista amenaza con delatarla ante Garnet buscando asustar a Perla dando inicio a una discusión mientras Steven intenta solucionar su disputa. Las manos de ambas presionan la burbuja hasta reventarla, los fragmentos adquieren una forma física cayendo por las diversas cascadas unidas con otras zonas del templo. Steven es rechazado tras proponer pedir ayuda a Garnet, Perla propone hacer una recolección de los fragmentos en secreto para evitar ser regañada y el chico entusiasmado crea el equipo secreto conjunto a las gemas.

El grupo recorre el templo luchando contra los fragmentos, Steven está contento con el trabajo colaborativo demostrado por las gemas. Tras haber cumplido la misión, se reúnen en la habitación de Perla, Steven encierra los pedazos en una burbuja y la ubican en su habitación original. Ambas gemas prometen olvidar todo lo ocurrido, pero Steven está triste porque ya no existe el equipo secreto. El chico intenta reunir al grupo nuevamente inventando una misión, se reúne con Perla y Amatista para escabullirse en la Gran Rosquilla buscando recuperar su sombrero perdido. Sin embargo, las dos gemas tienen una discusión donde rompen los tickets demostrando la disolución definitiva del equipo secreto.

En la pizzería Steven conversa con Garnet todo lo ocurrido y su intención reunir al equipo secreto, ella propone crear su propia alianza para cumplir el objetivo deseado. El plan inicia con la aparición de Garnet en la habitación decorada por cascadas, lanza a Steven y Amatista sobre una superficie de agua mientras Perla mira sorprendida la situación. Las gemas presencian incómodas como el chico asume forzadamente su responsabilidad por el asunto de la burbuja siendo amenazado con ser castigado y una mano emerge del agua capturando a Garnet. Las gemas luchan juntas siendo atrapadas por los puños de la criatura y confiesan todo lo ocurrido. Por su parte, Steven admite haber intentado mantener el equipo secreto porque deseaba ver la colaboración entre Perla y Amatista.

La figura de Garnet emerge sana y salva del agua, recupera la forma de sus brazos liberando a sus sorprendidas compañeras. Ella inicia la conversación regañando a Perla y Amatista por no ser capaces de llevarse bien todo el tiempo. Se agacha para tener la misma altura del niño, muestra empatía por su intención de ayudar y protegerlas. Sin embargo, recalca la importancia de no elegir bandos sino trabajar unidos ya que todos conforman las Crystal Gems. Steven observa los cuatro cupones rotos flotando en el agua mencionando que podrían haber canjeado una pizza gratis.

En esta ocasión las Crystal Gems no deben salir del templo para cumplir una misión ni enfrentarse directamente hacia un enemigo buscando vencerlo. Sin embargo, el comportamiento realizado por los personajes demuestra explícitamente cómo funciona el grupo y su jerarquía. Amatista junto a Perla perciben a Garnet como una líder seria, estricta y capaz de regañarlas por no comportarse como lo haría una Crystal Gem. Al mismo tiempo, las dos gemas tienen una relación marcada por la tensión donde sus interacciones acentúan fuertemente las diferencias existentes entre sí. Sin embargo, en determinadas circunstancias como estar en peligro o proteger a Steven deciden actuar juntas logrando colaborar siendo un equipo. Por su parte, Steven añora observar a sus dos compañeras tener una relación sin conflictos y está dispuesto a delatarlas con Garnet para lograrlo.

Steven experimenta una situación tensa donde se aborda directamente su concepto de familia en *Cocina de Fusión* (primera temporada, capítulo 32, 2014) durante una conversación telefónica donde Connie Maheswaran admite haber mentido sobre la familia de Steven Universe. En el comedor de la casa se encuentra el niño reunido con Greg Universe y las Crystal Gems, él debe elegir únicamente a una gema para hacerla pasar por su madre y acompañarlo en su cena junto a la familia Maheswaran. Steven considera geniales a las tres y menciona sus virtudes junto a sus defectos; Garnet es descrita como una figura protectora sin la capacidad de establecer conversaciones. Continúa con Amatista valorando positivamente su divertida personalidad con una imagen personal asquerosa debido a la ausencia de modales para comer. Finalmente caracteriza a Perla con la imagen de madre ideal por su constante preocupación por él y posee buenas habilidades comunicativas. Sin embargo, a la gema no le gusta comer. Steven se lamenta por no encontrar una solución dejando caer su cuerpo en el sillón, Greg intenta calmarlo y le aconseja pensar con la ayuda de todos.

El chico corre hacia las gemas, les propone unirse en una fusión sin embargo ellas rechazan su propuesta porque la magia es un asunto serio. Steven entonces comienza a lamentarse porque no será amigo de Connie y levanta la cabeza mostrando sus ojos vidriosos por la tristeza. La manipulación infantil conmueve a Perla y persuade a Garnet para aceptar fusionarse. Steven asiste acompañado por Greg y Alexandrita sorprendiendo a los señores Maheswaran; Connie, incómoda, pide a su amigo acompañarla a buscar un baño. Los niños se detienen en un pasillo, la humana pregunta porqué invitó a la fusión si podía elegir a solo una gema y Steven responde molesto que no deseaba mentir cuestionando su vergüenza. Connie termina repentinamente la conversación dejando solo a su amigo para regresar a la cena.

Durante el transcurso de la cena Alexandrita se separa revelando la mentira dicha por Connie y sus padres se enojan por sentirse engañados. Debido a esto, los niños temen no volverse a ver e intentan huir juntos sin éxito. La señora Priyanka Maheswaran junto al señor Doug Maheswaran intentan regañar a su hija por intentar escapar, pero la voz de Perla dirige su atención hacia otro lugar. Las gemas molestas castigan a Steven sin ver la televisión por mil años y Greg justifica la acción calmadamente diciendo: "porque te amamos Steven". Los padres de Connie se acercan hacia la otra familia comentando su asombro por el argumento usado y el sentido del humor de Garnet. Ambos empatizan con la responsabilidad mostrada por la familia del chico permitiéndole a su hija seguir siendo amiga del protagonista.

La historia narrada durante este episodio muestra situaciones cotidianas enfocadas en mostrar las diversas composiciones de familia. Desde la perspectiva mostrada por Steven y Connie no existe una mirada prejuiciosa hacia el grupo integrado por las Crystal Gems. Sin embargo, la chica siente temor a la reunión ya que sus padres tienen una percepción tradicional sobre el tipo de familia "normal". La situación de incomodidad sumado al breve conflicto experimentado por los niños ocasiona un desenlace donde los señores Maheswaran reconocen ser iguales a las Crystal Gems y Greg porque tienen buenas intenciones, son confiables, responsables y se preocupan por su hijo.

La relación establecida por Steven con sus tres "mamás" comienza vivir un proceso de cuestionamiento durante *La Prueba* (primera temporada, capítulo 38, 2015) correspondiente a la temporada uno. La historia inicia mostrando un día de lluvia en la Ciudad Playa; Steven y las Crystal Gems están jugando un juego de mesa en el living. Él chico obtiene la victoria, abre un armario para buscar otros juegos encontrándose con la estatua de la Diosa Lunar. El niño toma la estatua girándose hacia la mesa disculpándose por olvidarla durante su primera misión destruyendo la Torre del Mar Lunar. Cada miembro del grupo intenta reconfortarlo a su manera: Amatista lo invita a no preocuparse, Garnet recalca la importancia de valorar su esfuerzo y Perla lo tranquiliza admitiendo que la misión en la torre fue hecha con la intención de probar sus capacidades.

El chico está extrañado por el último comentario haciendo sentir incómodas a las Crystal Gems, Perla y Garnet dan explicaciones para intentar arreglar la situación. El chico acepta haber fallado una prueba fácil, pero insiste en someterse a un desafío más difícil y las gemas ceden a la petición pese a reconocer el avance del niño. Las habitaciones ubicadas en el templo fueron alteradas por las Crystal Gems generando una prueba consistente en atravesar tres espacios para llegar a la meta. Steven comienza el recorrido siendo perseguido por una bola gigante hasta encontrarse con una cuerda para evitar caer en un agujero. El chico se adentra en la siguiente habitación siendo guiado por el sonido y las luces provenientes de las baldosas; activando unas escaleras. Unas hachas caen desde el techo dificultando el ascenso hasta cruzar la salida. En la última habitación se desplaza por un camino de concreto mientras salta para evitar ser lastimado por las columnas de lava provenientes del suelo. Desde el techo desciende con gran velocidad una trampa con púas, el niño muestra su temor y sorpresa agachándose, pero la estructura se detiene para no lastimarlo.

Steven decide reingresar a cada habitación para probar si los obstáculos son pruebas genuinamente mortales, sin embargo, todos los espacios y objetos resultan ser inofensivos. El niño expresa su enojo gritando mientras mueve la roca esférica saliendo hacia el exterior, continúa su recorrido sobre el techo mirando con frustración los mecanismos de las trampas hasta escuchar unas voces. En la meta están las Crystal Gems junto a una gran cantidad de globos con forma de estrella decorados por un cartel blanco con la frase felicitaciones escrita en cursiva. Perla recalca el progreso mostrado por Steven, pero intenta reforzar su confianza porque ha perdido sus poderes curativos. Amatista muestra su temor por no guiar adecuadamente al niño y Garnet cierra la conversación recordando: “Steven no es solo una gema. No ha habido nada ni nadie parecido a Steven. No sabemos qué necesita”. Él atraviesa las pruebas mostrando su decisión en el rostro hasta ser recibido por las gemas en la meta; el niño oculta a propósito su frustración por lo ocurrido pretendiendo estar feliz por haber vencido los difíciles obstáculos y les agradece por haber creado las pruebas para él. Perla, Amatista junto con Garnet expresan su confianza hacia el chico con palabras de aliento y un abrazo grupal.

Diversos tópicos ligados a la construcción de identidad individual surgen durante un momento cotidiano mostrando la interacción entre Garnet, Perla, Amatista y Steven en torno a un juego de mesa. Las Crystal Gems aceptan la propuesta de Steven porque desean ayudarlo a recuperar su confianza tras haber perdido temporalmente sus poderes curativos. Las gemas esperan la llegada del chico; viven una situación donde pueden hablar explícitamente sobre la sensación de incertidumbre por la crianza de Steven y por la ausencia Rose para guiarlas.

Por su parte el chico siente frustración por recordar su fracaso durante la primera misión, habla con las gemas y logra obtener una nueva oportunidad para demostrar si está capacitado para ser una Crystal Gem. Durante su recorrido por las habitaciones Steven se somete a las diversas pruebas buscando terminar para obtener una victoria junto a su propia aceptación personal y a la vez conseguir la aprobación entregada por las Crystal Gems. Sin embargo, retrocede molesto por haber sido engañado, escucha a las gemas hablar sobre sus inseguridades y valoran positivamente su crecimiento personal. El niño comprende porque fue engañado por las gemas y termina el recorrido mostrando agradecimiento.

En tanto la relación entre las Crystal Gems y Greg Universe vuelve a retomarse en *El mensaje* (primera temporada, capítulo 49, 2015). Durante una noche, Steven y las Crystal Gems tratan de silenciar la roca de los lamentos en su casa; Garnet logra disminuir el volumen del ruido cubriéndola con almohadas. Las gemas interpretan el audio distorsionado e inteligible como un mensaje enviado del exterior, a lo que Steven propone usar los equipos de su padre para decodificarlo. Amatista y Perla dudan, pero la líder del grupo decide intentarlo.

En la orilla de la playa se encuentra Greg Universe conectando sus equipos de sonido a la batería eléctrica de la van y con la Roca de los Lamentos. El humano no logra descifrar el audio siendo consolado por Garnet mientras Perla recalca estar molesta por malgastar su tiempo usando una tecnología antigua. Las gemas saltan en dirección a la casa donde se encuentra el templo. Steven reflexiona junto a su padre sospechan que alguien envió un mensaje en formato de video usando la roca de los lamentos como receptor y ambos corren hacia la casa para contarle a las gemas. El adulto logra convencer a las Crystal Gems para nuevamente intentar descifrar el mensaje usando la tecnología del planeta Tierra. El grupo regresa a la playa para cargar la batería eléctrica de la van dando energía a su sintetizador mientras Steven conecta la piedra de los lamentos a la televisión. El humano mueve las manillas del aparato modificando la estática en la pantalla mostrando la imagen de Lapislázuli y su mensaje de advertencia sobre la llegada de gemas provenientes del espacio exterior. Cuando finaliza el mensaje; Perla con Amatista entran en pánico y Garnet trata de mantener la calma agradeciendo a Greg por su ayuda.

En el comienzo de la serie se ha mostrado una familia integrada por las Crystal Gems junto a Greg Universe, teniendo una forma de convivencia tranquila y sin mostrar interés por establecer una relación cotidiana entre ellos. Sin embargo, una inusual emisión de ruido emitida por la Roca de los Lamentos ocasiona una reunión entre ambas partes ya que Steven demuestra un gran sentimiento de confianza pidiendo ayuda a su padre porque tiene conocimiento sobre audio. Pese a la desconfianza mostrada por las gemas, Greg intenta colaborar con una actitud alegre mientras intenta descifrar el mensaje, pero sus equipos hacen cortocircuito y ellas expresan su molestia por perder el tiempo retirándose del lugar.

El adulto menciona explícitamente su gran aprecio hacia las gemas, pero siente tristeza porque lo subestiman y su hijo descubre una nueva forma para descifrar el mensaje. Ambos llegan hacia la casa, Greg expresa su deseo por sentirse apreciado y las Crystal Gems deciden abandonar su característico comportamiento autosuficiente eligiendo trabajar juntos nuevamente. El grupo observa con sorpresa el mensaje de advertencia enviado desde el Homeworld por Lápis. Este momento la relación familiar sufre un cambio explícito porque las Crystal Gems muestran por primera vez un sentimiento de temor y Greg Universe recibe un agradecimiento logrando sentirse conectado emocionalmente con la familia.

Steven comenzará a entender porque las Crystal Gems estaban asustadas por la inminente llegada de otras gemas completamente desconocidas en *El retorno* (primera temporada, capítulo 51, 2015). Mientras cae el atardecer en la Ciudad Playa el protagonista recibe una bolsa rellena con sobras de papas fritas. El niño describe cómo las Crystal Gems destruyen los robots enviados bajo las órdenes de Peridot mientras camina junto a Greg Universe; su padre lo escucha atentamente y le pregunta: "¿Hacer estas cosas con las Gemas no es demasiado para ti?" Un temblor sacude repentinamente a la ciudad, interrumpiendo la conversación y ven una mano color verde descendiendo lentamente hacia la costa.

El niño y su padre se reúnen con las Crystal Gems para disparar los cañones láser de Rose Cuarzo, pero no logran destruir la nave enemiga. Garnet advierte sobre la peligrosidad de la situación, Steven se contacta con el alcalde Dewey para iniciar la evacuación de la ciudad. Las gemas junto a Greg guardan bultos en la zona trasera de la van, en esa situación Steven se muestra extrañado por la presencia de la mochila de hamburguesa. El humano, Perla y Amatista intercambian miradas intentando evitar la conversación; Garnet explica que él es la razón para proteger el planeta Tierra y debe evacuar junto a los habitantes de la ciudad para protegerlos mientras le entrega un megáfono. El chico observa a las Crystal Gems despedirse desde la terraza intentando disimular su frustración y tristeza por la situación. En medio de la noche una caravana de vehículos se desplaza por la carretera, Steven comienza un diálogo mostrando su esperanza en Peridot para evitar la destrucción del planeta mientras su padre retoma la conversación recordando a la madre del niño. El hombre incómodo rememora la guerra desatada entre las Crystal Gem versus sus enemigas acabando con la vida de humanos y gemas; recuerda a Rose Cuarzo salvando a Perla junto a Garnet con su escudo.

Steven logra comprender el sacrificio realizado por las Crystal Gems y decide regresar hacia la ciudad, Greg actúa en forma aprensiva porque desea protegerlo. El niño golpea frustrado la guantera, siendo expulsado por un choque entre el airbag y la burbuja protectora. Greg baja del vehículo, conversa con Steven y le permite regresar para proteger a las gemas. León abre un portal hacia la playa, Steven observa el ataque fallido hecho por Ópalo sorprendiendo a las Crystal Gems y ve la nave aterrizar. Las gemas defienden a Steven e intentan persuadir a las antagonistas para retirarse del planeta, sin embargo, Jaspe ordena lanzar un ataque directo usando su nave. Steven ignora la advertencia de Garnet, corre por la arena gritando: yo también soy una Crystal Gem y logra invocar su escudo deteniendo el ataque láser.

En esta situación de emergencia las Crystal Gems junto a Greg Universe demuestran su capacidad para actuar en equipo dividiendo responsabilidades; las gemas permanecen en la Ciudad Playa dispuestas a confrontar a las enemigas mientras el padre junto a su hijo evacúa la zona. A través de este comportamiento hacen evidente su capacidad para asumir un rol protector capaz de tomar decisiones en momentos críticos y actuar en forma madura. La conversación realizada durante el viaje en la carretera cambia el sentido común de Steven logrando ampliar su perspectiva sobre las gemas en tanto Greg acepta positivamente la determinación del niño. Posteriormente el chico desobedece a sus compañeras deseando asumir su responsabilidad y luchar en equipo para defenderlas del ataque.

A partir de la vivencia anterior el chico experimenta una gran presión enfrentando las consecuencias y compartiendo la responsabilidad con las Crystal Gems como se muestra en *Un poco de diversión* (segunda temporada, capítulo 2, 2015). El grupo se encuentra en la playa recogiendo los escombros pertenecientes a la nave extraterrestre, Steven agotado desentierra trozos con una pala. Inesperadamente los chicos geniales (un grupo de adolescentes amigos del protagonista) se acercan para invitarlo a divertirse, pero él rechaza la posibilidad ya que debe seguir limpiando la costa. En la noche Steven siente su cuerpo cansado y adolorido, se recuesta sobre su cama para intentar dormir, pero un ruido proveniente de la ventana capta su atención. Él observa a Crema Agria y Buck Dewey lanzar trozos de pizza, sale hacia el exterior y acepta la invitación hecha por los adolescentes. El auto conducido por Jenny Pizza avanza a gran velocidad por la carretera sintiendo el viento en sus rostros y respirando un poco de libertad. En ese momento Crema Agria expresa su molestia con su padrastro porque no lo deja ser DJ, a Buck le molesta ser controlado por su padre para cuidar la imagen pública del alcalde y Jenny debe lidiar con el hecho de ser vista por su familia como la hermana rebelde.

Steven recuerda haber sido castigado meses atrás por Las Crystal Gems y su padre sin poder ver la televisión. Continúa exponiendo que sus compañeras son parte de grupo rebelde perseguido y amenazado de muerte por otras gemas provenientes del espacio exterior. Y finaliza relatando haber vivido un intento de secuestro por ser confundido con su propia madre. El chico cree en la posibilidad de ser Rose Cuarzo y manifiesta su deseo por hablar de la situación con Garnet, Amatista y Perla, pero tiene miedo de ser culpado por la desaparición de Rose Cuarzo.

Los chicos geniales están sorprendidos por el relato del niño, Jenny empatiza con lo complejo de la situación y Buck intenta animarlo llamándolo campeón por verse muy feliz. Crema Agria interrumpe la conversación señalando los pastizales ubicados en la orilla de la carretera donde surge una luz verde brillante. El grupo encuentra la cápsula utilizada por Peridot para escapar, Steven propone llamar a las gemas e intenta actuar en forma precavida para cuidar la seguridad de los adolescentes. Pese a sus actos, todos ellos se acercan hacia el cráter y se divierten tomando *selfies*.

Steven relajado, se deja llevar por la diversión, entra en la cápsula para ser fotografiado por Jenny y juega con los chicos geniales; de pronto la máquina pierde el control lanzando una bengala. Las Crystal Gems llegan hasta el lugar, atacan la cápsula para atrapar a Peridot, pero Jenny detiene el golpe de Garnet porque Steven se encuentra dentro. Las gemas están sorprendidas y decepcionadas por la actitud de su compañero e intentan regañarlo. Sin embargo, los chicos geniales corren hacia Steven para defenderlo porque él ha vivido mucha presión y necesita un momento de diversión. Cuando ellas son conscientes de la gran exigencia para un niño humano pasando por alto el agotamiento físico y el efecto emocional generando una carga emocional; revocan su castigo para divertirse con los jóvenes durante la noche.

Con estas situaciones Steven asume la complejidad de su realidad cuando comprende que no todas las gemas son como las Crystal Gems, en especial cuando se enfrenta a esto al final de *El retorno* (primera temporada, capítulo 51, 2015) y durante *Escape de prisión* (primera temporada, capítulo 52, 2015). Existen gemas sin interés de proteger la Tierra o conocer sobre esta. Asimismo, cuando sus compañeras y Greg deciden alejar a Steven de la ciudad, Garnet le dice: "su destino es proteger la Tierra, tal como lo hizo su madre en el pasado". Sumando a lo anterior el deseo de ser un igual en el equipo y quien puede protegerlas con su escudo. Tampoco se puede omitir el efecto que tiene en él ser tratado como si fuera Rose Cuarzo por parte de Jaspe. Todo esto provoca que Steven le tome importancia a su rol dentro de las Crystal Gems y deje de lado su identidad y relaciones humanas.

En consecuencia, durante el capítulo vemos al chico agotado después de largas jornadas de trabajo junto a las gemas y cuando conversa con los chicos geniales, expone todo lo que ha pasado y sus reflexiones, manifestando sus temores lo que permite reconocer que Steven lleva tiempo lidiando con estos pensamientos sin expresarlos o pidiendo ayuda, dejando en un segundo plano sus emociones para darle prioridad a su rol como Crystal Gem. A estas alturas de la serie es posible reconocer una progresión en la relación de las gemas y Steven, ya que en los primeros capítulos ellas aún no involucraban al chico tanto en las misiones. Esto cambia tras lo ocurrido al final de la primera temporada cargando al protagonista con una exigencia e incrementando su responsabilidad sin ser conscientes de las consecuencias hasta ser expuesto por otros humanos.

La forma de relacionarse expuesta por las Crystal Gems y Steven va cambiando en la medida que experimentan aventuras permitiendo a él desarrollar la capacidad de conocer cómo funcionan sus poderes y manejarlos en forma consciente. En *Steven flota* (tercera temporada, capítulo 6, 2016) durante la noche las Crystal Gems regresan a su casa usando el portal tras una estadía en el granero, Steven deseoso por comer una dona camina hacia la Gran Rosquilla y Sadie le propone volver mañana para comprar un pastel fresco recién horneado porque ya está cerrando el local. Tras regresar a casa él programa una alarma a las 6:55 de la mañana para levantarse temprano, mira alegremente la costa y salta en reiteradas ocasiones alcanzando una gran altura. Inesperadamente su cuerpo desciende lentamente, lanza una sandalia para captar la atención de Amatista y llamar a Garnet. Ante la situación Perla camina desesperada, Amatista intenta buscar una solución y su líder roba un celular para comunicarse. En una llamada él demuestra una actitud calmada mientras pide ser acompañado hasta caer sobre la arena, el grupo lo apoya entregando comida y realizando distintos juegos en el transcurso de la noche.

Por medio del celular Amatista pregunta por qué el reloj está sonando, Steven recuerda la dona fresca y pide ayuda para descender con mayor rapidez sin tener éxito. Él agradece a sus amigas por el apoyo y piensa tristemente quién comerá el bizcocho logrando descender a gran velocidad. Intenta controlar su caída buscando sentir felicidad porque recuerda la conexión entre sus emociones y los poderes. En paralelo las Crystal Gems hablan sobre la situación, Garnet calma a Perla afirmando el descubrimiento del chico sobre la conexión entre su habilidad de flotar y sus sentimientos. Steven queda enterrado en la arena por su aterrizaje y se levanta para abrazarlas, pero Garnet lo detiene para recordarle la dona; él corre hasta encontrar a Sadie abriendo la puerta. Ambos ingresan, la joven saca una rosquilla grande cubierta por un glaseado rosa con mostacillas multicolores, el chico siente gran emoción por el regalo y salta golpeándose contra el techo.

En este capítulo se hace visible una evolución en relación a los personajes principales. En el caso de Steven ocurre en torno al autoconocimiento del vínculo entre sus poderes y emociones ya que él mismo comprende la forma de controlarlo. Y entiende cómo reconocer el apoyo y cariño de sus compañeras le permite descender de forma casi perfecta a la playa. Asimismo, se muestra una actitud cuando se percata de tener una nueva habilidad pues asume el descubrimiento con calma a diferencia de la reacción mostrada ante el primer capítulo en la serie. En las Crystal Gems se aprecia el cambio de comportamiento porque son guiadas por el chico asumiendo un rol de acompañamiento demostrado en gestos como quedarse en la playa haciendo diversas actividades; rompiendo con la actitud sobreprotectora mostrada en la primera temporada.

A partir del comportamiento de los personajes en este capítulo es posible realizar una comparación con la actitud demostrada por el grupo en *Demasiados cumpleaños* (primera temporada, capítulo 13, 2014) evidenciando una evolución en el desarrollo de los personajes. Existe un contraste entre lo ocurrido en el capítulo de la primera temporada cuando el equipo no sabe cómo resolver un problema y actúan de forma impulsiva. En cambio, durante las acciones en *Steven flota* (tercera temporada, capítulo 6, 2016) ellas acompañan al chico durante toda la noche hasta el amanecer, las tres conversan cuando experimentan dudas sobre cómo ayudar a su compañero, pero dejan a Steven resolver la situación por sí mismo gracias a la guía de Garnet. También se aprecia un cambio en la resolución de problemas, en capítulos más antiguos las gemas alientan a Steven destacando sus cualidades. En comparación al episodio más reciente donde él reconoce el apoyo entregado por sus compañeras y su cariño teniendo confianza en su propia capacidad para resolver este problema solo.

Con el transcurso de la historia el protagonista va estableciendo nuevos vínculos con otros personajes, aumentando los integrantes de su familia con dos nuevas gemas e inesperadamente a un nuevo humano durante *Cosecha de gemas* (cuarta temporada, capítulos 8-9, 2016). El atardecer cae sobre el granero, Steven llama a Peridot y Lapislázuli golpeando la puerta sin obtener una respuesta. En su segundo intento él tira una cuerda desarmando una decoración, gira su cuerpo para evitar ser golpeado por los objetos y observa una zona de Tierra cubierta por una gran cosecha de maíz. Camina entre los vegetales buscando a sus amigas y se disculpa por haber roto el adorno. En las afueras del cultivo es mojado por unas mangueras mientras Lápis lo saluda alegre y Peridot le presenta con gran emoción su experimento basado en el cultivo de vegetales. Sin embargo, ambas se decepcionan porque los vegetales no adquieren vida ni tienen la capacidad de moverse por voluntad propia. Al día siguiente Lápis junto a Peridot encuentran una calabaza con actitud de perro y se decepcionan porque el vegetal no fue creado por ellas sino por Steven. Él talla otro vegetal usando una pala pequeña, asustando a la criatura logrando unirla con las gemas y el chico se alegra por tener un nuevo miembro en la familia.

Un aeroplano sobrevuela la zona, aterriza inesperadamente en el granero y el grupo lo sigue siendo sorprendidos por los gritos de un hombre desconocido. El adulto las insulta tildándolas de vagabundas, pero se retracta llamándolas *hippies* ya que únicamente los hombres pueden dedicarse a ser vagos, Lapislázuli lo atrapa usando una mano de agua y Steven lo interroga tranquilamente intentando averiguar qué quiere. El humano grita enojado: *"¡quiero que ustedes, hippies se vayan de mi granero!"* mientras el niño, Peridot, Lápis y Pumpkin intercambian una mirada confundida. Desde la van descienden las Crystal Gems para dialogar con el resto del grupo y Greg Universe reconoce a su primo Andy; el familiar humano intenta reconocer quién es la madre de Steven generando un silencio incómodo por la muerte de Rose Cuarzo. La conversación adquiere un mayor grado de tensión ya que Greg confiesa haber tenido una relación sentimental junto a una extraterrestre y no haber formalizado la relación por medio del matrimonio convencional, a lo que Andy reacciona con enojo, volviendo a rechazar la presencia de las gemas en el granero.

Steven se acerca hacia su tío para contarle el valor sentimental del granero y el adulto recuerda haber vivido cenas familiares en ese lugar, el chico sugiere realizar una actividad similar realizar junto a las gemas para demostrar la unión del grupo. Garnet recalca la importancia de llevarse bien con los familiares de Steven contrarrestando la molestia de Amatista, Perla, Lápis y Peridot por la actitud de Andy. Las gemas trabajan en conjunto durante la preparación de la cena, los adultos llevan las cajas repletas de vegetales hacia un horno construido por Perla y Peridot usando un motor de avión. El tío se molesta y se aleja porque las gemas destruyeron un vehículo perteneciente a su familia, el chico propone mejorar la fiesta agregando más celebraciones humanas y Perla sugiere usar la van para salir momentáneamente del granero. El chico pela vegetales junto a su tío, quien intenta comenzar otra discusión siendo distraído por el sonido del escudo y observa con agrado el funcionamiento del aparato construido por las gemas. Greg cambia el tema de conversación señalando el nuevo avión, Andy habla orgulloso sobre la posibilidad de viajar, pero se desanima recordando la sensación de soledad.

En ese momento, las gemas aparecen cargando bolsas llenas de comida y muestran algunos objetos alusivos a celebraciones como un matrimonio, nacimientos de hijos, incluso funerales. La situación pone a Steven incómodo, pero se relaja tras ver la reacción alegre de Andy mientras se alista para sentarse a comer. Las nubes rojizas decoran el atardecer, la familia se encuentra reunida en torno a una mesa larga repleta de comida, decorada con un mantel blanco y un globo azul con la frase *It's a boy*. Andy inicia la cena cortando trozos de torta matrimonial, entregándolos a Steven para repartirlos en la mesa y el resto imita su comportamiento regresando hacia el adulto.

El hombre pregunta si no les gusta el pastel, el chico explica tranquilamente que las gemas no comen excepto por Amatista. El grupo inicia una conversación ya que Perla recuerda no haber comprado suficiente aceite de cocina; inmediatamente Peridot, Lapislázuli junto con Amatista desvían el tema haciendo bromas sobre colonizar la mesa y defenderla por el valioso maíz. Greg Universe retoma el diálogo agradeciendo a Steven por haber organizado la cena, cada gema repite el gesto dando gracias a otra y Peridot expresa gratitud hacia Andy por haberlos reunido.

El tío observa pensativo su trozo de pastel decorado por un novio solitario y decide entregarles el granero a las gemas mientras se aleja rápidamente de la mesa. Steven vuela junto a Lapislázuli hasta encontrar el avión pilotado por Andy sobre el mar, el hombre relata la paulatina separación de su familia hasta hacerlo sentir triste y solo. El niño salta hacia un ala del avión, menciona las cosas geniales hechas por su tío junto a su deseo por compartir con un familiar humano y repentinamente cae hacia el vacío. Andy logra recogerlo maniobrando el avión, demuestra su preocupación regañándolo y retoma la conversación abordando su miedo al cambio permitiendo darse una oportunidad para conocer otras perspectivas. El avión aterriza en el granero alegrando a las gemas. Perla intenta disculparse, pero Andy habla tímidamente pidiendo las sobras de la cena y Peridot agradece por la entrega del granero. Inmediatamente Greg abraza alegremente a su primo, Pumpkin interrumpe la situación escupiendo una figura de novio haciendo reír a Steven junto a sus familiares humanos.

La sorpresiva llegada de Andy al granero permite analizar las relaciones familiares y costumbres pues el tío del chico encarna la tradición y viejas costumbres. Esto se muestra a lo largo del capítulo juzgando a Peridot y Lapislázuli por su apariencia, quejándose por la condición material del granero, la crítica a Greg por no haber contraído matrimonio con Rose Cuarzo o cuestionando los orígenes de ella. Este fuerte apego a las costumbres provocó el alejamiento de otros miembros de su familia cuando estos decidieron realizar un cambio en sus vidas; él lo concluye observar la relación familiar entre Steven, Greg y las Crystal Gems.

A estas alturas de la serie hay un progreso de la relación entre los personajes integrantes de la familia, se ha consolidado la relación de Greg con las Crystal Gems y Peridot junto a Lapislázuli han trabajado en la relación entre ellas pudiendo vincularse con el resto de las gemas. En este contexto las gemas con ayuda de Steven tratan de entender y aprenden a tener su propia noción de familia reflejado en preguntar cómo actuar para preparar la celebración buscando ayudar. Al mismo tiempo, Steven se sorprende cuando se entera que Andy es su tío y que tiene varios familiares porque no había tenido contacto con otros parientes humanos salvo con su padre. Por esta razón el chico admite su deseo de compartir con él y conocer más sobre su familia humana, después de todo él también es un humano.

Respecto a la temática de la familia y los vínculos construidos en ella, las Crystal Gems junto a Greg Universe comparten a Steven un recuerdo sobre sus primeros días de vida en *Tres gemas y un bebé* (cuarta temporada, capítulo 10, 2016). El adulto inicia cantando *No podría estar listo*, se muestra un flashback en la casa de Vidalia donde él alimenta a su hijo con un biberón y se queda dormido mientras la nieve cae en la ciudad. El padre despierta por un golpe y corre para abrir la puerta encontrándose con las Crystal Gems llevando cajas envueltas en papel y cinta. Garnet saluda, Amatista muestra alegremente los regalos para la versión pequeña de Rose, pero su compañera le recuerda que Steven no es Rose. Perla las acompaña en silencio mostrando en su rostro una expresión molesta y triste.

Las gemas entran a la casa hacia la sala de estar donde se encuentra Steven, Greg intenta ofrecerles algo para comer o beber siendo rechazado directamente por Perla. El bebé recibe una afeitadora, una caja de pañales para adulto y un diccionario agradeciendo los obsequios diciéndoles que su hijo aún no los necesita. Una broma hecha por Garnet llena el lugar con risas haciendo brillar la gema ubicada en el ombligo del pequeño dejando sorprendidos a todos. Las gemas tienen distintas opiniones, Perla y Amatista creen que Rose no regresa a su forma normal porque está atrapada en el bebé. En contraste Garnet percibe a Steven como una fusión por lo tanto Rose intenta desfusionarse. El padre está confundido y asustado porque no sabe cómo interpretar el brillo de la gema. Corre hacia la cocina buscando un libro relacionado a la crianza de niños mientras intenta calmarse a sí mismo, cuando regresa se encuentra con el living vacío y la puerta principal abierta.

Las Crystal Gems secuestran a Steven porque lo consideran una gema. Perla conduce la van perteneciente a Greg Universe por la ciudad cubierta de nieve, mientras sus compañeras intentan convencer a Steven Universe de tomar la forma corporal perteneciente a Rose Cuarzo. Amatista le muestra cómo transformarse y Garnet se separa mostrando a Rubí junto a Zafiro sin embargo no tienen éxito. Por último, Perla intenta separar la gema rosada del cuerpo humano, pero falla porque decide respetar el deseo de Rose. Las gemas sienten la tristeza de perder a su líder aceptando el cambio en sus vidas. Greg entra a la van tras haber perseguido a las Crystal Gems cubierto por una manta bajo una tormenta de nieve y las tres se disculpan por lo ocurrido. El humano propone criar conjuntamente a Steven para ayudarse mutuamente a vivir esta nueva experiencia junto al hijo de Rose.

Este recuerdo tiene una gran importancia pues revela la existencia del proceso definido por el autor Saúl Flores en su artículo "Duelo", donde define el concepto "duelo normal" en el que los deudos generan síntomas como la tristeza, recuerdo reiterativo de la persona fallecida, llanto, irritabilidad, llevar a cabo las labores cotidianas entre otros. En este caso, ambas partes experimentan la pérdida de Rose Cuarzo viviendo un proceso de duelo dual comentado por Laura Yoffe refiriéndose a los autores Henk Schut y Margaret Stroebe descrito en sus palabras como una oscilación entre un movimiento de afrontamiento de la pérdida y un movimiento tendiente hacia la recuperación, siendo un modo de adaptación a la muerte del ser querido. Por esto el deudo necesitará evitar o negar la pérdida para poder desarrollar nuevos roles, llevar a cabo actividades y realizar cambios distintos al estilo de vida que llevaba con anterioridad al fallecimiento de su familiar.

Nuevamente se puede recurrir al planteamiento realizado por el autor Flores refiriéndose a John Bowlby mencionando la cuarta fase o fase de reorganización donde los individuos comienzan a reincorporarse a la vida lidiando con la imagen perteneciente a la persona fallecida con una sensación combinada de alegría y tristeza. Gracias a esto último se genera la unión entre las Crystal Gems con Greg Universe pues tienen la disposición para afrontar esta nueva etapa en sus vidas, asumir el cuidado del bebé apoyándose mutuamente, enfrentar la incertidumbre existente ante la crianza de esta nueva existencia y entendiendo al bebé como un híbrido gema-humano.

El flashback muestra el punto donde la familia del protagonista comienza a tomar forma gracias a la unión consensuada entre las Crystal Gems y Greg Universe mostrando las diferencias entre ellos; pese a esto la relación se desarrolla durante el crecimiento del chico. Debido a esto, ellas sienten cariño por el adulto y lo expresan mediante su preocupación en los acontecimientos de *Los sueños de Steven* (cuarta temporada, capítulo 11, 2017). Esto inicia cuando Steven sueña contemplando una zona montañosa con abundante pasto verde y flores rosas cubriendo un misterioso objeto rosado. Al día siguiente en su casa, el chico junto a Connie hojea el diario escrito por Buddy hasta encontrar una ilustración llamada El Palanquín.

Los niños corren hacia el portal con la intención de recibir a las Crystal Gem y Steven abre nuevamente el libro señalando el dibujo mientras pregunta qué es la misteriosa estructura. Amatista afirma no conocer la figura, Perla está incómoda, pero intenta ayudarlo dando una broma como respuesta siendo interrumpida por la mano de Garnet posada en su hombro seguido por un grito donde prohíbe a los niños visitar ese lugar. El ambiente silencioso es roto por los cuestionamientos del niño porque Perla y Garnet no han cumplido su promesa sobre contarle la verdad.

Durante la discusión Garnet justifica su secretismo por la petición de Rose Cuarzo sobre no mostrarle ese lugar a su hijo. Steven le responde expresando su rabia porque las gemas no entienden su deseo por saber la verdad. Connie y Amatista observan la discusión mientras Perla usa sus manos para cubrir su boca. La humana se disculpa por haber llevado el libro, Steven agradece su honestidad y le pide el libro prestado por unos días. Inmediatamente, el niño se retira de la casa.

Greg Universe despierta por unos golpes en la van y abre la puerta encontrando a Steven. Si bien, el chico conoce el desinterés de Greg Universe por involucrarse en el pasado de Rose Cuarzo pide su ayuda desesperadamente mostrándole un mapa dibujado en el libro. El padre valida la preocupación mostrada por su hijo, observa la página y viajan hacia Corea del Sur usando el avión pilotado por Andy Demayo.

Greg y Steven recorren el país durante su estadía logrando encontrar a Diamante Azul contemplando el Palanquín Rosa. Perla Azul descubre a Greg oculto en los arbustos y lo guía hasta su líder; Greg termina siendo secuestrado tras mostrar empatía por la tristeza de Diamante Azul. Steven salta buscando alcanzar la nave, pero no logra tener éxito y cae hasta ser rescatado por Garnet.

Los acontecimientos ocurridos se desarrollan inmediatamente en *Aventuras en la distorsión de la luz* (cuarta temporada, capítulo 12, 2017). Desde el portal ubicado en la casa emerge Steven preocupado junto a Garnet alertando sobre la aparición de Diamante Azul y el secuestro de Greg. Perla sorprendida intenta comprender la situación preguntando: "¿Nuestro Greg?", Amatista demuestra su temor interrogando: "¿Cómo vamos a recuperarlo?" mientras la fusión recuerda el Zoológico humano creado por Diamante Rosa. Finalmente, deciden viajar hacia ese lugar para rescatarlo y regresar juntos a la Tierra.

Todo el grupo se traslada hacia el granero para buscar una nave espacial perteneciente al Homeworld. Las gemas observan a Peridot realizar una breve revisión en el vehículo, pero Steven ansioso sube ignorando las indicaciones entregadas por su compañera. El vehículo espacial abandona la superficie terrestre; el chico pregunta inquieto cuánto tiempo tardarán en llegar hasta su destino, Perla calcula 70 años y Garnet recuerda la existencia de motor gravitatorio. Steven movilizado por la incertidumbre activa la opción desmayándose temporalmente sin embargo recupera la conciencia y manipula el tablero de control transformándolas en gemas sin cuerpo físico.

En forma repentina aumenta la velocidad del vehículo espacial, él se motiva para mantener la calma y acercarse hacia los controles para evitar un impacto directo contra el zoológico sin tener éxito. El chico desesperado llora, se arrepiente por haber tenido un comportamiento precipitado afectando a sus seres queridos y solo quiere ver nuevamente a su papá mientras logra acercarse a los controles para detener la nave. La nave regresa a su estado normal, las gemas lo tranquilizan explicando cómo sus cuerpos fueron arrastrados por en el espacio sin arriesgar sus vidas. Él admite haber puesto en riesgo la misión ya que se presionó mucho buscando salvar a su padre mientras seca sus lágrimas usando su polera, Garnet lo tranquiliza recordando porqué no es culpable del secuestro y Amatista los interrumpe señalando al zoológico visto desde un ventanal.

Los acontecimientos relatados anteriormente logran situar a los personajes en un contexto idóneo para comprender con mayor profundidad sus motivaciones y los cambios experimentados a nivel personal. En el caso de las Crystal Gems, Garnet junto a Perla actúan en forma hermética demostrando temor por dialogar sobre los acontecimientos ocurridos en el pasado; llevándolas a experimentar un conflicto con Steven por no ayudarlo y tener la capacidad para reflexionar críticamente sobre sus acciones logrando disculparse por su error. También reconocen a Greg Universe como un integrante de la familia siendo capaces de realizar un viaje para salvarlo.

Por su parte Steven está experimentando un proceso de crecimiento personal, teniendo la posibilidad de cuestionar directamente el secretismo demostrado constantemente por sus compañeras. Y recurre a la ayuda entregada por Greg Universe, Connie Maheswaran y Andy Demayo para revelar la verdad oculta sin importar las consecuencias. Posteriormente él hace evidente su arrepentimiento por no haber escuchado las advertencias y logra dimensionar el efecto de sus acciones sobre la familia. No obstante, esto resulta ser una buena experiencia para entender la importancia de tener una actitud madura para solucionar una situación conflictiva.

Gracias a las vivencias ocurridas en el espacio exterior se muestra la cohesión existente en los integrantes pues acuden al rescate motivados por la preocupación y se movilizan actuando como un equipo. Nuevamente ellas trabajan conjuntamente con Greg Universe demostrando haber resuelto sus diferencias y confiar sinceramente entre sí pues desean ayudar a Steven en *Gemacaciones* (quinta temporada, capítulo 6, 2017). Los acontecimientos ocurren tras el escape de Steven del Homeworld. El conflicto aparece en el autolavado, mostrando a Greg Universe preocupado ya que Steven esta triste y ansioso por los mensajes recibidos en su celular. En el interior de la casa, el chico intenta lavar un plato frotando un frasco de lavaloza siendo interrumpido por el humano y las Crystal Gems cargando bolsas repletas de comida. Greg habla con su familia sobre tener unas vacaciones y Steven acepta disfrutar un fin de semana en el Rancho Genial.

El adulto estaciona su van y las gemas descienden rápidamente para acomodar la cama del niño en la casa ubicada en el bosque; Greg describe entusiasmado las características de la construcción, pero Steven responde en forma cortante porque continúa mirando su teléfono. Durante el anochecer todos se encuentran en el patio delantero, Steven mira su celular evitando interactuar con el resto y Amatista se acerca para iniciar una conversación buscando abordar los sentimientos de él, pero no tiene éxito. Más tarde en el Jacuzzi Garnet habla sobre la rebelión del Homeworld, pero Steven frustrado detiene la conversación y está pendiente del celular en una bolsa hermética.

Al día siguiente Steven se balancea en una mecedora esperando un mensaje fuera de la cabaña; desde la puerta escucha a las gemas junto a Greg intranquilos por no entender qué ocurre y Perla acepta intentar hablar con él. Ambos están sentados en las escaleras de madera, él sostiene temeroso su celular mientras la gema comienza a profundizar una explicación enfocada sobre la experiencia en el Homeworld, pero Steven la interrumpe gritando: "Connie me odia". Desde la puerta Garnet, Amatista y Greg se unen a la situación; el niño escapa llorando tras admitir directamente el temor a perder su amistad con la niña humana.

Las Crystal Gems observan como Greg se aleja siguiendo a Steven hacia otra zona del terreno. El adulto encuentra a su hijo, lo escucha comentar su temor a ser juzgado, observa los mensajes enviados a Connie mientras indica la ausencia de internet en el celular. Desesperadamente el niño dirige la Van hacia la cima de un risco, se ubica en el techo logrando obtener señal y recibe un mensaje escrito por Ronaldo sintiendo gran decepción. Toda su familia se reúne para consolarlo y contemplar relajadamente el cielo nocturno repleto de estrellas brillantes.

Gracias a la situación vivida durante estas vacaciones fuera de casa se muestra como los cuidadores actúan unidos para entender al chico. Esto comienza cuando él actúa distraído, responde ansioso y menciona tener Space-lag para no seguir dialogando con su padre. El adulto y las gemas están preocupados ya que asocian el nuevo comportamiento con la experiencia vivida durante la estancia en el otro planeta. Para solucionarlo Greg sugiere ir al campo buscando un espacio donde su hijo pueda descansar y las gemas tienen el conocimiento para aconsejarle ya que provienen de ese lugar. No obstante, Steven pasa su estadía en completo silencio y concentrado en el celular, frustrando a su familia pues no saben cómo ayudarlo.

Todos quedan impresionados cuando él revela sentirse mal porque Connie no le responde sus mensajes. Greg reacciona primero ya que tiene una mayor experiencia sobre relaciones y emociones humanas. Él aconseja a Steven darle tiempo y espacio a Connie porque todos lidian con sus emociones a distinto ritmo y de distintas formas. Es importante destacar los minutos finales del episodio donde el protagonista esta desanimado pues no ha recibido mensajes de su amiga, pero está acompañado por Greg y las Crystal Gems mientras observan el cielo nocturno.

¿Mi hijo arregló un antiguo triángulo amoroso?

En la familia de Steven Universe se caracteriza por no desear compartir algunos secretos, situaciones dolorosas o conflictos personales vividos en el pasado. Un tabú oculto por mucho tiempo está relacionado con Rose Cuarzo pues su vínculo romántico con Greg Universe generó una disputa librada indirectamente entre Perla y el humano por una gran cantidad de años. La historia entre Rose y Perla inició hace miles de años atrás. Diamante Rosa recibió de obsequio una Perla con la función de hacerla feliz, ayudar con las tareas asociadas a sus actividades como regente y acompañarla durante el proceso de colonización en la Tierra. Un día la regente añora presenciar directamente como las Amatistas surgen del Kindergarden, su gema sirviente le propone transformar su identidad aparentando ser un soldado cuarzo para viajar hacia la Tierra y ambas recorren la superficie observando la vida. Gracias a esto, ella se vuelve consciente sobre el daño producido por su colonización e intenta detenerla utilizando su influencia política sin poder generar un cambio de opinión en sus compañeras monarcas.

Mientras ella se transforma en Rose Cuarzo para iniciar la revolución, Perla observa la situación y decide acompañarla a luchar demostrando su disposición a servirle porque su razón de existir consiste en complacer y hacer feliz a su dueña. Sin embargo, la líder insiste en tratarla como una gema sin dueño. Ellas conforman las Crystal Gems, el grupo revolucionario encargado de luchar para proteger la Tierra y construir un hogar garantizando la libertad para las gemas rechazadas en el Homeworld. Durante ese tiempo ambas profundizan su relación demostrando confianza, experimentando nuevas emociones y viviendo distintas experiencias cómo se muestra en *Ahora nos estamos separando* (quinta temporada, capítulo 19, 2018). Tras haber presenciado la fusión de Rubí con Zafiro, Rose se muestra sorprendida y Perla intenta complacerla levantándola mientras dice: fusión activada. Inmediatamente, la gema se disculpa, pero expresa a su líder haber imaginado cosas sin obedecer una orden pensando en haberla conocido en la Tierra y compartir una vida juntas. Durante la rebelión Perla siguió demostrando su lealtad al no dudar en seguir a su líder hacia la batalla. Aprendió a luchar con la intención de protegerla, se consideró a sí misma como su mayor confidente y aceptó no regresar al Homeworld para mantenerse a su lado. Estos gestos pueden interpretarse como múltiples intentos por encarnar una figura con las suficientes herramientas o habilidades necesarias para complacer a su compañera.

Luego de haber librado junto a las Crystal Gems una guerra con el Homeworld, la Diamante adopta permanentemente la identidad de Rose Cuarzo una gema originada en la Tierra. Y transforma su apariencia con rasgos femeninos, contextura gruesa, alta estatura, piel blanca junto a una cabellera rosada larga y ondulada. Lleva un vestido blanco haciendo visible su gema rosada hexagonal por un agujero en forma de estrella ubicado sobre su ombligo y está descalza. Sus compañeras, sobrevivientes al conflicto, la describen como una líder rebelde, brillante, majestuosa, hermosa, valiente, afectuosa, con grandes habilidades de batalla y misteriosa para proteger a sus aliados. En contraposición, percibida como una criminal por las Diamantes y las gemas aliadas del Homeworld.

Las Crystal Gems habitaron la Tierra compartiendo entre sí mientras observan el transcurso del tiempo tomando la precaución de no involucrarse en situaciones relacionadas a los humanos. Sin embargo, la separación voluntaria es transgredida por la curiosidad de Rose Cuarzo durante *Una historia para Steven* (primera temporada, capítulo 48; 2015). El flashback inicia durante una noche en la Ciudad Playa un joven Greg Universe con 22 años, lleva una larga cabellera café y viste una polera negra decorada por estrella amarilla en el centro junto a unos jeans largos.

Él presenta la canción *Soy un cometa*, expresando su determinación para construir su carrera musical siendo guiado por la sensación de satisfacción personal y teniendo la capacidad de confrontar las sensaciones de miedo e inseguridad respecto a su futuro. Al término del show escucha un espontáneo aplauso entre las sillas vacías, agradece la asistencia, se presenta como Mr. Universe y se dirige hasta una mesa con merchandising; inmediatamente se acerca una mujer de cabello rosado mirando un disco. Ambos tienen una conversación sobre viajar por el espacio, el humano le regala un CD (un disco compacto, un círculo frágil donde, antiguamente se reproducía la música) y corre para buscar una polera de talla grande en su van.

En forma sorpresiva aparece su representante Marty acompañado por una joven llamada Vidalia (la futura madre de Crema Ácida y Cebolla), regaña al joven por intentar regalar una prenda de vestir y se retira acompañado por la chica. Greg atraviesa la ciudad, camina por la playa, salta una reja y es descubierto por las Crystal Gems en la entrada del templo. Perla se dirige al humano intentando alejarlo mientras la fusión se propone lanzarlo hacia afuera. Inesperadamente Rose Cuarzo los detiene y flota hasta el adolescente para ayudarlo a levantarse; ambos intercambian miradas siendo interrumpidos por la cabeza de Perla cuestionando si la gema conoce al humano. El adolescente tiene una breve conversación para entregar la camisa gratis, menciona estar trabajando en un nuevo show para la Ciudad Imperio y se retira corriendo hacia la ciudad. El grupo gemas se despide, Perla con el ceño fruncido ubica sus manos en las caderas y mira directamente a Rose Cuarzo diciéndole yo puedo cantar. Ante la situación Rose sonríe, Garnet junto con Amatista ríen, su compañera sonrojada pregunta: ¿Qué? y mira sus rostros.

La lluvia cae sobre la carretera, Marty conduce la van y tiene una conversación junto a Greg hablando sobre las mujeres conocidas durante su estancia en la ciudad. El joven expresa su interés por Rose tocando una breve canción, pero su manager se aburre y lo incita a olvidarse de una mujer alta para conquistar a muchas mujeres pequeñas. El joven responde: Marty, las mujeres son personas e inicia una discusión con su manager porque no está interesado en los sentimientos del chico. Ambos logran evitar un choque contra un auto, Greg molesto deja a Marty en la carretera abandonando su viaje a la Ciudad Imperio y conduce el vehículo logrando romper el cerco en la playa. El joven corre llevando una guitarra acústica, toca la puerta del templo y se ubica sobre el portal cantando Qué estás haciendo aquí expresando su deseo por conocer a Rose pues él está sintiendo una conexión inexplicable hacia ella; la entrada se abre mostrando a Rose usando la playera de Mr. Universe. La gema admite sentirse atraída pero no quiere interponerse en su carrera musical, Greg responde: esto será un problema. ¡Tú eres todo lo que quiero! y ella se ríe sorprendida por la situación.

Posteriormente el humano se acerca hacia las Crystal Gems intentando establecer una interacción amigable mientras profundiza lentamente su vínculo con Rose Cuarzo. En *Tenemos que hablar* (segunda temporada, capítulo 9, 2015) se muestra una vieja grabación ambientada en el templo iluminado por tonos rosa, rojo pálido y blanco. La banda integrada por Amatista golpeando la batería, Garnet toca el piano guitarra (esos teclados que ocupan las bandas de cumbia), Greg toca la guitarra y Rose siendo vocalista. La gema y el humano hacen un dueto interpretando la canción *¿Qué puedo hacer por* *ti?* haciendo evidente su atracción mutua mientras Perla observa molesta y celosa tras el escenario. El joven entusiasmado interpreta un solo de guitarra, la gema se acerca hacia Rose para susurrarle y se fusionan originado a Cuarzo Arcoíris. El humano continúa tocando el instrumento mientras la fusión baila hasta ubicarse en el centro del escenario para separarse; en ese momento Perla realiza el gesto de "drop the mic", la cual consiste en soltar el micrófono, haciéndolo sonar en el piso, imposibilitando que el contrincante o enemigo pueda contestar el desafío. Este tipo de desafíos ocurren en diversas situaciones sociales con las batallas de Rap y ha sido realizada por el primer presidente afroamericano de Estados Unidos durante su acto oficial.

Las luces se apagan dejando ver un fondo azul oscuro. Greg se despide recibiendo un beso de Rose y entrega una bolsa con dulces a Amatista por haber golpeado los tambores. Perla juega con el micrófono e inicia una conversación interpretando el interés de Rose Cuarzo por Greg como una sensación temporal y superficial originado por su afecto generalizado hacia todos los humanos; a lo que el joven, molesto, interroga: "*¿Qué te hace estar tan segura?*" Ella explica usando un tono arrogante como las gemas pueden establecer una conexión definitiva con la fusión, pero él no puede unirse así con Rose porque es un humano. El joven decide intentar fusionarse y Perla se retira molesta con los brazos cruzados.

En la playa, Garnet y Amatista observan a Greg imitar el baile grabado utilizando un televisor conectado a la van; la fusión explica las propiedades físicas necesarias para lograr la unión entre dos gemas. Ella lanza una rama distrayendo a su pequeña compañera con el fin de alejarla, sugiere a Greg ser honesto y abierto con sus emociones para crear su propia manera de fusionarse. Más tarde, Rose y Greg comparten un baile sin obtener resultados, el humano, llorando por los nervios, exige a Rose tener una conversación madura para entender cómo funcionará su relación a futuro. Ellos se abrazan, hablan sobre sus experiencias sentimentales anteriores y bailan alegres por compartir el sentimiento de confusión en su relación. Las tres gemas observan desde una distancia cercana el diálogo entre Greg y Rose. Oculta tras una mano de arena Perla pregunta: *"¿Por qué siguen bailando? si la fusión no funcionó"*, a lo que Garnet afirma que sí funcionó y Amatista mira alegre la situación. Perla acepta la situación resignada, mirando al suelo con el ceño fruncido y subiendo los hombros.

En este segundo recuerdo se aprecia un mayor grado de cercanía física entre Rose y Greg compartiendo besos directamente en su boca y sosteniendo miradas cómplices entre sí durante la canción. Perla, celosa, interviene mostrando su capacidad para fusionarse con Rose intentado demostrar su exclusiva cercanía física con Rose Cuarzo y se mofa sutilmente del humano argumentado por qué no puede experimentar el mismo tipo de unión junto a su interés amoroso. Por su parte, Greg Universe fue interpelado profundamente por su tenso diálogo con la gema logrando cuestionar si Rose realmente tiene sentimientos de afecto por considerarlo una persona especial o solo se encuentra maravillada por su existencia humana.

Greg Universe decidirá solucionar su conflicto interno llevando a cabo una conversación seria exponiendo directamente su preocupación y buscando saber qué tipo de relación tienen. Hasta ese momento la gema había tenido comportamiento categorizable según el texto *Actitudes hacia el amor y apego* de las autoras Analía Brizzio, Alejandra Carreras y María Elena Brenlla donde John Allen Lee define Ludus o el amor lúdico donde el amor y sexualidad son vistos como un juego para el disfrute mutuo y sin una intención seria. Esta tendencia amorosa puede concretarse con más de una pareja a la vez, puede disfrutar de diferentes personas, actividades y placeres. Sin embargo, recibe una llamada de atención para entender la importancia de construir una relación amorosa aceptando a nivel personal su propia identidad, compartir abiertamente su identidad con su pareja y elegir construir un lazo afectivo basado en el respeto mutuo. A nivel interno, la gema tiene la posibilidad de cuestionar el inexistente aprendizaje sobre sus emociones experimentado por Diamante Rosa durante su estancia en el Homeworld y comenzar un proceso de aprendizaje entendiendo la importancia de establecer vínculos emocionales marcados profundamente por la importancia de tener una responsabilidad efectiva para crear una relación sana.

De esa manera la pareja continúa unida e inicia una nueva etapa marcada por demostrar abiertamente su cercanía física complementada por la existencia de responsabilidad afectiva. En este contexto Greg Universe experimenta un crecimiento personal mostrado en *Greg el niñero* (tercera temporada, capítulo 16, 2016) iniciando con la canción *Una moneda pediré* donde el humano expone su admiración por Rose Cuarzo, señala sentirse cómodo en su vida cotidiana, pero tiene la obligación de obtener dinero para solventar sus necesidades básicas. Durante la última secuencia Perla ignora el saludo de Greg Universe durante una reunión en el templo perteneciente a las Crystal Gems.

Tras tocar una canción en la calle, él es recibido por Vidalia preparándose para asistir a su primer día de trabajo y él acepta cuidar al bebé Crema Agria mientras su amiga está ocupada fuera de casa. En la playa Greg, Rose y el pequeño humano reposan bajo un quitasol enterrado en la arena. La gema emocionada reconoce como los humanos tienen la posibilidad de crecer para elegir qué desean ser, por el contrario, las gemas emergen conociendo su rol debiendo seguirlo por siempre. El joven inspirado por las palabras corre a buscar su guitarra y regresa notando la ausencia del niño.

Él recorre la ciudad desesperado hasta encontrarlos en el parque de diversiones en Ciudad Playa, Crema Agria está sentado en la zona alta de la rueda de la fortuna y él sube hasta ese lugar para rescatarlo, pero la máquina pierde el control. La gema logra detenerla para rescatarlos cayendo en forma controlada y Greg comprende por qué no ha logrado ser responsable de sí mismo. Al anochecer, regresa al bebé con su madre y recorre la ciudad hasta encontrar un anuncio solicitando ayudante en el lavado de autos.

En este tercer recuerdo ambos personajes continúan su relación mostrando su interacción en situaciones cotidianas y paulatinamente construyen un ambiente propicio para acompañarse mutuamente en su crecimiento personal. De esa forma, Greg asume el rol de niñero logrando entender su propio comportamiento buscando ser cuidado por otros y asume la responsabilidad de cuidarse a sí mismo logrando satisfacer sus propias necesidades. Por su parte, Rose se muestra maravillada por el crecimiento físico experimentado por su pareja y el bebé junto a tener la posibilidad de elegir e inmediatamente hace una comparación explicando cómo las gemas habitantes del Homeworld son creadas para cumplir una función durante toda su existencia.

Esta pareja demuestra mayor cercanía física durante *León 3, el vídeo* (primera temporada, capítulo 35, 2014) donde se muestra una grabación ambientada en la playa. Rose filma a Greg mirando a un cangrejo, durmiendo sobre la arena y presentándose como Mr. Universe mientras toca la guitarra. Inmediatamente ella expresa sentirse maravillada por las vidas existentes en la Tierra, explica a su hijo porque ambos no pueden existir y recalca como su cariño lo estará acompañando durante su vida. Finalmente, el lente muestra a Greg abrazando el vientre de Rose mientras acercan sus cabezas y se besan.

Gracias a las breves interacciones mostradas por la pareja se puede comprobar una evolución en su vínculo afectivo basado nuevamente en autoras Analía Brizzio, Alejandra Carreras y María Elena Brenlla como el amor Eros donde existe una compenetración física, sexual y el deseo de una relación intensa. Bajo esta categoría su relación no está marcada por la obsesión permitiendo un desarrollo mutuo entre los integrantes con una alta confianza junto con alta autoestima. De esa forma Rose puede reírse por las acciones cómicas del humano o cuando intenta tener una imagen genial posando con su guitarra sin la intención de menoscabar ni humillar a su pareja. Asimismo, Greg entiende como su pareja embarazada perderá su forma física para tener a su hijo Steven, pero acepta su deseo acompañándola y ayudándole a grabar el VHS (es una cinta de vídeo rectangular, es tecnología del milenio anterior).

Paralelamente, las Crystal Gems observan esta relación involucrándose en determinadas situaciones, compartiendo momentos con el humano y realizando misiones con su líder. Sin embargo, había una integrante incómoda, que experimentaba inseguridad y actuaba en forma celosa. En *Una sola rosa pálida* (quinta temporada, capítulo 18, 2018) aparece un recuerdo ambientado en la playa mostrando a Perla llorando desesperada porque Rose Cuarzo eligió perder su forma física para tener a Steven, diciendo que no puede imaginar su vida sin la presencia de su líder y compañera.

Desde este punto ocurre una elipsis de tiempo donde Rose Cuarzo se transforma en una figura ausente y acontece el nacimiento de Steven Universe, estas situaciones generaron un cambio tangible en los otros personajes expuesto en *Tres gemas y un bebé* (cuarta temporada, capítulo 10, 2016). En la escena musicalizada por la canción *No podría estar listo* vehiculizado la contradicción entre las ideas: entender lógicamente porque una situación puede experimentar su inicio o fin versus vivir concretamente la incertidumbre emocional generada para enfrentar esta nueva etapa en su vida sin tener experiencia.

El humano recibe a las gemas llevando regalos para el bebé en casa. Hay una notoria tensión pues Perla evita cruzar miradas con él o cuando recalca estar allí únicamente para entregar los regalos. Ellos se acomodan en la sala de estar, Amatista llama: "pequeño Greg" al bebé, el adulto le pide llamarlo Steven porque él junto a Rose eligieron ese nombre y Perla menciona: "bueno como sea que lo llames, necesitarás esto", entregando un paquete con un diccionario en su interior. Al rato el bebé juega con las llaves mientras ellos observaban sorprendidos como su ombligo comienza a brillar. Ellas reaccionan sorprendidas ante la posibilidad de estar nuevamente con su líder, especialmente Perla pues cree que Rose está atrapada en el niño y se acerca hacia la gema intentando comunicarse. Greg asustado busca un libro sobre el cuidado de un bebé en la cocina y regresa encontrando vacía la sala de estar.

En la carretera Perla conduce la van recorriendo la ciudad cubierta por la nieve mientras sus compañeras tratan de comprender por qué Rose no ha vuelto y ella detiene el vehículo en seco. La tensión experimentada por Perla continúa expresándose cuando intenta extraer la gema buscando liberar a Rose supuestamente atrapada en el cuerpo de Steven; pero se detiene respetando el deseo de su líder. Ella llora porque no puede entender a su antigua compañera mientras recuerda sus palabras: "todo debería crecer y todo debería cambiar y, ¿no es maravilloso cómo esto ocurre naturalmente en los humanos?" y estalla como el cambio no es natural para las gemas ni ella. Garnet comenta que los cambios serán una parte natural para el niño y propone enfocarse en Steven dejando a Rose atrás. Este gesto resulta significativo porque las gemas se abren a la posibilidad de lidiar con la ausencia permanente de ella y aceptan la propuesta de acompañar a Greg en la crianza de Steven Universe; de esa forma todos comienzan a experimentar una vivencia completamente nueva.

En forma individual Greg Universe desea observar el proceso de crecimiento experimentado por su hijo, no obstante siente una gran inseguridad por asumir la responsabilidad en solitario de criarlo. Esta contradicción ocurre porque el adulto humano está viviendo su duelo según lo planteado en *Nuevas concepciones sobre los duelos por pérdida de seres querido* de Laura Yoffe ya que el deudo deberá reorganizar toda su vida experimentando una redefinición identitaria para con roles, funciones y responsabilidades llevabas a cabo quien falleció. Lidiando con fuertes sensaciones de ansiedad relacionadas con el miedo de no poder seguir adelante sin el ser amado; sentimientos de vacío y soledad, falta de proyectos y de sentido de su vida y de la vida en sí misma. La idea se refuerza cuando él demuestra la tristeza mirando nostálgicamente una fotografía protagonizada por Vidalia abrazando a su hijo y su pareja.

Si bien ellos acuerdan colaborar en la crianza del pequeño Steven, Perla mantiene su rechazo hacia Greg Universe como se muestra en *Derríbalo Chile* (segunda temporada, capítulo 10, 2015) (no se refiere al país sudamericano sino como una traducción mal hecha de la expresión "chill"). Una noche Steven acompañado por Amatista miran un sueño proyectado desde la gema perteneciente a Perla. El holograma muestra a la gema abrazando la espalda de Rose Cuarzo, le propone olvidar a Greg para viajar juntas por la galaxia mientras surfean sobre un trozo de pizza. De pronto la cabeza de Rose toma el rostro de Greg agradeciéndole por arreglar su van y Perla se asusta. Ella despierta asqueada e incómoda por la situación. Otro momento acontece en *El entrenador Steven* (primera temporada, capítulo 20, 2014) en la playa, Greg levanta una pesa mientras llama la atención de Perla y pregunta: "¿Viniste a ver a los fortachones?" La gema confundida levanta una ceja mientras frunce el ceño, mira rápidamente el cuerpo del humano y fríamente responde no.

Asimismo, hay situaciones donde Steven presencia como Perla demuestra su rechazo explícito hacia Greg Universe. Durante una reunión mostrada en *Un invitado en casa* (primera temporada, capítulo 27, 2014), una mañana en el autolavado, las Crystal Gems conversan para averiguar cómo reparar la van, el adulto propone usar un rollo de cinta adhesiva y Perla afirma poder arreglar el vehículo sin ayuda. Steven ofrece a su padre quedarse en la casa por haber lastimado su pierna, el humano entusiasmado pregunta la estadía intervendría con el entrenamiento e inmediatamente Amatista propone al niño usar la saliva curativa para sanar la rodilla. Perla demuestra un optimismo exagerado para ocultar su incomodidad comentando: "¡Cierto! ¡Sí! Si tu arreglas a Greg y yo arreglo la van, y nadie tendrá que vivir con nosotros."

De esa forma, la tensa relación establecida por Greg Universe y Perla no se aborda directamente hasta *El señor Greg* (tercera temporada, capítulo 8, 2016) cuando en la playa Steven, Greg y Perla miran un spot publicitario de Pepe Hamburguesas musicalizado con la vieja canción *Soy un cometa*, gracias a esto el adulto se ha transformado en una persona millonaria. La gema se acerca a la pantalla preguntando qué es eso, el humano rememora haber interpretado esta canción durante su primer encuentro con Rose Cuarzo e imagina si ella estuviera viva habría disfrutado del comercial. El niño con una expresión de sorpresa mira a su padre incómodo y a Perla apartarse entristecida.

Ambos están sentados en la van interpretando la canción *Nada nos cuesta* mientras ella escucha tras una puerta del vehículo y se retira enojada. El dúo corre cantando hacia la casa interpretando *La ciudad que nunca duerme*; inesperadamente el niño propone llevar a la gema hacia la Ciudad Imperio, ella menciona: "tres son multitud" y el humano recuerda haber tenido una mala relación con ella tras comenzar su noviazgo con Rose. Sin embargo, Steven confía en su familia e insiste mostrando un gran optimismo por viajar los tres junto a la gema de su madre. Greg y Perla asustados comparten una mirada incómoda.

La noche cubre la ciudad iluminada por grandes carteles, la van recorre las calles hasta detenerse frente a un hotel lujoso y el grupo llega a su habitación siendo cargados por los trabajadores cantando *Señor Greg*. Padre e hijo disfrutan en la piscina mientras Perla paulatinamente se relaja, el humano intenta bailar con la gema, pero es rechazado abruptamente. La gema se aleja melancólicamente, Greg resignado ubica una mano sobre el hombro de Steven para tranquilizarlo y el resto de las personas sale del lugar. Más tarde Greg junto a Steven duermen en una cama grande, Perla se acerca hacia un velador para sacar una rosa del florero e interpreta *Fue todo, ¿no es así?* Usando sus palabras deja fluir las emociones generadas por el conflicto sentimental con Greg Universe y los sentimientos vividos durante millones de años en su relación con Rose Cuarzo.

Ella sale del balcón, Steven mira hacia el suelo mientras el adulto afirma: "nada podrá reparar esto" y se disculpa por haberla molestado con su presencia. Perla se lamenta por haber venido, pero Steven responde esta fue la razón para invitarla. En el comedor Greg desanimado está sentado en la barra comiendo cerezas, Perla sostiene su codo usando una mano y él mira al suelo tocando su pelo nerviosamente mientras empuña su mano; el niño interpreta la canción *Ambos amo yo* tocando el piano. Ellos dejan caer lágrimas, se acuestan, tienen una conversación y la gema aclara no odiar a Greg sino estar celosa porque Rose se enamoró de él. El grupo toma su equipaje guardándolo en la van y Steven se queda dormido en el asiento trasero observando una conversación amena entre ambos.

Desde el comienzo del capítulo es posible notar la tensión entre ambos personajes demostrado en la breve conversación tras mirar el comercial emitido por televisión. Steven escucha a su padre comentar alegremente que Rose habría disfrutado la nueva versión del tema musical mientras Perla intentando disimular su tristeza asiente y se retira. En esta situación el chico percibe la incomodidad, insiste en realizar un viaje acompañado por su padre y convence a Perla de acompañarlos a la Ciudad Imperio. Durante la estancia en el hotel la gema continúa intranquila. Momentáneamente admite sentirse bien cuando baila con Steven, pero abandona su alegría rechazando bailar con Greg y se aleja avergonzada. El hombre resignado normaliza la respuesta negativa frente a su hijo.

Transcurre la noche, Greg junto a Steven duermen y Perla camina hacia el balcón llevando una Rosa en su mano. La gema interpreta la famosa canción *Fue todo, ¿no es así?* exponiendo los sentimientos guardados sobre la relación entre Rose y Greg admitiendo cuánto le cuesta superar esa situación. Es la primera vez donde Perla verbaliza sus emociones, confesando sentirse dolida porque Rose decidió establecer una relación seria con Greg Universe habiendo tenido relaciones esporádicas con otros humanos en el pasado. Anteriormente había sentido celos en forma notoria, pero sin admitirlo abiertamente hacia a las otras Crystal Gems como se ve en *Tenemos que hablar* (segunda temporada, capítulo 9, 2015).

Inmediatamente la canción aborda como Perla interpretaba su relación con Rose Cuarzo y cuáles emociones sentía acompañándola.

Una estrofa incluye las palabras: *guerra y gloria, reinventemos. Fusión, liberación, su atención. Día y noche, es mi potencial. Valiente, audaz, experimental.* Destacando sensaciones importantes para la gema como su liberación de la norma impuesta por el Homeworld, actuar en forma abnegada mostrando dedicación hacia Rose movilizada por intensos sentimientos de amor, su lealtad hacia su líder estaba demostrada en el gesto de acompañarla en su lucha persiguiendo su ideal y el surgimiento de Cuarzo Arcoíris. De esa forma expone como su vida giró en torno a Rose Cuarzo eligiendo acompañarla pese a tener su conflicto emocional y expresa el dolor generado por la existencia de Greg.

Finalmente se menciona la nueva etapa de su vida centrada en cuidar a Steven mientras intenta seguir adelante con su vida sintiéndose torpe, insignificante y culpable porque su líder ya no existe; demostrando parte del desarrollo vivido por el personaje. Sin embargo, su proceso tiene un clímax expuesto en la última estrofa: *Fue todo, ¿no es así? No puedo olvidar el dolor* donde admite seguir atrapada en todas esas emociones. Pero su conflicto cambia en la versión anglosajona preguntando: *Why can't I move on?* admitiendo su incapacidad de avanzar porque no puede dejar ir su pasado. Gracias a la canción esta gema reconoce y entiende sus emociones mientras canta bailando en el balcón. El amor de Perla hacia Rose puede relacionarse con Ágape según la tipología de Lee, explicada por las autoras Analía Brizzio, Alejandra Carreras y María Elena Brenlla. Puesto que es un amor altruista, que se preocupa por el bienestar del otro y no exige nada a cambio, es un amor más bien idealista en el que la sexualidad y la sensualidad no son relevantes. Pese a esto, Perla nunca dimensionó la posibilidad de como Rose dejaría de existir pues las gemas no mueren excepto cuando las destruyen dañando su piedra.

Además, existen características de la dependencia emocional descritas por Jorge Castelló Blasco presentes en la personalidad de Perla tales como baja autoestima, subordinación, temor al abandono o falta de límites del ego. Es importante comprender el origen de los rasgos en el rol asignado a este tipo de gemas en el Homeworld donde son vistas como un accesorio y deben complacer a sus dueñas, por eso ella solo se enfoca en cumplir estos estándares durante en la etapa previa a la exploración realizada en la Tierra. Sin embargo, el cambio de perspectiva experimentado por la regente en torno a la colonización permite a Perla darse cuenta como el sistema de su planeta de origen se regía de forma funcionalista y su eslabón en la jerarquía le otorgaba un rol social inferior impidiendo tener otros tipos de intereses o personalidad.

Por esta situación se entiende como Perla concibe tener una relación profunda con diferentes etapas, la primera donde ella es la Perla perteneciente a Diamante Rosa y la segunda donde ella lucha junto a Rose Cuarzo por la liberación de la Tierra para habitarla por miles de años. Este hecho genera en Perla un fuerte anhelo de mantener la relación, característica en los dependientes emocionales planteado por el mismo autor pues teme perder el vínculo afectivo cuando Greg aparece en sus vidas y la hace sentir celosa. La relación entre ambas fue única e incomparable a las experimentada con los humanos por esto le cuesta tanto cerrar ese proceso y vive con resentimiento hacia él. Posteriormente, cuando Rose decide tener a Steven no es capaz de dimensionar una vida sin su compañera. Finalmente termina su Perla interpretación avergonzada notando a Steven y Greg despiertos.

Ante la situación de tensión, el chico reúne a los mayores en el lobby del hotel notando la incomodidad de ambos y utiliza un piano para interpretar la canción *Ambos amo yo.* Él desea comprender por qué evitan abordar el tema y demuestra su afecto por los personajes invitándolos a tener una conversación pues comparten el mismo sentimiento; inmediatamente los tres personajes lloran. Ellos exponen los sentimientos relacionados con Rose, el humano empatiza con el odio experimentado por la gema más Perla aclara haberse sentido herida porque su líder se había enamorada del humano y ríen recordando cómo Rose solía actuar siguiendo sus deseos. En ese momento, ella feliz estira su mano y él acepta logrando bailar juntos por primera vez; este gesto marca una nueva etapa en la relación iniciada por la honestidad emocional junto con la disposición a comunicarse. Por medio del movimiento se muestra directamente la misma sincronía emocional mostrada anteriormente durante la danza realizada por Greg junto a Rose en *Tenemos que hablar* (segunda temporada, capítulo 9, 2015).

Gracias a esta vivencia los personajes comienzan a cerrar las heridas generadas en el pasado y parcialmente demuestran como su relación empieza a mejorar. Una situación aparece en *El último en salir de la Ciudad Playa* (cuarta temporada, capítulo 6, 2016) cuando Greg no puede asistir a un show musical decide prestarle su querido Dondai Supremo a Perla para viajar junto con Amatista y Steven. La gema agradece la confianza mostrada por el humano permitiéndole conducir el vehículo durante la noche. En *Cosecha de gemas* (cuarta temporada, capítulos 8-9, 2016) Perla afirma: "nuestro Greg es superior a él" haciendo una comparación con su primo Andy y más viaja para comprar las decoraciones conduciendo la van. La gema nuevamente utiliza la frase: "nuestro Greg", tras enterarse como Diamante Azul secuestró al humano en *Aventuras en la distorsión de la luz* (cuarta temporada, capítulo 12, 2017).

Está bien pensar en ello

Steven tuvo la oportunidad de mediar en el conflicto entre Greg y Perla aprendiendo la importancia de conversar sobre las emociones o las situaciones dolorosas con seres queridos o personas de confianza, diálogos que construyen una relación interpersonal más sana. Sin embargo, el chico estará obligado a intercambiar roles con su amiga Connie, experimentar las sensaciones dolorosas e incómodas para aprender a recibir ayuda en *Educación Consciente* (cuarta temporada, capítulo 4, 2016).

La historia comienza mostrando a Steven fingiendo estar calvo para llamar la atención de Connie sin tener éxito, mientras del portal emergen Garnet y Perla alegres, recordando el entrenamiento de fusión en la Arena de batalla. El chico percibe a su amiga con una actitud distraída, más logran unirse sin problemas para luchar contra un holograma de Perla. Durante el encuentro Stevonnie está confiado en la batalla y se lanza para atacar directamente con la espada, pero se distrae cuando su rival se transforma en un niño desconocido. Ambos niños caen separados en el suelo, ella escapa seguida por su amigo hasta unas escaleras. La chica confiesa sentirse avergonzada por haber escapado luego de haber atacado a un compañero de escuela sin intención de lastimarlo y él muestra su empatía comentando haber lastimado a otros, pero le recomienda no pensar en la situación. En ese momento Garnet interrumpe la conversación.

Mientras el atardecer cae sobre en la playa los tres conversan sentados en la arena. La gema explica la importancia de mantener el equilibrio individual pues conformar una fusión implica sincronizar las emociones pertenecientes a los dos y ser capaces de enfrentarlas sin tener miedo ni evadirlas. Ambos se miran sorprendidos, se fusionan, Stevonnie siente una mezcla de temor e intriga cierra los ojos concentrándose en sentir su respiración

La fusión abre sus ojos contemplando un entorno azul y Garnet interpreta una canción para describir el proceso de reconocer, analizar y canalizar las emociones. Zafiro es atrapada por un remolino de mariposas mientras Rubí discute con otro de estos insectos hasta llorar por la frustración. Tranquilamente Garnet deja volar dos mariposas desde sus manos, Rubí respira profundamente y corre hacia Zafiro para calmarla, alejando el enjambre. Inmediatamente Stevonnie continúa con la interpretación mientras los niños caminan hasta encontrarse frente a una mariposa y Connie demuestra su tristeza agachándose para evitarla observar su reflejo. Desde su mochila emerge otro enjambre formando una versión gigante del insecto para proyectar el recuerdo de ella atacando a su compañero y huyendo. Ambos respiran profundamente, la humana llora tocando su pecho demostrando la sensación de alivio, deja ir a la mariposa y se recuestan acompañados por Rubí junto a Zafiro mirando a las mariposas alejarse.

Al día siguiente Steven recibe a Connie en su casa, ella comenta sentirse alegre por haber entendido sus emociones, por disculparse con Jeff y muestra una foto junto a él. El chico se queda solo en la habitación mientras observa una mariposa blanca posada sobre la empuñadura de la espada perteneciente a su madre. Nuevamente Stevonnie retoma su entrenamiento en la Arena de batalla, pero el entorno adquiere un tono amarillo-anaranjado y el holoperla se transforma en Bismuto recibiendo el ataque con la espada. La rival se convierte en mariposas blancas y la fusión regresa a la realidad momentáneamente tras escuchar la voz de Garnet, pero regresa al espacio anterior encontrando a Jaspe agrandando su cuerpo hasta tomar la apariencia de Ojito junto a las mariposas. La fusión llora, la voz de Steven demuestra abiertamente su arrepentimiento por lastimarlas y Connie intenta ayudarlo a enfrentar la situación aceptando el miedo. Ellos están rodeados por las tres figuras señaladas antes, él chico dice: "pensé que podía, pero es demasiado. No puedo hacerlo", las figuras se vuelven un enjambre de mariposas y se unen forman el rostro de Rose Cuarzo enojado.

Stevonnie camina hacia atrás y se divide mientras cae sin control desde la arena, la chica propone fusionarse para flotar, pero el chico llora descontrolado cubriendo su rostro con las manos y ella lo abraza mientras él confiesa: "¡Ninguna de ellas me dejaría ayudarla! ¡No tuve opción!". Su compañera comenta: "Esta bien", él replica: "No, no lo está" y ella lo refuta añadiendo: "¡Pero está bien pensar en ello! El diálogo continúa con Steven confesando que se siente muy mal y ella justifica la sensación diciendo: "¡Eso también está bien! ¡No había otra cosa que pudieras haber hecho!". Él reitera su incomodidad afirmando no querer sentirse así pero su amiga señala que debe hacerlo y guía el giro de ambos en el aire. Ellos se miran frente a frente y toman sus manos, Connie continua: "Tienes que ser sincero sobre lo malo que se siente para que puedas seguir adelante. Fue lo mismo para mí". Steven cierra los ojos llenos de lágrimas, los abre mostrando una mirada determinada y dice: "de acuerdo". Ambos se unen, la fusión cae atravesando la zona amarillo-anaranjado, se dice así mismo: "respira" y atraviesa un remolino de mariposas aterrizando sobre el pasto rodeados por un entorno apacible.

Durante este capítulo los personajes exponen sus problemas emocionales en forma individual. Por su parte Connie se cuestiona haber reaccionado instintivamente y experimenta un conflicto. En paralelo Steven lleva una gran carga emocional haciéndolo sentirse responsable y culpable por lastimar a sus rivales en lugar de haberlas ayudado. Los efectos de las ideas se muestran en el relato, demostrando la importancia de entender cómo un individuo puede verse afectado en forma negativa por algún tipo de emoción o pensamiento. Para entender la influencia de las emociones se necesita comprender el concepto inteligencia emocional explicada en *Educación emocional y competencias básicas para la vida* del autor Rafael Bisquerra elaborada por Daniel Goleman con las aportaciones Peter Salovey y John Mayer (1990). Entendida como la capacidad de conocer las propias emociones haciéndolas conscientes, unida con la habilidad para manejarlas logrando expresarlas en forma apropiada y reconocer los sentimientos expresados por los demás recurriendo a la empatía.

En torno a la temática anterior se muestra una situación de aprendizaje guiada por Garnet explicando a Stevonnie un ejercicio para reconocer las emociones basado en generar un estado de relajación corporal y mental a nivel individual. En el ambiente calmado ambas fusiones adoptan una posición cómoda sentadas en la arena, posan una palma sobre la otra uniendo los pulgares formando un círculo y cierran los ojos prestando atención a su respiración mientras escuchan las olas disipándose.

Inmediatamente se presenta un espacio azul ocupado por las fusiones junto a unas mariposas blancas representando pensamientos, ideas o emociones que revolotean en la mente. En esta zona Garnet comienza a interpretar la canción *Aquí viene un pensamiento;* en la primera estrofa se menciona lo siguiente: *Toma un tiempo para pensar, En ser flexible, confiar y amar. Toma un tiempo para pensar, En ser flexible, confiar y amar.* La líder utiliza estas palabras para destacar la importancia de confiar, conocerse, quererse y aceptarse a uno mismo. Posteriormente describe las siguientes sensaciones: *Empiezo a pensar, y tal vez te alarme. Lo que dirán, Para dañarte. Tu forma de actuar, No fue agradable. Dije cosas que son. Como un enjambre. Y, oh, pierdes visión, La sensación. Tan pequeñas cosas que te importan más, Y te confunden. Podrían perderte.* Estas palabras describen como los pensamientos pueden volverse negativos afectando profundamente a la persona y haciéndola sentir atrapada en ellos.

La letra continúa: *Toma un tiempo y recuérdate. Toma un tiempo y encuéntrate. Toma un tiempo y pregúntate, Si así nos vamos a alejar. Pero no, pero no, pero no, pero no, pero no. Está bien, está bien, está bien, está bien, está bien. Nada hay, nada hay, nada hay, nada hay que temer. Yo estoy aquí, aquí.* Se muestra una posibilidad donde la persona internamente puede hacer una pausa y observarse sin sentir que es sus propios pensamientos. Aceptar las sensaciones sin hacer juicio sobre ellas ni sobre sí mismo, encontrar un nuevo enfoque para no volver a sentirse perdido en las ideas. Visualmente se muestra como Rubí aplica los pasos descritos logrando calmar sus emociones, observa a Zafiro experimentando la misma situación y corre para acompañarla a resolver sus temores.

Stevonnie retoma la interpretación cantando: *empiezo a pensar, Y tal vez me alarme, Lo que dirán Para dañarme. Mi forma de actuar, No fue agradable Dije cosas que son Como un enjambre. Y, oh, pierdo visión, La sensación, Tan pequeñas cosas que me importan más, Y me confunden. Podrían perderme.* Los niños repiten estas palabras mientras muestra la experiencia vivida por Connie Maheswaran en el colegio.

Luego ambas fusiones entonan: *Toma un tiempo y recuérdate, y, Toma un tiempo y encuéntrate. Toma un tiempo y pregúntate, Si así nos vamos a alejar. Pero no, pero no, pero no, pero no, pero no. Está bien, está bien, está bien, está bien, está bien. Nada hay, nada hay, nada hay, nada hay que temer. Yo estoy aquí, aquí. Y solo lo pensé, lo pensé, lo pensé, lo pensé, lo pensé. Está bien, está bien, está bien, está bien, está bien. Los veremos, veremos, veremos, veremos pasar, Desde aquí, aquí.* Stevonnie finaliza repitiendo: *Toma un tiempo para pensar, En ser flexible, confiar y amar. Toma un tiempo para pensar, En ser flexible, confiar y amar.* Su interpretación explica la importancia de comprender la dualidad existente en la fusión y como sus integrantes poseen la capacidad de auxiliarse entre sí. Asimismo, resalta como un individuo puede enfrentar una momentánea sensación de incomodidad apoyándose en sí mismo.

Gracias a esta canción la fusión explica cómo crear un diálogo consigo desarrollando habilidades para enfrentar los temores, ser honesto con uno mismo y aceptar la ayuda ofrecida por otros. Tal como se muestra al inicio, los personajes están asustados y rodeados por los insectos sin entender su significado. Pero descubren su capacidad de entender sus emociones logrando observarlas tomando cierta distancia y sin verse afectados por ellas hasta verlas alejarse.

Los niños aprenden la importancia de lidiar con sus emociones a su propia manera. La chica utiliza lo aprendido de forma práctica para entender qué siente, cómo se generó y hacerse cargo del problema logrando solucionarlo. Por su parte Steven intenta evadir sus propios sentimientos hasta ser acorralado por ellos debiendo aceptar la existencia de sentimientos dolorosos y culposos logrando compartirlo con su amiga. Esto rompe la lógica establecida previamente por el chico, en sus relaciones, ya que siempre había tenido el rol de ayudar a otras personas sin preocuparse por el mismo y sin aceptar la ayuda de otros.

La importancia de adquirir este tipo de educación es resaltada en *Educación emocional y medios de comunicación* por Gemma Filella y Rafael Bisquerra ellos destacan la educación emocional como un proceso de educativo continuo y permanente enfocado en potenciar el desarrollo emocional siendo un complemento indispensable para el desarrollo cognitivo; ambos constituyen elementos esenciales en el desarrollo integral de la personalidad. Asimismo, los personajes viven un proceso de aprendizaje para entender la importancia de conocer sus sentimientos y experimentan la posibilidad de comunicarlos para fortalecer sus relaciones con otros.

Lista de episodios recomendados para entender ¿Quién es Steven Universe?

Temporada uno
Capítulo 1: *Brillo de Gema.*
Capítulo 2: *El cañón láser.*
Capítulo 3: *Mochila Hamburguesa.*
Capítulo 12: *La mujer gigante.*
Capítulo 13: *Demasiados cumpleaños.*
Capítulo 20: *El entrenador Steven.*
Capítulo 27: *Un invitado en casa.*
Capítulo 29: *El equipo Secreto.*
Capítulo 32: *Cocina de Fusión.*
Capítulo 35: *León 3, el vídeo*
Capítulo 38: *La Prueba.*
Capítulo 48: *Una historia para Steven.*
Capítulo 49: *El mensaje.*
Capítulo 51: *El retorno*
Capítulo 52: *Escape de prisión.*
Temporada dos
Capítulo 2: *Un poco de diversión.*
Capítulo 9: *Tenemos que hablar.*
Capítulo 10: *Derríbalo Chile.*
Capítulo 11: *Pedido de ayuda.*
Capítulo 23: *El cumpleaños de Steven.*
Temporada tres
Capítulo 6: *Steven flota.*
Capítulo 8: *El señor Greg.*
Capítulo 16: *Greg el niñero.*
Temporada cuatro
Capítulo 4: *Educación Consciente.*
Capítulo 6: *El último en salir de la Ciudad Playa.*
Capítulos 8-9: *Cosecha de gemas*
Capítulo 10: *Tres gemas y un bebé.*
Capítulo 11: *Los sueños de Steven.*

Capítulo 12: *Aventuras en la distorsión de la luz,*

Temporada cinco

Capítulo 6: *Gemacaciones.*

Capítulo 18: *Una sola rosa pálida.*

Capítulo 19: *Ahora nos estamos separando.*

Steven recorriendo diversos universos

El relato expuesto en la serie está enfocado en contar una historia centrada en Steven Universe acompañado diversos tipos de personajes. Cada uno es importante ya que permiten al chico tener la posibilidad de conocer sus poderes mágicos, su identidad humana y vivir un proceso enfocado en su crecimiento personal. Y viceversa pues los miembros relacionados con él tienen una oportunidad para relacionarse, conocer sus identidades, experimentar momentos divertidos, enfrentar sus temores, valorarse a sí mismos, confrontar su pasado o sentirse como un habitante más acogido por la Tierra.

Garnet: Un universo hecho de amor con finales inesperados

Garnet es una gema alta, su apariencia física está marcada por su tez color granate y contextura de reloj de arena, esto es una cintura muy pequeña con grandes caderas. Su frondosa cabellera negra como un afro pero peinada de forma cúbica, sus tres ojos están tapados llevando gafas con diseño triangular y en ambas manos están ubicadas dos gemas utilizadas para invocar su arma llamada guanteletes. Su primera vestimenta incluye un traje ajustado teñido de color carmesí-negro, hombreras cuadradas, la zona del pecho está decorada por una estrella rosada con el contorno color magenta y sus manos pueden tener una apariencia delgada e invocar unos puños cuadrados decorados por una estrella amarilla.

El personaje muestra un comportamiento tranquilo, reflexivo, suele expresarse en forma directa pero no suele tener largas conversaciones y tiene un aura misteriosa según lo expresado por Steven. Cuando asume su rol como líder transmite confianza uniendo a las integrantes del equipo y muestra seguridad en sí misma. Sin embargo, en ciertas ocasiones su capacidad para tomar decisiones se ve limitada por la existencia de los múltiples futuros.

Garnet surgió por la unión inesperada de Rubí con Zafiro durante una visita realizada por Diamante Azul a la Tierra mostrado en *La respuesta* (segunda temporada, capítulo 22, 2016). En ese mismo lugar conoce a Rose Cuarzo y se integra a las Crystal Gems para unirse a la lucha rebelde y evitar la colonización del planeta. Posteriormente la fusión asume el liderazgo del grupo porque Rose pierde su forma física junto con encargarse de criar a Steven con sus compañeras.

La relación mostrada por la fusión con Steven Universe logra diferenciarse por el gran cariño existente siendo demostrado por abrazos, expresiones persuasivas y comentarios cariñosos. La gema observa cómo él vive el proceso de reconocer sus poderes mágicos respetando su ritmo personal, su estilo para llevarlo a cabo, validando sus avances y entregando un espacio para exponer su opinión o apoyar.

Steven muestra su apreciación personal sobre su compañera en *El universo de Garnet* (primera temporada, capítulo 33, 2014), cuando la fusión camina por el comedor llevando una burbuja y buscando a Steven hasta verlo caer en su cabellera. Ella lo baja con sus manos, él pregunta qué hizo hoy mientras observa emocionado la esfera y la fusión responde: "dime qué crees que hice hoy". El niño relata una aventura donde la gema posee una gran fuerza, muestra su deseo por entrenar e indicando a Steven como la mayor motivación para vencer al enemigo. Gracias a la historia ambientada en el universo paralelo demuestra su gran admiración por ella describiéndola como una persona bondadosa y capaz de trabajar en equipo.

Lo anterior permite comprender la confianza ciega demostrada por Steven hacia Garnet durante *Maniáticos del juego* (primera temporada, capítulo 11, 2014). En una conversación Amatista anuncia una supuesta misión encargada por Garnet donde Steven debe meter su cabeza en su plato. El chico obedece manchando su rostro con leche junto a cereales circulares demostrando su incapacidad de cuestionar una orden si viene de Garnet, por absurda que pueda llegar a ser.

Gracias a la confianza existente entre sí, el chico puede recurrir a gestos buscando persuadir a su compañera y cumplir sus deseos. Por ejemplo, en *Mi amigo, el monstruo* (primera temporada, capítulo 23, 2014) en el cuarto de fundición Steven revienta una burbuja liberando a la Madre ciempiés. Las Crystal Gems ingresan dispuestas a luchar contra la gema corrupta, más él muestra una expresión inocente ante Garnet mientras defiende a la criatura y su compañera responde: "No puedo decir no a esa cara".

En ciertas ocasiones ella colabora con el reforzamiento de identidad entregando a Steven oportunidades para conocerse y aceptarse a sí mismo como se muestra en *Brillo de Gema* (primera temporada, capítulo 1, 2013). Tras una batalla contra la madre ciempiés, el chico está decepcionado por no saber cómo invocar sus poderes mientras entierra un paquete de gato-galletas y sus compañeras intentan animarlo a seguir intentando. En particular, Garnet lo alienta para encontrar su propio estilo.

Otra situación acontece durante *Steven se pone serio* (primera temporada, capítulo 8, 2014) donde Steven participa en su segunda misión haciendo un esfuerzo por actuar seriamente buscando entregar una buena impresión para ser validado por sus compañeras y continuar participando en otras aventuras. Gracias a su perseverancia logra comprender el funcionamiento de la pirámide invertida, las gemas destruyen la construcción obteniendo una gema blanca y enviarla dentro de una burbuja hacia el templo. Amatista y Perla felicitan a Steven por su comportamiento serio, pero Garnet prefiere su actitud regular mientras le entrega un ukelele.

Si bien existe una gran cercanía en su relación, Steven puede dar su opinión, pero no suele ser considerada por la jerarquía existente entre las integrantes de las Crystal Gems como se aprecia en *Excursión en el portal* (primera temporada, capítulo 36, 2015). Durante el regreso a casa el chico saca la cabeza de la corriente observando un objeto transportarse en forma paralela propiciando una conversación en la cual Garnet junto a Perla no creen las palabras del niño.

Al día siguiente Garnet lidera diversos viajes del grupo buscando algún objeto desconocido sin embargo no tienen motivos para sospechar y dejan atrás el asunto. Por su parte, él experimenta una gran frustración hasta encontrar una esfera y teletransportarse usando la corriente del portal, siendo expulsado hacia una zona fría con poco oxígeno. Inesperadamente retorna a la corriente, Garnet lo abraza mientras lo ayuda a respirar profundamente y se disculpa por no haberlo escuchado siendo una Crystal Gem.

La aparición de los *robonoides* (máquinas, grandes o pequeñas, con forma redonda y cuatro extensiones usadas como piernas) se retoma durante *El ataque de las canicas* (primera temporada, capítulo 44, 2015) cuando, desde el horizonte, surge gran esfera celeste interrumpiendo una charla entre Steven y Connie sobre libros. Las Crystal Gems actúan rápidamente logrando destruirlo; Garnet toma un trozo del objeto, el niño se acerca interrogando qué vienen a hacer esas máquinas en la Tierra y la gema le responde: "lo destruimos y eso es lo importante". El grupo tiene una rutina donde alterna sus actividades cotidianas con su lucha para destruir más objetos esféricos. Luego de un temblor Garnet observa una esfera viajando hacia el desierto, las gemas se teletransportan rápidamente para intentar destruir un robot y Steven pregunta hasta cuándo van a seguir peleando. Ellas expresan su agotamiento pues no saben nada sobre los robots, él intenta tranquilizarlas mencionando que está bien no saber porque siempre habrá alguien para darle explicaciones y propone seguir a los objetos para obtener respuestas. Garnet apoya la idea ya que no desea seguir luchando por siempre.

Son llevados por el *roboide* hacia el *Kindergarden,* ellas descienden hacia un subsuelo observando la aparición de una gema llamada Peridot en una pantalla y se ocultan permitiendo a Garnet hablar en voz baja para intentar compartir su plan buscando destruir todo al tiempo que pasan desapercibidos. No obstante, el niño desobedece acercándose a la pantalla, conversa con ella y entrega información sobre los humanos a su enemiga. Pero es atacado por una mano robótica siendo rescatado por las Crystal Gems quienes destruyen los paneles de control. Garnet destaca como el grupo aprendió algo nuevo gracias a las decisiones de su integrante más joven, pero sin omitir que fue una mala idea haberse acercado y dialogar con la gema desconocida.

En las escenas anteriores se muestran situaciones donde Garnet intenta actuar mediando entre una postura confiada por la inexistencia de *roboides* en la Tierra versus la sensación de inquietud expresada por su compañero. Si bien la líder cometió un error fue capaz de asumirlo porque estaba interesada en buscar una solución. Gracias a esto cambió su forma habitual de resolver un problema y actuó siguiendo las ideas propuestas por el chico.

Hasta este punto ambos personajes demuestran una buena relación más una vivencia acontecida en *Visión futura* (primera temporada, capítulo 39, 2015) ocasiona un momento de tensión asociado con la posibilidad de establecer un lazo afectivo basado en la confianza. La historia inicia en la habitación donde Steven guarda sus juguetes en una caja porque desea actuar de forma más madura y sin quererlo pisa una pelota de tenis mientras baja las escaleras. Garnet logra rescatarlo, él agradece sintiéndose afortunado pues su compañera siempre está en el momento correcto, ella afirma que la suerte no está relacionada con las apariciones y presenta su habilidad de visión futura ante su compañero. Ellos bromean sobre el constante peligro en sus vidas, Steven menciona: peligro es su segundo nombre, pero la gema reconoce su mentira y lo corrige diciendo: "en realidad es lindo pastelito".

Los compañeros se ejercitan en la playa, él pregunta si Perla o Amatista pueden ver el futuro, pero la gema afirma la imposibilidad de ver el futuro y explica lo siguiente: "puedo ver opciones y trayectorias. El tiempo es como un río, se divide en arroyos, o vertederos en lagos, o corrientes bajo las cascadas. Obtengo el mapa y yo dirijo el barco". El muchacho finge haber entendido la explicación, intentando disimular su confusión. Tras una caminata,

Garnet abre la puerta de la Gran Rosquilla, Steven intenta saludar a Lars, pero lo asusta haciéndolo lanzar un recipiente con café caliente y la gema recibe el líquido salvando a su compañero. Luego continúa su recorrido por la ciudad, él pide las sobras de papas fritas y la fusión menciona como él podría experimentar múltiples formas de morir.

Steven se encuentra en la cocina portando un casco de bicicleta, prepara un sándwich, pero tiene miedo a utilizar un cuchillo y pide a sus compañeras no dejarlo solo; Garnet intenta calmarlo mientras le advierte no subir al techo. Más tarde comienza una tormenta eléctrica, el chico asustado intenta lidiar con la sensación de temor recordando ser una Crystal Gem y motivado por actuar de forma madura decide enfrentarse al futuro. Más tarde la líder aparece pidiéndole a gritos bajar del techo, él se niega pidiendo saber qué pasa en ese lugar y la gema responde señalando su conversación. Ella revela su motivación para mostrarle cómo funcionaba su poder ya que deseaba crear una mayor cercanía y explica: "veo tantas cosas que pueden herirte y no dejaría que una de ellas sea yo", mientras retira los lentes exponiendo sus tres ojos. Finalmente menciona la existencia de muchos futuros, pero él puede elegir cuál se vuelve realidad.

De esa forma las acciones experimentadas por Steven están vinculadas con la construcción de confianza en sí mismo. Inicialmente trata de abandonar su postura infantil renegando su edad comunicándolo al otro personaje e intenta probar su cambio insistiendo en conocer la visión del futuro, pero termina experimentando temor ante las distintas posibilidades negativas. Durante la tormenta él recuerda haberse prometido ser un chico grande porque logra tomar su valor personal y comprende su capacidad para elegir su propio futuro encarando cualquier tipo de situación confiando en sí mismo. Por otro lado, la vivencia de Garnet representa como su relación con otro individuo puede experimentar dificultades y la importancia de resolverlo para generar un vínculo de confianza más firme. Ella acepta el riesgo de contarle cómo funcionaba su habilidad y compartirlo con él porque buscaba generar una relación más cercana; demostrando su intención de interactuar con el chico en forma simétrica. Esta postura se refuerza cuando Garnet decide ser honesta planteando su deseo de no hacerle daño pues terminará sintiéndose afectada por hacerlo sentir mal y alentándolo a tener valor para elegir su propio destino. De esa forma, las acciones realizadas por ambos personajes se observan que tipo de percepción tienen sobre la confianza en sí mismos y sobre los demás.

La gema continúa mostrando su confianza hacia el chico durante *El pronóstico del tiempo* (primera temporada, capítulo 42, 2015) cuando Steven comparte malvaviscos junto a Connie siendo interrumpidos por una llamada telefónica donde la señora Maheswaran anuncia una tormenta de nieve en la Ciudad Playa. Las Crystal Gems ingresan a la habitación salúdandolos, él desanimado explica porque su amiga debe irse y Garnet le recuerda tomar la mejor decisión mientras besa su frente transfiriendo la habilidad visión futura. Él experimenta tres visiones. En la primera la van sufre un accidente llevándolos a caminar por la nieve hasta llegar a su destino en la noche, pero los niños terminan resfriados. La segunda incluye el accidente anterior, el grupo espera el fin de la tormenta en el interior del vehículo y el señor Maheswaran conduce su auto hasta perder el control impactando la van. En la tercera visión Steven intenta evitar una situación peligrosa rechazando viajar en la van, rogando a Connie quedarse en su casa y advirtiendo al padre de su amiga no manejar en la nieve. Ambos niños entran en el comedor mientras las Crystal Gems realizan una misión con extremo cuidado, él pregunta qué están haciendo, Perla se desconcentra y la estrella fugaz explota.

Tras la última visión Steven nuevamente recibe un beso de Garnet habiendo experimentado distintas posibilidades gracias a la habilidad de su compañera. Con esto toma una decisión responsable y lleva a Connie rápidamente hacia su hogar en la ciudad. En ese momento la tormenta empeora, los señores Maheswaran permiten a Steven y Greg refugiarse durante la noche en su casa. Tras su primera experiencia con la visión futura. Al hacer una comparación entre el comportamiento del chico en esta ocasión y su experiencia previa puede evidenciarse una gran mejora en su capacidad para tomar una decisión respecto a futuro. De esa forma él asimila todos los tipos de futuros entendiendo cómo las decisiones pueden afectar al resto demostrando haber escuchado el consejo entregado por Garnet durante la tormenta eléctrica y elige actuar exponiendo una actitud madura.

Garnet estará involucrada en otro hecho importante en la vida de Steven mostrando en *El retorno* (primera temporada, capítulo 51, 2015) cuando llega una nave verde con forma de mano ocupada por Peridot y otras gemas enemigas amenaza la Ciudad Playa. Los habitantes evacuan la zona, el niño descubre como las Crystal Gems junto a Greg Universe guardan sus pertenencias en la van y guardan silencio pues no saben que decirle. La fusión quiebra la tensión diciendo: "Steven, no creas que no confiamos en ti. Y sé más que bien que te tratamos como un niño humano. Pero la verdad es...que te hemos mentido, pero tu voz nos inspiró. La inspiración nos recuerda el por qué prometimos proteger este planeta. Y ahora tú debes ser esa voz...para ellos. Si algo sucede, debes estar ahí para protegerlos, como tu madre lo hizo una vez. Es tu destino". Estas palabras generan un doble efecto en el chico: un efecto momentáneo pues él acepta escapar con su padre y otro a largo plazo pues lo incentivan a involucrarse profundamente en las antiguas disputas de las gemas para cumplir su destino.

Inesperadamente el niño conoce un nuevo aspecto relacionado con la identidad de Garnet durante el conflicto de *Escape de prisión* (primera temporada, capítulo 52, 2015). Esto inicia con una voz cantando, Steven abre los ojos sorprendido y toma conciencia del dolor en su cuerpo. Se pregunta por Amatista o Perla más recuerda haber visto las gemas de Garnet cayendo y escucha temeroso unos gritos provenientes del exterior. Rápidamente escapa atravesando una puerta amarilla, corre buscando a sus compañeras hasta encontrarse frente a una gema roja de cabello rojizo vistiendo un traje y peinado de forma cuadrada.

Ella molesta intenta alejarlo sin embargo se arrepiente, lo detiene preguntando cómo pudo escapar y el chico estira su mano mostrando su capacidad de atravesar las barreras de la prisión. El canto resuena nuevamente, la prisionera menciona: "Zafiro", pide ayuda para salir y corre sola buscando a su compañera. Steven avanza siguiendo la melodía, encuentra otra celda ocupada por una gema baja con piel color azul, lleva un vestido y pelo largo con chasquilla tapando sus ojos. Él pregunta si es Zafiro mientras la ayuda a escapar, ella agradece llamándolo por su nombre y toma su mano para encontrarse con la gema roja.

En el centro de una habitación las gemas se encuentran y abrazan. Se preguntan si le hicieron daño a la otra, Zafiro besa las lágrimas de Rubí y se abrazan nuevamente mientras dan vueltas haciendo sus cuerpos brillar hasta fusionarse. Steven observa sorprendido la aparición de Garnet, ella se disculpa pues no deseaba contarle la verdad en forma abrupta, él pregunta si dio una buena primera impresión y ella le responde: *"nosotras ya te amamos"*. Steven recibe un beso en la frente obteniendo la visión futura temporalmente lo que permite encontrar la ubicación de Perla y Amatista, corre a buscarlas. Inmediatamente Garnet lucha contra Jaspe, cantando *Más fuerte que tú* donde expresa ser una fusión hecha de amor que tiene lo mejor de cada gema siendo una conversación. Finalmente, la nave cae en Ciudad Playa quedando completamente destruida, las Crystal Gems son protegidas por la burbuja rosa del chico y tienen una conversación donde Garnet admite haber tenido la intención de presentar a Rubí junto a Zafiro para el cumpleaños de Steven.

Los acontecimientos mostrados tienen una gran relevancia para la historia porque se revela oficialmente ante Steven y el espectador como la fusión de Rubí junto a Zafiro genera la existencia de Garnet. Esto confirma las señales mostradas ciertos capítulos como: *Desayuno juntos* (primera temporada, capítulo 4, 2013) cuando la puerta de Garnet se activa mostrando dos luces pertenecientes a las gemas. En *solos y juntos* (primera temporada, capítulo 37, 2015) afirma no tener problemas para fusionarse o su expresión contenta frente a la presencia de Stevonnie mientras explica: "no son dos personas ni menos una sino una experiencia invitando a divertirse para tener una buena experiencia". O en el encuentro donde Zafiro llama a Steven por su nombre sin haberlo escuchado antes

Esta revelación generó un primer encuentro genuinamente sorpresivo para Steven pese a haber presenciado la separación de dos gemas tras el golpe directo de Jaspe con el desestabilizador, él nunca sospechó que Garnet sería una fusión. Él demuestra su preocupación por haber entregado una mala impresión preguntando por la opinión generada en ellas y Garnet suaviza sus expresiones mientras lo conforta afirmando el afecto de ambas hacia él.

Antes de la batalla se muestra el rechazo de Jaspe hacia las fusiones expresada en comentarios donde la menosprecia y considera una vergüenza por su apariencia. Sin embargo, Garnet responde confiada pues está segura de vencerla e interpreta la canción *Más fuerte que tú* hablando sobre su propia identidad afirmando representar lo mejor de ambas gemas siendo: *una conversación hecha de amor.* Esta fortaleza construida de amor es tan fuerte llevándolas a estar unidas para siempre incluso si otros intentan separarlas constantemente. Si bien la perspectiva de Jaspe demuestra una actitud violenta pretendiendo superioridad ante una fusión inferior, Garnet siente orgullo por ser ella misma pues está formada por la intensidad de su amor siendo capaz de mostrar una sola identidad. Esto se muestra en la estrofa: *esto es lo que somos. Esta es quien soy yo, y si crees detenerme, eso es un gran error. Soy un sentimiento que no terminará.*

El amor sentido por Rubí y Zafiro se define como una fusión hecha de una relación estable capaz de unirse pase lo que pase y la frase usadas en la canción: *un sentimiento que no terminará.* Se muestra por primera vez, en la serie, una relación romántica entre personajes del mismo género. Demostrado en acciones como: su reencuentro, la preocupación expresada en palabras, lágrimas, besos y la fusión. Enseguida manifiesta abiertamente su intención de proteger la Tierra porque representa su hogar demostrando su desarraigo hacia su sociedad de origen y no permitirá a su rival dañar a sus amigos. Por lo tanto, el amor mutuo mencionado por ambas gemas está representando en el amor hacia sí misma siendo Garnet e incluye su gran afecto hacia la Tierra y sus compañeras. Finalmente ella vence a su gema rival para llegar hasta el cuarto de control junto con el resto del grupo.

En la segunda temporada Steven junto a Garnet experimentará diversas situaciones donde la fusión expone su visión de las relaciones, amor y consenso. La primera vivencia ocurre en *Cartas de amor* (segunda temporada, capítulo 4, 2015) cuando Steven y Connie se encuentran con Jaime el cartero entregando varios paquetes pendientes por su viaje relacionado a su carrera de actor; durante la conversación aparece Garnet haciendo sonrojar al adolescente. Más tarde él entrega una carta de amor e inmediatamente escapa avergonzado siendo incapaz de hablar en forma coherente. Los amigos corren para entregar la misiva, pero ella rechaza esta confesión de amor porque tiene una relación sentimental y redacta un directo no, dejando en claro su permanente rechazo.

Ambos encuentran a Jaime sentado sobre un tronco mirando el mar, escuchan sus lamentos por haber sido rechazado en múltiples ocasiones y Steven decide no entregarle el sobre. Regresan a la casa donde reescriben la respuesta buscando minimizar el rechazo por medio de un lenguaje poético y depositan en el buzón. Pese a la lluvia caída durante la noche, Jaime emocionado llama a Garnet porque sus sentimientos de amor han sido correspondidos, pero Steven intenta alejarlo de la casa. Sin embargo, la fusión niega haber escrito la carta, lo rechaza directamente y observa como el joven se retira llorando estrepitosamente.

Al día siguiente Connie junto a Steven conversan con otra repartidora del correo enterándose como el quiebre amoroso impidió trabajar a Jaime y ellos comentan su preocupación a Garnet. Frente a la costa la gema y el adolescente se reúnen para conversar, ella señala no tener la intención de lastimarlo, pero afirma la inexistencia del amor a primera vista pues este sentimiento se construye con tiempo y requiere darse el trabajo de conocer a la otra persona. El muchacho insiste relatando las frases poéticas escritas en su carta de confesión, no obstante, ella comprende las acciones como una excelente interpretación teatral porque logró convencer a los niños y a sí mismo. Finalmente le sugiere comenzar su carrera haciendo teatro local en la ciudad.

Es importante comprender como el conflicto expuesto durante el desarrollo del capítulo permite comprender percepciones sobre amor. Por un lado, se presenta la visión de Jaime motivado por un repentino flechazo comienza a perseguir una imagen idealizada sobre Garnet e intenta conseguir su atención actuando de forma exaltada, dramática y ansiosa. Este comportamiento demuestra su necesidad por satisfacer sus deseos individuales sin considerar cuales son los sentimientos de la otra parte. Desde otra perspectiva, la fusión expone su visión del amor definiéndolo como una "conexión emocional" elaborada calmadamente por las partes involucradas y renegando el surgimiento inmediato del amor porque considera necesario tomarse el tiempo necesario generar una base estable para la relación. Gracias a la situación vivida por ambos personajes, los niños experimentan un contraste y aprenden a diferenciar cual actitud desean replicar en sus propias interacciones con los demás.

Su visión de las relaciones sigue ampliándose durante *Manteniéndose juntas* (segunda temporada, capítulo 8, 2015) cuando las Crystal Gems conversan sobre la búsqueda de Peridot mientras doblan unas camisetas rosas. El muchacho sugiere llamar a Rubí junto a Zafiro buscando más ayuda, la fusión tranquilamente rechaza la idea y sugiere ir hacia el Kindergarden. Steven corre emocionado hacia el portal, Garnet acaricia su cabello y Perla cuestiona si la misión será muy peligrosa para él. El equipo se divide llevando a Garnet junto a Steven hacia el subterráneo mientras sus compañeras recorren la superficie siguiendo a Peridot.

Durante su bajada él pregunta si la fuerza proviene de Rubí y la sabiduría por Zafiro, pero ella responde: "es un poco de ambas, cuando dos gemas se fusionan se crea algo genial con lo mejor de ellas. Es por eso que soy tan genial". Llegan hasta una habitación tenebrosa sin energía ocupada por cápsulas colocadas recientemente, la gema toca un objeto de diversos colores y tamaño proveniente del techo. Un pie unido a una mano se lanza hacia el niño, Garnet la destruye obteniendo dos fragmentos de gemas unidos y los tira rápidamente al suelo; él interroga a su compañera, pero no obtiene respuestas. Otra criatura encerrada en un tubo emerge asustándolos, Steven nuevamente hace preguntas sin obtener respuestas e intenta defenderse usando su escudo.

La gema enemiga sostiene el cuerpo de Garnet usando sus manos y la golpea, los lentes se caen mostrando un ojo llorando junto con otros dos abiertos de par en par. Inmediatamente ella afirma estar frente a viejas Crystal Gems, destrozadas en pedazos y recalca estar presenciando una mala acción por unirlas forzosamente. La fusión comienza a dividirse, el chico menciona: "Por favor, ¿qué pasa? Esta no eres tú" e inmediatamente ella recupera su apariencia y vence a su rival capturándola en una burbuja. El niño celebra sin obtener respuesta mientras su compañera verbaliza una tensa conversación entre Rubí y Zafiro relacionada con las gemas caídas durante la rebelión. El resto del grupo aparece contando no haber atrapado a Peridot, Perla toma una fusión con dos manos y Garnet enojada comienza a golpearlas para encapsularlas.

En la palma del tiempo Steven y Garnet tienen una conversación sobre la situación anterior, donde ella manifiesta su molestia contra el Homeworld pues no es correcto combinar gemas sin entregar el consentimiento y destaca la unión como una elección. Él saca las prendas desde una lavadora mientras pregunta cómo se siente estar fusionada todo el tiempo y ella responde: "te olvidas de alguna vez estar solo. Tú sabes, cuando te fusionas, no te sientes como dos personas, te sientes como un solo ser. Y tus viejos nombres los tendrán tanto tu mano derecha e izquierda". El chico pregunta:

"cuando te separas, ¿Es como si desaparecieras?" y su compañera responde: "Yo encarno mi...quiero decir, el amor de Rubí y Zafiro, eso siempre existirá, incluso si me separo. Pero la fuerza de ese amor me mantiene unida, así que puedo ser Garnet por mucho tiempo".

Pese a vivir una mala experiencia, Garnet logra exponer durante la última conversación su percepción personal sobre la gran importancia de concebir las fusiones como una unión consensuada por todos sus integrantes y rechaza las uniones forzadas entre dos o más gemas. Asimismo, reafirma ser la manifestación física del amor construido por Rubí y Zafiro junto con demostrar su eterna existencia incluso si están separadas. De esa forma, Steven junto al espectador aprenden la importancia de tener relaciones sanas, conocerse mutuamente sin idealizar su imagen y ser capaz de establecer un consenso cuando necesite actuar o tomar una decisión junto a otra persona.

Sin embargo, no todas las integrantes de las Crystal Gems comprenden la postura mostrada por su líder generando una situación conflictiva en el grupo mostrada en *Pedido de ayuda* (segunda temporada, capítulo 11, 2015). En la casa Steven junto con Amatista se encuentran viendo la serie animada *Amigos llorones del desayuno* siendo interrumpidos por la imagen de Peridot enviando un mensaje de auxilio hacia el Homeworld y el grupo viaja a la torre de comunicación. Garnet rechaza fusionarse con Amatista por el comportamiento errático de Sugilite y elige unirse con Perla formando a Sardonyx logrando destruir la torre sin problemas. Ambas se separan celebrando junto con el niño apartando a su compañera.

Al día siguiente una señal de estática interrumpe la transmisión en la televisión, las Crystal Gems repiten su viaje y Garnet junto a Perla vuelven a fusionarse destruyendo rápidamente la construcción. Él capta el interés de Amatista por ayudar y le propone capturar juntos a Peridot regresando durante la noche. Tras unas horas divisan la nave de Peridot levantando pilares y el chico observa por su telescopio a

Perla parada en la torre. Ambos regresan a la casa buscando entender por qué ella reparó la torre y él enciende el televisor comprobando la interferencia en la pantalla. Su compañera ingresa fingiendo sorpresa, Garnet frustrada menciona su incapacidad de ver a Peridot con su visión futura y guía al equipo para teletransportarse hacia la torre.

Perla pretende sentirse indignada por las acciones de Peridot, pero no oculta su emoción por fusionarse nuevamente, Amatista las interrumpe y Steven pide a su compañera decir la verdad. La gema se disculpa intentando justificar su mentira pues era muy divertido ser Sardonyx y sentía la necesidad de unirse para sentirse más fuerte, pero la fusión se muestra enojada por gastar tiempo valioso para capturar a su enemiga; inmediatamente Sugilite derrumba en forma permanente la estructura. Nuevamente Steven con Amatista miran *Amigos llorones del desayuno* mientras Perla ingresa a la casa siendo ignorada por Garnet.

El comportamiento generado por la inseguridad de Perla provocó la separación de Garnet porque la hizo sentir engañada, utilizada y generó una gran cantidad de rabia inexpresiva hasta un viaje realizado hacia otro estado junto a Greg y Steven durante *Motel Keystone* (segunda temporada, capítulo 12, 2015). En la noche se alojan en la habitación del motel, el adulto abandona el lugar alertando sobre su reunión con un vendedor de cepillos conocido por internet y la fusión se divide. Aparece Rubí enojada con Perla por sentirse utilizada ni considerar el estar fusionadas como un acto personal y Zafiro disimula su molesta mientras tranquiliza a su pareja recomendándole perdonar a su compañera.

Tras una discusión la gema roja molesta camina en la piscina calentando el agua, el chico se retira corriendo e ingresa a la habitación congelada por la gema azul. Durante su conversación Zafiro reafirma su actitud neutral pues momentáneamente su compañera no la escuchará, pero eventualmente la fusión debe perdonar a Perla. Greg regresa al motel, observa la situación y come una pizza cuadrada junto a su hijo en la van. Steven pregunta por qué las gemas no pueden reconciliarse, el padre cuenta la existencia de ocasiones donde las personas pueden lastimar a sus seres queridos sin darse cuenta y recomienda darles su espacio.

Al día siguiente los cuatro desayunan en el restaurante llamado La mejor cafetería del mundo, las gemas experimentan otro momento tenso pues la gema azul sigue actuando racionalmente y la gema roja enojada mueve la mesa lanzando la comida en el suelo. Steven con lágrimas en los ojos tira su desayuno, se retira seguido por las gemas y él grita su malestar admitiendo sentirse culpable porque ellas no están disfrutando el viaje. Rubí admite haber estado centrada en sentirse enojada y Zafiro logra comprender cómo estaba enfocada en llegar hacia el futuro donde el conflicto estaba resuelto sin considerar su molestia durante el momento presente; gracias a la conversación vuelven a fusionarse en Garnet. El grupo regresa a la Ciudad Playa, Perla habla con la fusión recibiendo la respuesta: ahora no y la gema siente alegría.

Gracias al conflicto emocional experimentado por la pareja se da a entender como la existencia de Garnet se construye manteniendo un equilibrio entre las emociones de ambas identidades particulares. La fusión desaparece porque Rubí se encuentra saturada por sus emociones de rabia siendo incapaz de tranquilizarse y Zafiro se encarga de omitir su molestia, focalizada en la situación de calma existente en el futuro, mostrando desinterés por abordar directamente sus diferentes posturas. Esta incapacidad de comunicarse afecta directamente a Steven haciéndole sentir decepcionado, ya que deseaba compartir un momento alegre, pero intenta mantenerse positivo. No obstante, él demuestra su frustración por ser incapaz de ayudarles a resolver su conflicto y cuestionando si tuvo un comportamiento malo. Inmediatamente las gemas resuelven su conflicto porque entienden como sus acciones lastimaban al chico sin desearlo y toman conciencia sobre la importancia de dialogar para comunicar sus emociones.

Si bien la fusión consigue resolver su conflicto interno aún mantiene un comportamiento distante con Perla mostrando durante una misión realizada por las Crystal Gems en *Vuelo de amistad* (segunda temporada, capítulo 15, 2015). Ellas ingresan a una antigua nave interplanetaria buscando a Peridot sin embargo Perla termina atrapada con Garnet en una habitación trampa y Steven junto con Amatista las observan desde una pantalla. Las compañeras se ven obligadas a tener una conversación, Perla se disculpa admitiendo intentar atrapar desesperadamente a Peridot para regresar su relación a la normalidad. En el exterior sus amigos están alegres por la situación, pero observan unos engranajes activándose inesperadamente.

Ellas intentan detener el movimiento de las paredes, la fusión expresa su enojo por la mentira recalcando como una acción trae consecuencias y su aliada responde haber actuado motivada por su inseguridad porque no se percibe como una figura fuerte sino una gema necesitada de recibir órdenes siendo inútil por su propia cuenta. Desde el exterior Amatista con Steven sostienen juntos el látigo para detener el mecanismo, permitiendo continuar el diálogo entre ambas en la pieza. Perla explica que estar unida con la fusión genera una sensación de sentirse confiada, segura y completa junto con el deseo de pertenecer a la relación perfecta.

Garnet la corrige admitiendo su debilidad, pues ambas integrantes de la relación estuvieron separadas por la confusión, pero realiza un esfuerzo evitando ser consumida por la inseguridad ya que su estado anímico impacta a los otros. Ella recalca como Perla afecta a todas las integrantes del grupo e insiste en la importancia de ser fuerte para controlar su destino sin necesitar a otras figuras como Steven o Rose. En la otra habitación Steven y Amatista ven el látigo roto, actúan desesperados por el movimiento de los engranes, pero Sardonyx logra escapar usando su arma.

La reconciliación entre las gemas permite a Steven conocer un aspecto íntimo mostrado explícitamente por sus compañeras al reconocer sus inseguridades. Ambas experimentan diariamente una lucha interna pues Garnet admite no sentirse segura como líder y Perla reconoce su dependencia hacia los demás. Esta situación recalca las ideas planteadas anteriormente por la fusión demostrando la importancia de no idealizar a la otra persona siendo fundamental la comunicación honesta con el fin de resolver un conflicto. También resalta la necesidad de tener la disposición para expresar las ideas o emociones ya sea hablando con uno mismo o escuchando a la otra persona.

Finalmente, el grupo captura a su enemiga descubriendo la misión relacionada con el inminente surgimiento del Clúster y construyen una alianza temporal buscando evitar la destrucción del planeta; ellos trabajan en el granero. En *La respuesta* (segunda temporada, capítulo 22, 2016) Garnet despierta a Steven durante la medianoche para desearle feliz cumpleaños y relatarle como se conocieron Rubí con Zafiro. El recuerdo retrocede a 5.750 años atrás, el Homeworld veía la Tierra un lugar prometedor para construir una colonia, pero su avance estaba siendo detenido por un pequeño e insistente grupo de rebeldes. Un grupo diplomático liderado por una aristocrática gema llamada Zafiro siendo escoltada por tres soldados Rubíes camina por la arena celestial.

En el interior del Palanquín Azul, Diamante Azul solicita una predicción buscando saber qué pasará en ese lugar y la gema relata cómo será la captura de los rebeldes sumando la pérdida de dos Rubíes junto con ella. La gema azul regresa con los escoltas y menciona su deseo de haber visitado por más tiempo ese bello planeta, una Rubí intenta animarla, pero su protegida sabía que los acontecimientos estaban a punto de suceder porque su visión del futuro siempre había condicionado su destino.

Las Crystal Gems hacen su aparición generando conmoción, Perla acaba con sus rivales usando su espada y Rose Cuarzo vence fácilmente a la fusión hecha por tres Rubíes quedando una sola en su forma física. Zafiro acepta ser atacada pero Rubí se lanza buscando protegerla, generando accidentalmente una fusión, recibiendo, como consecuencia, miradas cargadas de horror, rechazo e incomodidad por parte de las otras gemas de la comitiva. La Diamante, molesta por el escape las Crystal Gems, ordena destruir la gema roja, A lo que la gema azul responde tomando su mano para escapar. Aterrizan sobre una planicie verde mojada por la lluvia, la escolta molesta insiste en regresar hacia la Arena sin importarle su posible destrucción, pero la aristocracia queda congelada en el suelo mientras piensa cómo el impulso de la gema cambió todo. Ellas se refugian en el interior de una cueva donde Zafiro agradece despejando su ojo y la gema roja se ruboriza prendiendo fuego en sus pies; en silencio sentadas frente a la fogata aparecen flashbacks mostrando detalladamente a la fusión. La gema azul está asombrada por su primera experiencia y Rubí recuerda haberse unido solo con gemas iguales a ella.

Cuando la lluvia se detiene, las gemas recorren la superficie e interpretan *Crear algo nuevo* expresando como ser una fusión significó convertirse en alguien completamente nuevo; Rubí se disculpa con su protegida por haberla dejado atrapada para siempre en la Tierra, a lo que Zafiro recalca estar atrapadas *juntas*. La canción termina mostrando un baile protagonizado por ellas en el bosque hasta fusionarse, Garnet camina dando pasos torpes e inseguros hasta sentir confianza, pero caen sobre unos arbustos. Perla la encuentra y la amenaza con su espada, ella asustada dice: "¡No la lastimes! No me… ¿lastimes?" E inmediatamente sugiere desfusionarse, pero Rose Cuarzo detiene a su compañera sorprendida por este encuentro inesperado. La fusión expresa su confusión mezclada con felicidad, pregunta cómo es posible que Rubí haya cambiado el futuro o porqué Zafiro estaba dispuesta a renunciar a todo. La líder revolucionaria la interrumpe y le indica no cuestionar su existencia porque conoce la respuesta. La historia termina, pero Steven pregunta: "¿cuál es la respuesta?" y ella responde: "amor".

La exposición de Garnet realizando el ejercicio de recordar para relatar su primer encuentro con el sentimiento de amor y compartirlo con Steven representa un hecho importante. Pues demuestra cómo dos gemas categorizadas en distintos estratos sociales por su diferente tipo de gema experimentaron nuevas emociones ligadas con este sentimiento desconocido en la sociedad del Homeworld. Si bien Rubí ha experimentado la fusión solo se ha unido con otras gemas pertenecientes a su misma clase, esta conducta es realizada por gemas de un rango inferior y adquiere una forma física similar a la suya. Por eso cuando ambas se unen inmediatamente reciben miradas y reacciones de rechazo porque este tipo de unión no estaba permitida. Pudiendo ser extrapoladas a las experiencias vividas por las personas que tienen una relación con otra del mismo género y lo expresan abiertamente en espacios públicos, recibiendo un juicio innecesario, solo por ejercer su derecho de expresar sus sentimientos libremente.

Cuando ambas gemas vuelven a fusionarse siguen experimentando el sentirse desorientadas y no comprenden lo están experimentando porque desconocen qué es amar. Poco a poco van acostumbrándose a moverse siendo una sola por el bosque hasta caer frente a las rebeldes e inicia un diálogo con Rose preguntando insegura: "¿Yo no te incomodo?". Ella responde: "¿A quién le importa cómo me siento? Lo que tú sientes se supone que es mucho más importante." La fusión evitando mirar a la otra gema contesta: "¿Cómo me siento? Me siento... perdida, y asustada. Y-y feliz, ¿P-por qué estoy tan segura de que prefiero ser esto y no lo qué debía ser, y-y que prefiero hacer esto en vez de hacer lo que se suponía qué haría?". Pese a los juicios, la confusión y sensaciones experimentadas entre sí eligen aventurarse a vivir lo desconocido ya que parece ser mejor que su realidad anterior. Estas vivencias y acciones le otorgan un gran significado a la canción *Más fuerte que tú* interpretada por Garnet durante *Escape de prisión* (primera temporada, capítulo 52, 2015).

De esa forma Rubí y Zafiro trabajan en construir su propia autoaceptación sobre la existencia de Garnet compiten con el paradigma existente en su planeta natal. Asimismo, el resto de los integrantes pertenecientes a las Crystal Gems aceptan y conviven normalmente con la fusión. Por eso Amatista junto a Perla reconocen cuan enamoradas están sus compañeras o cuando Steven conoce a quienes dan origen a Garnet, en *Escape de prisión (*primera temporada, capítulo 52, 2015), se emociona por verlas juntas y estando felices. Él no cuestiona estar viendo a dos mujeres enamoradas porque siente un sentimiento positivo entre ellas.

Este último relato demuestra que la segunda temporada se enfoca en la relación de Steven y Garnet para hablar sobre la importancia de construir relaciones conscientes ya sean románticas, amistad o compañerismo. Pues estas formas de interacción implican experimentar un proceso complejo teñido por momentos alegres e incómodos, trabajar la comunicación por medio de conversar los problemas y escuchar a la otra persona para resolverlo.

Un aspecto importante para destacar es como Garnet logra comunicar honestamente hacia Steven información referente a un hecho importante: por ejemplo, hay una conversación mostrada en los minutos finales de *En la burbuja* (tercera temporada, capítulo 25, 2016). La fusión explica por qué Rose Cuarzo se sintió obligada a luchar contra Diamante Rosa y destruirla para defender la Tierra. El muchacho sorprendido admite no haber imaginado a su madre acabando con otra gema, pero su compañera justifica las acciones pues su líder deseaba proteger a sus compañeras y al planeta. Gracias a esto Steven puede construir una figura materna por medio de un relato cargado de admiración, respeto y cariño hacia Rose Cuarzo.

A través de las temporadas el relato continúa profundizando su complejidad e involucrando a los protagonistas en procesos de crecimiento personal. Steven Universe adquiere una perspectiva madura originada por vivir experiencias complejas para su edad, conociendo más situaciones acontecidas en el pasado y logrando aprender a controlar sus poderes. Inevitablemente su proceso individual tendrá repercusiones en los nexos establecidos con Garnet, abordados en el *De laguna en laguna* (quinta temporada, capítulo 15, 2018). El chico montado en León recorre la Ciudad Playa resumiendo los cambios ocurridos tras las abducciones hasta detenerse en la Gran Rosquilla abierta al público. En su interior,

Garnet vende donas mientras explica su motivación por tomar decisiones aleatorias incapaz de ser predichas usando su visión futura y él sintiendo temor e intriga, observa como ella renuncia.

Ambos toman otra decisión inesperada ordenando muchas pizzas para regalarlas, deciden caminar hacia la casa de Vidalia obsequiando la última caja y durante su estancia en garaje modelan para ser retratados por la mujer. La fusión mira un tarro de basura con un gatito tuerto de pelaje con varios colores, tras dudar el muchacho elige seguirlo y se disculpa con la adulta por marcharse. Ellos siguen el recorrido del felino topándose con cuatro gatitos maullando de hambre, él desea saber qué hacer con ellos y pide usar la visión futura buscando conocer su destino. Sin embargo, su compañera actúa nerviosa ante las múltiples posibilidades e intenta enfocarse para conocer un solo futuro sin éxito y el muchacho se impresiona por la actitud. Ellos tienen una conversación sentados bajo la lluvia, él preocupado escucha a su compañera sentirse perdida desde que el chico eligió entregarse al Homeworld y comenzó a transcurrir un futuro improbable sin saber cómo avanzará esa línea de tiempo.

La gema siente una contradicción entre su deseo por amar la existencia de múltiples posibilidades versus sentirse presionada por cargar con la responsabilidad de entregar respuestas sobre el futuro. Steven propone enfocarse en concretar un deseo a la vez y pregunta: "¿Qué quiere que pase?", ella desea sacar a los gatitos de la lluvia y él invoca su escudo para protegerlos del agua. Regresan hacia el garaje, Steven relata alegre que las personas encargadas del refugio pueden recoger a los animales mañana para ingresarlos en el programa de adopción. Los compañeros se acercan hacia la caja para hablarles, Garnet entiende porque su visión futura estaba siendo alterada porque veía futuros protagonizados por un chico inmaduro y elige aceptar la madurez mostrada por él.

La vivencia experimentada por ambos personajes entrega la posibilidad para comparar los roles expuestos en el comienzo de la serie donde el estatus quo consistía en mostrar como el niño solicitaba constantemente la orientación de la fusión. Ahora Garnet experimenta temor porque la visión futura no funciona correctamente y expone el sentimiento ante su compañero buscando orientación. Por su parte Steven descubre como su acción afectó a la gema, muestra su capacidad de ayudar sugiriendo enfocarse en cumplir sus propios deseos sin preocuparse de las expectativas ajenas. Asimismo, se muestra la existencia de una influencia mutua pues él admite haber logrado su crecimiento personal motivado por ser más parecido a su compañera y la fusión entiende porque debe cambiar su percepción sobre él aceptando su nueva faceta madura.

Unos episodios más adelante, Steven viaja por los recuerdos de Perla averiguando como Diamante Rosa modifica su forma física transformándose en Rose Cuarzo y la regente solicita a su Perla transformarse en Rose para atacarla, fingiendo su muerte buscando salvar la Tierra junto a sus compañeras rebeldes. El chico regresa gritando: "mi mamá era Diamante Rosa" sorprendiendo a Garnet, Amatista y el espectador. La noticia relatada durante *Ahora nos estamos separando* (quinta temporada, capítulo 19, 2018) genera un gran impacto en la fusión, logrando dividirla. Zafiro está enojada con Rose por sentirse traicionada ya que confío ciegamente sin cuestionar las emociones experimentadas durante su unión ni cuestionaron a su líder.

Rubí trata de dialogar más su pareja le pregunta: "¿De qué vamos a hablar? ¿De cómo nuestra relación está basada en una mentira? ¿Qué más hay que decir?" y se marcha usando el portal. Perla se disculpa con la gema roja y viaja con Steven hacia la fuente de Rose para explicar la situación a la gema azul. Cuando se reúnen con ella en la fuente de Rose, su compañera relata como Diamante Rosa entendió la importancia de no destruir la Tierra y justificó su elección de transformarse en Rose Cuarzo buscando proteger toda vida en la Tierra. También recalca la importancia de haber conocido a la fusión porque fue su motivación para construir un lugar donde las gemas rechazadas puedan existir libremente. Gracias a esto Zafiro entiende como Rose no estaba guiándolas sino siguiéndolas y regresa buscando a Rubí, pero encuentra una carta en la casa.

El grupo se divide, dejando a Perla y Zafiro llorando en casa mientras Steven junto con Amatista hacen una búsqueda para encontrar a Rubí en *La pregunta* (quinta temporada, capítulo 21, 2018) en compañía de Greg Universe contemplando el mar. La gema roja explica tranquilamente haber reflexionado sobre la unión permanente hacia otros sin embargo ahora siente gran emoción porque actúa pensando en sí misma decidiendo no ser Garnet. El niño intenta recordarle el afecto mostrado por las gemas y recalca su favoritismo por la pareja, pero su compañera lo interrumpe desinteresada por Zafiro ya que su futuro está centrado únicamente en sí misma; el adulto tranquiliza a su hijo motivándolo a respetar la decisión.

Rubí desea experimentar distintos peligros durante una aventura en la naturaleza tomando como referencia un cómic Western llamado *El lazo solitario*, el adulto propone llevarla hacia un lugar y el niño elige acompañarla durante su travesía buscando desarrollo emocional. Al día siguiente aparece vestida de vaquera, Amatista se transforma en caballo y recorren la pradera teniendo aventuras lideradas por su compañera hasta la puesta del sol. Durante la noche interpreta la canción *Rubí vaquera* expresando su gozo por vivir nuevas aventuras en solitario y recordando como solía proyectar su existencia junto a Zafiro hasta notar una actitud fría en su compañera. Más tarde Steven se disculpa por forzarla a fusionarse nuevamente con Zafiro pues temía perder a alguien importante pero su compañera confiesa haber mentido pues ha estado constantemente en cómo se habría divertido compartiendo con su pareja estas aventuras.

El niño toma el comic de *El lazo solitario* mostrando al protagonista extrañar a su amada durante el viaje, Rubí desea estar con su pareja sin repetir el pasado y acepta una sugerencia encontrada en el comic. Durante la mañana Perla junto a Zafiro toman té, el niño anuncia el regreso de Rubí y la gema roja cabalga en la arena acompañada por música de película Western. Inmediatamente ambas se reúnen, la gema azul se disculpa por sus palabras, pero la gema roja contesta: "alguien les había dicho que eran la respuesta, pero ya no cree más en eso. Al menos no hasta que lo escuche de ti". Rubí toma la mano de su compañera mientras se arrodilla, le pregunta: "¿Te casarías conmigo?" y explica como estarán unidas incluso si están separadas porque están eligiendo por su voluntad ser Garnet; su compañera acepta. Ellas se abrazan y se besan siendo observadas por sus compañeras emocionadas.

Nuevamente el conflicto principal desarrollado en los párrafos anteriores ejemplifica como la ocurrencia de sucesos inesperados repercute de distintas formas en las emociones de Rubí o Zafiro, esto afecta directamente la identidad de Garnet haciéndola propensa a desaparecer. De esta manera se repite el patrón mostrado en *Motel Keystone* (segunda temporada, capítulo 12, 2015) citado anteriormente donde la comunicación resuelve un conflicto disputado entre la postura enrabiada mostrada por la gema roja y la apreciación calmada expuesta por la gema azul.

Es importante comparar las experiencias vividas durante el capítulo correspondiente a la segunda temporada con las acciones más recientes porque logra evidenciarse una inversión de roles entre las integrantes. Ahora Zafiro expresa abiertamente su herida por sentirse traicionada sin mostrarse calmada hasta entender como Rose Cuarzo estuvo inspirada por Garnet en su lucha por defender la Tierra y crear un hogar donde las gemas, rechazadas por la sociedad natal, puedan vivir tranquilamente. Paralelamente Rubí propone conversar demostrando haber aprendido del conflicto anterior, pero posteriormente realiza un viaje teniendo un espacio donde reflexiona en torno a sus propios cuestionamientos.

En ambas situaciones Steven adquiere la figura de mediador durante los conflictos experimentados debido a su gran cariño hacia la existencia de Garnet; demostrado en su interés por dialogar con la gema azul y acompañar a la gema roja en su viaje emocional. El chico entiende la importancia de entregar un tiempo a solas para entenderse a sí misma, haciendo referencia del consejo entregado por su padre anteriormente. Asimismo, la situación refuerza la necesidad tener un espacio físico y emocional donde exista la posibilidad de dialogar en pos de concretar una solución

Rápidamente Steven, Rubí y Zafiro trabajan en la planificación del matrimonio. Durante el *Dama de honor* (quinta temporada, capítulo 22, 2018) encuentran distintas propuestas mientras hojean un libro, elaboran las invitaciones y recorren la playa ensayando como será organizada la ceremonia. La gema azul rememora a sus compañeras incapaces de asistir porque algunas fueron destruidas en la rebelión u otras encerradas en burbujas. En el Cuarto de fundición el chico libera a Bismuto para contarle todo lo ocurrido e invitarla a la boda. Más tarde, las Crystal Gems alegres reciben a su nueva invitada y las novias reciben dos anillos hechos por la forjadora de armas. Las acciones realizadas por Steven Universe demuestran su afecto hacia su pareja favorita apoyándola durante la época de preparativos y enfrentando el conflicto sin resolver con Bismuto; pues está determinado a construir una celebración perfecta buscando apartar momentáneamente la preocupación por las vivencias negativas y/o complejas acontecidas previamente. El matrimonio se concreta en el capítulo *Reunidas* (quinta temporada, capítulos 23-24, 2018) congregan Crystal Gems incluyendo a Bismuto, Peridot, Greg Universe junto a los habitantes de la Ciudad Playa. El chico dirige la ceremonia escuchando los votos, declarándolas Garnet y ambas se besan volviendo a fusionarse.

En cuanto al tipo de relación de esta pareja, basado en los tipos de amor expuesto por las autoras Analía Brizzio, Alejandra Carreras y María Elena Brenlla una tendencia al estilo Eros marca la valoración del amor, pero no el estar obsesionado por él ni la presión a la pareja por la intensidad, sino más bien se permite que las cosas se desarrollen mutuamente, de forma espontánea. La característica de este tipo es la alta confianza y la alta autoestima. Este aspecto se ve reflejado a lo largo de la serie en la relación de la fusión, pues desde el momento en que el espectador y Steven se enteran de esto en

Escape de prisión (primera temporada, capítulo 52, 2015) que manifiesta estar segura de ser ella, pues es la representación del amor de ambas gemas y ambas sienten que se complementan mutuamente al estar unidas, reforzando lo mejor de cada una tal y como menciona posteriormente en *Manteniéndose juntas* (segunda temporada, capítulo 8, 2015). Y si bien hay momentos donde se ven en la necesidad de separarse, son capaces de resolver los problemas, incluso cuando necesitan un tiempo separadas, pero finalmente son capaces de solucionarlo mediante el diálogo. De esta forma la pareja ha logrado mantener una relación espontánea por miles de años.

Además, existen ciertos simbolismos ligado a los colores que se pueden analizar en la relación entre Rubí y Zafiro. Eva Hellen habla sobre los contrarios simbólicos y en el caso del rojo y azul se encuentra ligado a lo activo-pasivo, caliente-frío, alto-bajo, corporal-espiritual, masculino-femenino. En el caso de ambas gemas se puede apreciar las personalidades opuestas, pero también como son capaces de complementarse y en relación a los contrarios simbólicos hay algunos que, si se aplican a ellas, como es el caso de caliente-frío, pero más allá de eso, al estar ambas fusionadas logran romper con este estereotipo, o estando separadas al momento del matrimonio quien utiliza vestido es Rubí y traje Zafiro.

Otro aspecto especial sobre simbolismo es el caso de la piedra Zafiro, pues esta simboliza la fidelidad cómo explica Eva Hellen, por lo mismo es que este tipo de piedra suele ser utilizada por las novias en su anillo de compromiso, debido a esto es que el color azul suele ligarse a la fidelidad. Incluso la autora menciona el caso de la tradición inglesa donde la novia suele ocupar algo azul, aspecto que se cumple en el matrimonio de ambas gemas ya que rubí lleva en su cintillo unas flores de ese color.

Retomando el capítulo *Reunidas* (quinta temporada, capítulos 23-24, 2018) la tarde la recién casada celebra con sus invitados siendo interrumpidos por la repentina aparición de Diamante Azul junto a Diamante Amarillo, las personas evacuan y las Crystal Gems se enfrentan contra ellas. Mientras se desarrolla el conflicto Steven se desmaya, más su conciencia logra moverse por un plano psíquico lógico, escucha la voz perteneciente a la conciencia de Garnet presionada por mantenerse fusionada para unir a otros y el chico le recuerda sostener su existencia porque está hecha de amor.

Lista de episodios recomendados para entender Garnet: Un universo hecho de amor con finales inesperados

Temporada uno
Capítulo 1: *Brillo de Gema.*
Capítulo 4: *Desayuno juntos.*
Capítulo 8: *Steven se pone serio.*
Capítulo 11: *Maniáticos del juego.*
Capítulo 23: *Mi amigo, el monstruo.*
Capítulo 33: *El universo de Garnet.*
Capítulo 36: *Excursión en el portal.*
Capítulo 37: *solos y juntos.*
Capítulo 39: *Visión futura.*
Capítulo 42: *El pronóstico del tiempo.*
Capítulo 44: *El ataque de las canicas.*
Capítulo 51: *El retorno.*
Capítulo 52: *Escape de prisión.*
Temporada dos
Capítulo 4: *Cartas de amor.*
Capítulo 8: *Manteniéndose juntas.*
Capítulo 11: *Pedido de ayuda.*
Capítulo 12: *Motel Keystone.*
Capítulo 15: *Vuelo de amistad.*
Capítulo 22: *La respuesta.*
Temporada tres
Capítulo 25: *En la burbuja.*
Temporada cuatro
No hay capítulos.
Temporada cinco
Capítulo 15: *De laguna en laguna:*
Capítulo 19: *Ahora nos estamos separando.*
Capítulo 21: *La pregunta.*
Capítulo 22: *Dama de honor.*
Capítulos 23-24: *Reunidas.*

Amatista: Estaremos unidos sin importar que ocurra

Amatista es una gema con baja estatura, una tez morada pálida y tiene una complexión gruesa. Su gema está ubicada en el centro del pecho, su cabellera color malva se extiende hasta sus pies y su ojo derecho está cubierto por un mechón de cabello. Viste una polera malva oscuro mostrando un tirante negro en su hombro derecho, leggins negros decorados con estrellas moradas en las rodillas y unos zapatos blancos.

Ella muestra un carácter extrovertido marcado por su gran expresividad y su capacidad para entregar su opinión en forma directa. En *El cañón láser* (primera temporada, capítulo 2, 2013), la gema habla con Steven Universe señalando a Greg como desastroso. Tiene una arista infantil expresada en su interacción con algunos personajes, en el caso Perla molestándola por su forma de ser o jugando una broma cuando regarla papas francesas con picante a Steven

En el comienzo de la serie se muestra indiferente ante los problemas vividos por el resto, tiende a desobedecer las reglas impuestas siendo continuamente regañada por Perla o Garnet, muestra una actitud impaciente y sensible a las críticas negativas. Asimismo, suele romper ciertas normas de etiqueta como hurgarse la nariz, comer rápidamente, eructar y buscar la forma más fácil para hacer las cosas.

Sus comportamientos impulsivos muestran explícitamente como la actitud despreocupada le impide medir las consecuencias generadas por sus actos. Una situación ocurre en *Steven y los Stevens* (primera temporada, capítulo 48, 2015) cuando las Crystal Gems visitan el domo submarino ocupado por una gran cantidad de relojes de arena con múltiples formas y tamaños. El grupo busca el legendario cristal del tiempo hasta ser amenazados por una trampa de agua; Amatista relajadamente toma un reloj mientras sus compañeras escapan hacia el portal.

Si bien ella pertenece a las gemas, imita ciertos comportamientos humanos mostrando su gusto por dormir o comer, solo porque le agrada sentir el paso de los alimentos en el interior de su cuerpo o su felicidad por escucharse a sí misma masticar ruidosamente. En el transcurso de la serie ha ingerido objetos como cajas de cartón; líquidos combustibles e incombustibles; alimentos en buen estado y descompuestos.

Amatista emergió desde un corte ubicado en el Prime Kindergarden bajo el código faceta 5 - corte 8X, una colonia perteneciente a Diamante Rosa y creada por el Homeworld durante la colonización de la Tierra. Ella no formó parte de la rebelión ni participó en la guerra librada aproximadamente hace 5.000 años atrás, pero se conoce que fue adoptada por Las Crystal Gems en algún momento de la historia. En la actualidad integra las Crystal Gems mostrando un rol activo en las misiones colaborando junto a sus compañeras para resguardar la seguridad del planeta.

Si bien el grupo de gemas participa en el proceso de crianza experimentado por Steven Universe, Amatista utiliza abiertamente sus poderes mágicos y comparte con el chico incentivando a usarlos porque confía en su potencial. En *Dedos de gato* (temporada 1, capítulo 6, 2013) Perla explica que todas las gemas poseen la capacidad de transformarse en objetos, modificar parte de su cuerpo o tomar la forma de otros. El comportamiento y la actitud mostrada por Amatista captan la atención del niño incentivando a experimentar aspirando experimentar tomar la forma de un león o un gato. En ese momento la gema morada sugiere adaptar su cuerpo imitando una figura simple y entrega una breve descripción del proceso consistente en pensar en la forma deseada, sacudirse y logra exitosamente la transformación. Él entiende las instrucciones e intenta ponerlo en práctica su aprendizaje logrando modificar parte de su mano transformando su dedo índice en un gato blanco.

El chico muestra su capacidad para controlar voluntariamente su transformación corporal durante *El cumpleaños de Steven* (temporada 2, capítulo 23, 2016) en la celebración acontecida en el anochecer. El granero se transforma en una pista de baile ambientada con música seleccionada por Greg, Amatista junto a Perla acompañando a Connie y Steven. Su amiga lo mira sorprendida pues el chico incómodo detiene su danza momentáneamente para ir a refrescarse, pero se oculta para regresar a su tamaño original. No obstante, termina siendo descubierto por Amatista tras sacarse una venda sobre sus ojos y Greg dejando caer una piñata; la gema advierte el daño generado por mantener una transformación prolongadamente. Él justifica su mentira basada en fingir su crecimiento ya que teme no poder compartir con su amiga en el futuro, ignora el consejo de su compañera y retoma su transformación pretendiendo estar bien.

Si bien el grupo se encuentra unido durante las misiones cada integrante tiene diversos intereses mostrados durante su vida cotidiana, Steven y amatista muestran su mutua afición por la comida, por ejemplo, en la escena de durante un atardecer en la ciudad de la playa ambos corren por el pasto hacia la tienda Caminata frita, él se apoya en el mostrador pidiendo las sobras de las papas fritas, pero Fryman se niega porque su local está cerrado. La gema golpea el mesón insistentemente mientras pide la comida convenciendo al vendedor de entregarlas. Ellos celebran dándose los cinco y caminan por la ciudad compartiendo las sobras fritas guardadas en una bolsa de papel.

Si bien al comienzo de la serie Las Crystal Gems viajan hacia diversas zonas dejando a Steven Universe en la casa porque no tiene poderes, la situación cambia en *Mochila Hamburguesa* (primera temporada, capítulo 3, 2013) durante el breve momento en que se alistan para continuar su misión en la Torre del Mar Lunar, Perla le comenta a Steven que deben llevar la Estatua de Diosa Lunar antes de las 12 de la noche. Él insiste y logra acompañarlas gracias al apoyo de Amatista en persuadir a Perla. Durante el viaje el chico colabora sacando objetos de su mochila usando un chaleco como liana, lanza comida para evadir a los monstruos e intenta cruzar una corriente de agua rápida usando una balsa inflable. Amatista se impresiona por los actos arriesgados del chico, demuestra su apoyo haciendo comentarios positivos y alentando su capacidad para encontrar una solución

Steven y Amatista comparten un segundo pasatiempo generando un espacio para estrechar lazos fomentando la creatividad del chico y exponer momentáneamente cierto tipo de sentimientos generados por Amatista durante su interacción con las otras gemas. El sorpresivo descubrimiento nocturno se muestra en *El tigre millonario* (temporada 1, capítulo 9, 2014), en el cual Steven se despierta por ruido junto a un destello proveniente del templo, resulta ser Amatista quien viste una capa negra, corre hacia la salida, él decide seguir su recorrido por la costa hasta el almacén abandonado. A través de una ventana rota contempla una intensa luz alumbrando una cantidad de personas ante el Puma Púrpura, un luchador con mala reputación quien vence rápidamente a su rival rápidamente, siendo abucheado y se retira usando la puerta principal. Bajo el cielo nocturno el luchador regresa a su forma original lanzando un rugido, el chico se abalanza para abrazarla por la espalda y su compañera justifica su participación porque siente la libertad para actuar impulsivamente sin importar la opinión de otros.

Él decide crear su propio personaje para luchar junto a ella, motivado por la empatía de sentir frustración de obedecer las reglas señaladas por Perla y Garnet. A partir de este momento el Tigre millonario y Puma Púrpura vencen a diversas duplas de luchadores gracias a su trabajo en equipo, mientras ocultan sus identidades a las Crystal Gems. Horas previas al encuentro final Steven se muestra triste por haber humillado a un espectador y sentirse rechazado por otras personas; Amatista trata de reconfortarlo más proyecta su propia frustración admitiendo ser percibida como una gema inútil. En la noche la batalla por el título del campeón es interrumpida por las Crystal Gems buscando regañar a sus compañeros por actuar irresponsablemente; pero el Tigre relata una historia del Puma marcado por la sensación de rechazo y explica como las luchas representan un espacio de libertad donde es aceptado por otras personas. Perla junto con Garnet empiezan una batalla con su compañera logrando reconciliarse mientras la dupla logra vencer a sus rivales obteniendo sus cinturones de campeones.

La experiencia vivida por Steven y Amatista formando un equipo de luchadores para los Combates subterráneos de la Ciudad Playa permite evidenciar un acercamiento entre los personajes gracias a su nuevo pasatiempo. Su lazo afectivo se vuelve más fuerte ya que existe un sentimiento de frustración ante las reglas impuestas por sus compañeras y eligen compartir la actividad generando un espacio íntimo entre sí. En forma individual Steven muestra su sensibilidad emocional luego de vivir el contraste entre la momentánea sensación de alegría por recibir aprecio de los fans y rechazo por mofarse de Lars Barriga logrando decepcionar a un fanático. Por su parte Amatista muestra su característica actitud despreocupada hasta comentar brevemente su frustración permitiendo revelar una sensación de fragilidad originada por un sentimiento de inferioridad. El conflicto experimentado por las críticas de Garnet junto a Perla hacia su compañera afecta su autoestima pues su construcción de identidad está basada en la opinión entregada por los otros permitiendo hacer una reflexión con todas ellas y contrastarlo con la concepción generada por sí mismo.

Las razones para experimentar la sensación descrita anteriormente se muestran concretamente en el *Regenerada* (temporada 2, capítulo 5, 2015), cuando Steven intenta jugar con el test: *¿Qué personaje eres de la serie Amigos llorones del desayuno?* siendo medianamente ignorado por Greg y Perla. Él corre desde la playa hacia su casa para buscar a otra persona para realizar la prueba. En su interior se encuentra Amatista sacando diversos ingredientes del refrigerador y acepta respondiendo tranquilamente las interrogantes hasta escuchar la pregunta: "¿Te sientes insegura en tus relaciones y sobre cómo eres vista por los demás?". Ella sorprendida intenta responder sí o no moviendo su mirada inquietamente hacia los lados, pero contesta pese al recordatorio hecho por Steven sobre contestar honestamente.

Garnet ingresa a la habitación de Amatista llena de objetos, seguida por su compañera y el niño con la misión de atrapar la gema corrupta apodada *La escurridiza*. Durante el recorrido Amatista expone su molestia cuando le preguntan sobre sus emociones al ser comparada con Perla y siente gran frustración porque la fusión se muestra en desacuerdo por los cambios físicos hechos por su aliada en su propio cuerpo. La gema misteriosa ataca nuevamente permitiendo que Amatista modifique su apariencia desequilibrada por un brazo y pierna musculosos junto a su contextura normal e intenta ser responsable tratando de acabar con su rival rompiendo cristales en la habitación.

Ella se debilita paulatinamente contra más forcejea con la criatura, sus compañeros recalcan la importancia de elegir su propia forma sin recurrir a la opinión de otros, la gema pierde su forma siendo rescatada por Steven y Garnet. En la casa Amatista reaparece tras cuatro horas con otra apariencia fingiendo estar despreocupada por la opinión del grupo y las gemas se alegran por los cambios rodeándola con un cariñoso abrazo. La gema avergonzada intenta zafarse recordando buscar a la escurridiza pero sus ojos emocionados junto a una gran sonrisa demuestran su alegría por sentirse querida siendo ella misma.

Si bien la historia desarrollada anteriormente está focalizada buscar y lograr capturar a una criatura mágica escondida en las inmediaciones del templo, es importante resaltar la ocurrencia de acciones en la habitación de Amatista ya que esta zona representa un área física con mayor carga íntima para el personaje. También los múltiples cambios a nivel corporal funcionan como una catarsis para la gema demostrando nuevamente su proceso de autoaceptación personal.

Existe un evidente simbolismo entre recorrer profundamente esta zona e ir evidenciando un sentimiento de profunda rabia tras ser comparada directamente con Perla estableciendo su comportamiento precavido como un estándar a seguir. Esta situación no solo genera cambios en la gema sino en sus compañeros ya que Garnet admite haber actuado en forma dura, Steven demuestra explícitamente su deseo por valorarla y Perla valora un pequeño cambio estético en la vestimenta. De esa forma, ellos entienden la gran importancia de abordar directamente las inseguridades mostradas por su compañera y otorgarle un refuerzo positivo de sus propias decisiones. Nuevamente se puede entender la influencia generada por las Crystal Gems hacia la gema recurriendo a los autores Portillo y Torres pues señalan a la familia un elemento importante ya que es responsable, en gran medida, de la manera de ser de la persona y resulta necesaria ya que permite iniciar la construcción de la autoestima

En el transcurso de la serie las Crystal Gems conocen a gemas enemigas provenientes del Homeworld amenazando el estado de paz construido en la Tierra, en este grupo destaca Jaspe, una guerrera conocida por su comportamiento despiadado y gran habilidad de combate. En él *Se rompe el látigo* (temporada 3, capítulo 18, 2016) durante una tarde en la playa la antagonista emerge del agua cabalgando una gema corrupta y Amatista decide confrontarla intentando proteger a Steven y Connie. Pese a haber luchado usando sus mejores tácticas, Jaspe busca distraerla realizando una comparación entre ambas y logra hacerla sentirse confundida e inferior; quitándole su forma física gracias a su mayor nivel de poder. Los niños forman a Stevonnie, toman la gema y confrontan a su enemiga venciéndola momentáneamente. Amatista lista para continuar luchando recupera su apariencia normal encontrándose tras Stevonnie victoriosa cargado su espada parada sobre la arena.

Tras la confrontación Amatista se identifica a sí misma como una figura débil pues tiene un cuerpo defectuoso siendo incapaz ejecutar ataques poderosos ni cumplir su rol como guerrera, esto reafirma su constante sensación de inferioridad y la hace sentir fuertemente su baja autoestima en forma prolongada. Durante *Steven contra Amatista* (temporada 3, capítulo 19, 2016) en casa la gema intenta disimular su frustración personal tirando desanimadamente huevos en el triturador de basura, pero el chico intenta animarla llevándola a su entrenamiento. En las ruinas Perla muestra una pizarra junto a un sticker similares a su rostro llamados *Perlapuntos* utilizados en el entrenamiento de Steven para evaluar su desempeño y fomentar ciertos comportamientos como la puntualidad, perseverancia o actitud positiva. La gema morada entrena con el chico haciendo una competencia de tres pruebas, ella se presiona buscando obtener la victoria para sentirse fuerte sin embargo él completa rápidamente todos los ejercicios notando la tristeza en su compañera por haber perdido.

Ellos regresan hacia la casa para continuar su rutina diaria, Amatista termina de comer su ensalada de huevo y sube a la habitación de Steven para combatir en un videojuego obteniendo la victoria. Ambos tienen una conversación tratando de apoyar y subir el ánimo a su compañero, pero terminan discutiendo, Steven desafía en combate a la gema para mostrar quien es la peor Crystal Gem. Bajo un rojizo atardecer en las ruinas ambos se enfrentan destruyendo el entorno con sus ataques, cada uno halaga la táctica de combate usada por su rival más sus últimos ataques fallan por el cansancio. Ellos caen en el suelo riendo más calmados, ella esta frustrada por no lograr ser quien debería ser ni conseguir ser quien desea ser en realidad y él siente tristeza por entrenar diariamente sin conseguir ser Rose Cuarzo. Ambos se ayudan para levantarse mostrando su reconciliación.

La disputa experimentada por Steven como Amatista demuestra una similitud el proceso donde lidian con la dificultad de conocerse a sí y construir su propia valoración para aceptar su identidad mientras desarrollan su vida cotidiana. Asimismo, los personajes sienten la necesidad de ser autoexigentes para cumplir las expectativas ajenas vislumbradas en su interacción con otros personajes o situaciones. La postura mostrada por los compañeros de equipo puede clasificarse como baja autoestima porque expresan sentimientos de ineptitud, inseguridad, dudas sobre sí mismos, culpas y miedo como es definido en *Efectos en la crianza de familias uniparentales: La autoestima.*

Con el paso de los días Steven se reúne con Peridot buscando mejorar el ánimo de Amatista por los sentimientos experimentados anteriormente y viajan hacia el Beta Kindergarden encontrando gemas corruptas encerradas siendo vigiladas por Jaspe. En el *Terrícolas* (temporada 3, capítulo 23, 2016) la gema verde y el chico deciden buscar ayuda sin embargo Amatista actúa en forma impulsiva desafiando a la gema enemiga pues desea tener su revancha. Steven saca su escudo para unirse a la batalla, pero su compañera lo hace retroceder con el látigo y ataca con diversos movimientos rápidos contra su rival, al cual no consigue dañar.

Él lanza su escudo, dejando caer desde las alturas un inyector y levantando una pared de arena que logra separarlas. La gema retrocede terminada arrodillada en el suelo mientras verbaliza su frustración por sentirse incapaz de vencer a su enemiga y acepta estar comparándose reiteradamente con ella. Su compañero escucha atentamente, reitera emocionado ser iguales porque comparten la percepción de ser defectuosos y le entrega su apoyo tendiendo su mano para levantarla; ambos se abrazan generando una explosión brillante donde emerge repentinamente Smoky Cuarzo.

Finalmente, todas las experiencias vividas anteriormente por los dos personajes generan una compenetración emocional basada en el sentimiento de inferioridad y se manifiesta en la creación de Smoky Cuarzo, la primera fusión entre gema junto el chico mitad humano y mitad gema. La unión se concreta, ya que Steven acepta mostrarse vulnerable aceptando su propio cuestionamiento hacia su valor personal y Amatista expone abiertamente el sentimiento de inferioridad aceptando su frustración por intentar igualarse a las otras Crystal Gems.

El proceso de crecimiento personal experimentado por Amatista comienza a generar una mayor aceptación personal afectando su actitud y planteando la posibilidad de cambiar sus pasatiempos como se muestra en *Tigre filántropo* (temporada 4, capítulo 19, 2017). Una noche el Tigre Millonario y el Puma Púrpura luchan para conservar su título de campeones, el joven luchador celebra su victoria mientras su compañero anuncia su retiro dejando caer el cinturón hacia el suelo. Afuera del galpón la gema confirma su decisión pues se aburrió porque no necesita seguir participando en las luchas.

Pese a esto él presenta un nuevo alter ego llamado Tigre Filántropo retomando su participación para defender su título, sin embargo, no siente alegría sino confusión ya que no entiende cuál es su motivación para luchar. En la casa Steven comenta haber disfrutado las luchas porque estaba acompañado por el Puma, ella confirma haber participado en las luchas ya que no confiaba en sí misma, pero reafirma su retiro mientras come una bolsa de té y él decide abandonar las luchas saliendo cabizbajo con una expresión de tristeza.

En la noche Tigre Filántropo hace su última aparición para regalar los cinturones de campeones enfrentando a dos duplas, el Puma Púrpura camina hacia el ring contando el valor sentimental existente en los premios y abraza a su compañero disculpándose por haberlo dejado atrás. Ambos hacen un espectáculo dejándose vencer por sus contrincantes para retirarse oficialmente como equipo de los Combates subterráneos de la Ciudad Playa.

Ambos personajes demuestran como su relación muestra la capacidad de establecer una buena forma de comunicación permitiendo a Steven entender por qué su compañera no desea participar en las luchas, pero no teme mostrarse triste por la situación. Al mismo tiempo Amatista demuestra un cambio de personalidad pues logra comprender cómo su decisión afectó las emociones de otra persona y siente la empatía necesaria para su culpabilidad eligiendo disculparse sinceramente. Gracias a esto pueden luchar juntos por últimas dando un cierre conjunto a esta etapa en sus vidas.

De esa forma Amatista expone haber cambiado ya que muestra tener una autoestima alta pues demuestra sentirse importante, tiene confianza en sus propias competencias, fe en sus decisiones y se acepta totalmente a sí mismo. Complementándolo con la capacidad para reconocer sus propias limitaciones, debilidades y sentir orgullo por sus habilidades como lo explican Cristina Portillo y Laura Torre en *Efectos en la crianza de familias uniparentales: La autoestima*. Este gesto sirve de ejemplo para entender como la autoestima tiene una naturaleza dinámica, puede crecer, arraigarse más íntimamente, conectarse a otras actitudes o debilitarse hasta empobrecerse, según la descripción entregada por Ana Roa en *La educación emocional, el autoconcepto, la autoestima y su importancia en la infancia.*

El grupo recibe un gran impacto debido a una revelación hecha por Steven y Perla explicando el mayor secreto guardado por Rose Cuarzo, relacionado a la falsa muerte de Diamante Rosa y su posterior transformación en la líder del grupo revolucionario. En el comedor de la casa, Amatista sorprendida intenta comprender tranquilamente la información apoyada en el sillón mientras Garnet se divide mostrando a Zafiro sintiéndose triste y llevado a la repentina desaparición de Rubí. Durante el capítulo *¿Cuál es tu problema?* (temporada 5, capítulo 20, 2018) la gema morada juega videojuegos intentando ignorar la desaparición de la gema, Steven sale a buscar a Rubí y su compañera lo sigue para evitar escuchar el llanto de Perla junto a Zafiro.

El dúo recorre la ciudad buscando a la gema roja, el chico mantiene una expresión seria de preocupación y ella mantiene una actitud relajada disfrutando el recorrido hasta convencer a su amigo de relajarse. En el restaurante Pizza de Pescado la gema intenta conocer las sensaciones de él mencionando a Diamante Rosa y su compañero admite estar confundido, pero trata de ayudar a Garnet para evadir sus propios sentimientos sobre lo ocurrido. Sin embargo, ella desvía la conversación revelando accidentalmente su frustración y molesta con la situación de la fusión. Ambos escuchan a Jenny hablar sobre una entrega de pizza hecha a Greg Universe acompañado por una amiga de color rojo, Amatista sale del local mientras promete reemplazar a su amigo para encontrar a Rubí y el protagonista salta sobre ella transformada en helicóptero.

Mientras sobrevuelan la ciudad, su amigo intenta convencerla insistentemente para expresar sus emociones hasta estrellarse contra la torre de agua, cayendo directamente en la playa. El mar refleja el color anaranjado del atardecer, ella entonces explica su deseo por ser responsable de sí misma, no sentirse culpable por las situaciones ocurridas en el pasado y seguir apoyando a Steven. El chico aliviado deja caer su cuerpo mirando la puesta de sol y afirmando a su compañera que demuestra una gran madurez.

Gracias a todas las situaciones experimentadas por Steven y Amatista demuestran una relación constituida permanentemente por dos individuos capaces de interactuar en forma simétrica pudiendo comunicarse con gran facilidad. Durante la última situación acontecida en el grupo, Amatista se enfrenta a la crisis con una actitud madura buscando entender la aplicando situación con altura de miras, entiende porque su compañero intenta arreglar el conflicto desatado por su madre y promete entregarle su apoyo recalcando la importancia de preocuparse por sí mismo; haciendo evidente el desarrollo emocional experimentado durante la historia. Y la gema demuestra algunas ideas señaladas por Jean Monbourquette *De la autoestima a la estima del Yo profundo* debido a su interés por aceptar todos los aspectos de la propia persona sin censurarlos ni negarlos. Es este un gran desafío planteado a la autoestima: aprender a aceptar todos los aspectos del propio cuerpo, la diversidad y variabilidad de las propias emociones, pensamientos, deseos, sueños, e incluso de las propias sombras, como parte integrante de la propia personalidad.

Lista de episodios recomendados para entender Amatista: Estaremos unidos sin importar que ocurra

Temporada uno

Capítulo 2: *El cañón láser.*

Capítulo 3: *Mochila Hamburguesa.*

Capítulo 6: *Dedos de gato.*

Capítulo 9: *El tigre millonario.*

Capítulo 48: *Steven y los Stevens.*

Temporada dos

Capítulo 5: *Regenerada.*

Capítulo 23: *El cumpleaños de Steven.*

Temporada tres

Capítulo 18: *Se rompe el látigo.*

Capítulo 19: *Steven contra Amatista.*

Capítulo 23: *Terrícolas.*

Temporada cuatro

Capítulo 19: *Tigre filántropo.*

Temporada cinco

Capítulo 20: *¿Cuál es tu problema?*

Perla: Recuerda, lo haces por ti porque lo vales

Perla es una gema alta, su cuerpo posee una tez color marfil y tiene una contextura delgada. Su apariencia destaca por la cabellera corta anaranjada claro peinado hacia atrás, su gema circular ubicada en su frente, sus ojos tienen su color celeste y su nariz es puntiaguda. Su primera vestimenta está compuesta por una polera celeste decorada con una estrella amarilla, una transparencia sobre sus hombros junto a un tul en la zona inferior; lleva unos leggins cortos amarillos, calcetines rosa-anaranjado y zapatos celestes.

Este personaje se caracteriza por tener una gran habilidad con su lanza o una espada mostrado en *Brillo de Gema* (primera temporada, capítulo 1, 2013) ella expone su propio estilo marcado por movimientos coreográficos en una batalla librada contra varios Centirabajos. Esta habilidad se complementa con su capacidad de poseer gran cantidad de conocimientos y su inteligencia utilizada en la planificación de estrategias para las misiones realizadas por las Crystal Gems. Sin embargo, la gema tiene una tendencia para entregar sobre-explicaciones en forma innecesaria y demuestra su incomodidad con ingerir alimentos o su incapacidad de entender el sentido del humor mostrado en las bromas hechas por Steven Universe durante *Demasiados cumpleaños* (primera temporada, capítulo 13, 2014).

Ella muestra su interés por educar a Steven Universe corrigiendo un comportamiento inapropiado o estando dispuesta a compartir nuevos conocimientos como aparece demostrado en *Mochila hamburguesa* (primera temporada, capítulo 3, 2013) haciendo una descripción de la Torre del Mar Lunar junto con recalcar su gran importancia para las gemas. Además, utiliza los *Perlapuntos* como una herramienta para entregarle refuerzo positivo durante su entrenamiento mostrado en *Steven contra Amatista* (temporada 3, capítulo 19, 2016).

La existencia de Perla comienza en el Homeworld al ser entregada a Diamante Rosa como un obsequio con el propósito de hacerla feliz. Miles de años después, esta gema acompaña a su Diamante en el proceso de colonización y ambas realizan un viaje hacia la nueva colonia observando la vida existente; gracias a esto nacen las Crystal Gems dedicadas a defender la Tierra. En la actualidad, la gema convive junto con Garnet y Amatista encargándose de cuidar a Steven Universe en la Ciudad Playa.

La relación entre Perla y Steven está marcada por exponer como su compañera demuestra su capacidad analítica en observar su entorno y la utiliza para enfocarse en resguardar la seguridad de Steven. Su habilidad es probada en una situación acontecida en *Demasiados cumpleaños (*primera temporada, capítulo 13, 2014). Las Crystal Gems descubren a Steven con su cuerpo envejecido y la gema entiende que el cambio puede llevarlo hasta la muerte. Ellas lo visten con su traje de cumpleaños para detener el proceso sin tener éxito, Perla llorando aparece vestida de payaso y lanza una tarta en su rostro para intentar hacerlo reír. Pese a utilizar su inteligencia rápidamente en momentos críticos, el quiebre emocional generado por la posible muerte del chico demuestra como su fragilidad emocional puede afectar su comportamiento práctico y estratégico.

Por su parte, el chico establece un vínculo emocional construido en base a la constante disposición mostrada en el comportamiento de su compañera para enseñarle cualquier tipo de conocimiento deseado y el gran afecto demostrado en *Steven, el espadachín* (temporada 1, capítulo 16, 2014). En la arena Steven se aburre observando los movimientos básicos de combate realizados por ambas perlas y pide en forma insistente hacer movimientos geniales como la *Espada Boomerang* mostrada en la película *Espada Solitaria IV*. La gema explica la importancia de tener paciencia para hacer técnicas reales usando una espada mientras lucha utilizando una mano, pero su rival logra atacar directamente.

Él presencia la escena asustado dejando caer lágrimas, se arrodilla temblando recogiendo la gema juntando sus manos. Sus compañeras se acercan, Amatista lo tranquiliza y Garnet explica como las gemas regresan a su forma física original buscando sanar los daños recibidos anteriormente con su habilidad de regeneración. Transcurren dos semanas donde la gema no regresa, el niño extraña a su compañera y decide interactuar con el holograma mostrándole actividades asociadas a la gema buscando activar algún recuerdo, pero la proyección está enfocada únicamente en luchar. Él agotado finalmente acepta como algunas cosas se adquieren teniendo paciencia y Perla reaparece mostrando un cambio en su vestuario.

La experiencia vivida por Steven Universe demuestra el gran afecto hacia la figura de Perla mencionando extrañarla e intentar reemplazarla compartiendo junto a la holoperla programada únicamente para luchar con espadas no consigue rearmar la misma relación. La búsqueda por interactuar con ella se refuerza en ciertos hechos como estar observando constantemente la gema esperando su regreso, el evitar limpiar la casa porque Perla lo ayudaba o intentar mirar una película para intentar conversar con la piedra inerte.

Durante las misiones realizadas por el grupo Steven interactúa con las tres gemas, esto le permite conocer tres visiones totalmente diferentes y elegir la perspectiva más llamativa para imitarla. En el viaje realizado hacia un antiguo Centro de comunicación mostrado en *El entrenador Steven* (temporada 1, capítulo 20, 2014) permite mostrar las múltiples interpretaciones sobre ser fuerte, Garnet propone fusionarse con Amatista para destruir la construcción usando la fuerza de Sugilite y Perla advierte la inestabilidad existente durante la fusión. Sin embargo, ellas bailan para unirse y su compañera cubre los ojos del niño para impedirle mirar el baile inapropiado.

La fusión destruye la torre en forma descontrolada, el chico emocionado recibe un golpe en la frente por una piedra y su compañera molesta lo carga para regresar a casa; inmediatamente una roca de gran tamaño cae sobre el portal destruyéndolo por completo.

Él decide ejercitarse deseando tener la fuerza física mostrada por la fusión y se reúne con Greg, Sadie junto a Lars para hacer un gimnasio en la playa. Perla inquieta mira la situación rechazándola porque ser fuerte significa una gran responsabilidad, regresa a la casa intentando plantear otras formas de volverse fuerte mientras interpreta la canción *Fuerte de verdad* expresando su deseo por ser alguien capaz de inspirar a Steven. Su motivación se recalca en la estrofa: *quisiera inspirarte, quisiera ser esa chispa que encienda el fuego que hay en ti.*

El muchacho escucha la interpretación aumentando su entusiasmo por adquirir mayor fuerza y regresa con el grupo motivándolos a seguir ejercitándose. Al día siguiente, Sugilite aparece desde el horizonte molesta por haber sido abandonada. Perla queda lastimada durante la lucha, sosteniéndose con su arma, se disculpa con el grupo por no haber sido suficientemente fuerte para protegerlos. Steven grita con el megáfono entregando su apoyo pidiéndole no rendirse porque siempre sabe qué cosas hacer, para mostrarle a Sugilite como ser fuerte de la forma correcta, y menciona haber sido inspirado por ella. Sus palabras la motivan para continuar luchando y lograr vencer a la fusión gracias a su estrategia.

La situación descrita en los párrafos anteriores expone cómo uno de los personajes experimenta una situación de cambio. Ya que Perla abandona su imagen de confiada por sus habilidades de combate mostrando una faceta donde es vulnerable, sintiéndose incapaz de vencer a la fusión y experimentando culpabilidad de fallarle a sus compañeras, donde se resalta como la gema necesita sentirse apoyada o reforzada por otra persona para seguir luchando.

Los autores Lorena De Rosa, Ariel Dalla Valle, Guillermina Rutsztein, Eduardo Keegan explican que la autocrítica es concebida como un tipo de personalidad donde la persona se evalúa y juzga a sí mismo. Entre las características negativas se encuentran el tener sentimientos de inferioridad, culpa y fracaso. Estos autores citan a Thompson y Zuroff quienes proponen que hay dos tipos de autocrítica. Una de ellas es la autocrítica comparada la cual puede relacionarse con Perla ya que el individuo se evalúa y se define negativamente a sí mismo, en comparación con los demás. Los otros con los cuales se comparan son percibidos superiores. También agregan que la autocrítica puede ligarse con el perfeccionismo, ya que cuando los perfeccionistas no alcanzan sus altos estándares de desempeño aparece una autoevaluación punitiva.

En este contexto Steven evidencia dos perspectivas para entender el concepto de "ser fuerte", por un lado, Sugalite lo demuestra exponiendo su fortaleza física para lograr destruir rápidamente pero no tiene la capacidad de controlarse. Por otro lado, Perla tiene su perspectiva personal sobre "ser fuerte" basada en conocer sus habilidades físicas siendo responsable de entender cómo sus actos traen consecuencias. Mientras él experimenta un proceso de aprendizaje intenta replicar la primera postura ejercitándose para fortalecerse muscularmente pero su interpretación cambia radicalmente tras presenciar la batalla entre compañeras. Y entiende cómo funciona la fortaleza propuesta por su compañera entendiendo como ser fuerte en la *forma correcta.*

Las Crystal Gems son un grupo caracterizado por brindarle apoyo a sus miembros durante las misiones y en la vida cotidiana existe una jerarquía funcionando de forma sutil, pero en ciertas ocasiones Steven cuestiona las decisiones tomadas por sus compañeras. La primera situación se muestra en *La gema del espejo* (temporada 1, capítulo 25, 2014) él golpea la mano de Garnet y con el espejo corre hacia la playa. Perla intenta calmar a la fusión comentando: "estoy segura que no entiende lo que hace". Más tarde Lapislázuli recupera su forma física para irse levantando una ola, el chico cae mojado y Perla corre para abrazarlo mientras le pregunta si está bien. Ella demuestra tener buenas intenciones preocupándose por justificar su comportamiento ante su compañera puede tener una doble interpretación: la primera es mostrar abiertamente su empatía con él intentando disminuir la molestia en la fusión buscando evitar una situación más conflictiva. La segunda también interpreta la frase utilizada como una forma de calmar la molestia, pero se recurre a la invalidación indirecta sobre el comportamiento del chico pues no se entregarla la oportunidad para explicar porque no desea entregar el espejo. La gema expone nuevamente esta postura directamente hacia Steven generando una situación de tensión similar a la desarrollada durante *Excursión en el portal* (temporada 1, capitulo 36, 2015) donde tras una misión Las Crystal Gems se teletransportan por la corriente y el niño saca la cabeza por un estornudo mirando una forma redonda transportándose paralelamente, él advierte haber visto algo, pero las gemas no creen esta situación.

La mañana siguiente visitan diversos lugares por medio de portales deteniéndose en la espiral celestial donde surge una discusión ya que Perla afirma: nadie en la Tierra puede usar estos portales más que nosotras y el chico la contradice respondiendo: "bueno… ¿Qué tal si vino del espacio?" Continúan el recorrido hasta la Distorsión Galáctica, donde la gema apunta un portal descompuesto marcado por un sticker del chico, las gemas terminan con la situación estando alegres por haberse desplazado entre diversas áreas para calmar a su compañero, pero él discute nuevamente con Perla cuestionando si realmente puede saber algo en relación a la situación. Garnet detiene la pelea, regresan a casa y durante la noche Steven logra encontrar un robot. El grupo sigue a la máquina llegando nuevamente a la Distorsión Galáctica más Perla asustada no puede responder porqué están reparando un portal usado durante la antigüedad para conectar la Tierra con el Homeworld.

Este momento de tensión demuestra como el grupo de gemas suele resolver sus problemas actuando en la forma más concreta, por eso prefieren visitar zonas para comprobar la ausencia de elementos extraños y creen haber calmado la incertidumbre del chico. Sin embargo, Steven no logra sentirse bien porque no tiene la posibilidad de establecer un diálogo donde sienta considerara su opinión, sino uno donde tratan de imponer su visión directamente. Debido a esta situación colectiva surge, por primera vez, una disputa entre Steven completamente convencido de estar diciendo lo correcto sin dar el brazo a torcer y usa la frustración de no ser validado para cuestionar a Perla. Sin embargo, su compañera continúa negando firmemente la opinión del chico sin entregarle una oportunidad para comprobar si lo visto fuera de la corriente es real. Tras la revelación ella acepta no haber tenido la razón, pero experimenta temor pues desconoce que está ocurriendo.

Pese a los momentos tensos entre ambos personajes, ellos demuestran su capacidad de dialogar abordando superficialmente el pasado de Perla y Steven empatiza buscando alguna forma para ayudarla a cumplir una vieja aspiración. La motivación se muestra durante *La carrera espacial* (temporada 1, capítulo 28, 2014) Steven comenta a su padre haber descubierto como las gemas usaban los portales para trasladarse en el espacio, pide construir una nave espacial para viajar con Perla y el adulto incómodo acepta tras la insistencia mostrada por su hijo. Ambos llegan al granero repleto de chatarra, donde construyen una pequeña nave de madera sostenida por unas ruedas pequeñas y decorada por un cono de tránsito. El chico emocionado revela el objeto a su compañera, los tres caminan hacia una colina y él desciende siendo vigilado por la mirada pensativa de Perla junto a Greg emocionado. Sin embargo, el objeto se desarma y el resto choca contra una rampa de madera, a lo que Perla comenta la existencia de un error en los cálculos hechos por el humano mientras él responde: "es todo lo que puedo ofrecer si no hago nada".

El grupo retorna al granero. Perla gira una pizarra, dibuja una nave espacial mientras explica la importancia de utilizar materiales con formas curvas y motores con gran potencia para conseguir despegar desde la Tierra. El chico salta emocionado sobre un sillón viejo, el adulto nervioso en una caja interroga si realmente van a construir esa nave y la gema decide intentarlo deseosa por mostrarle las maravillas existentes en el cosmos a su compañero. Los tres colaboran en la construcción del vehículo espacial. Padre e hijo mueven las piezas del granero mientras ella se dedica a soldar, probar motores y mezclar químicos.

Durante el atardecer el chico vuela en el nuevo prototipo. La nave aterriza normalmente, pero la máquina se desarma y él, sin hacerse daño, cae sobre el pasto. El padre comenta la situación asustado y Perla, tranquila, responde no estar ni cerca de terminar, sino que desea hacer pronto una siguiente prueba mientras toma notas. El adulto prohíbe a su hijo viajar al espacio, la gema, molesta se encierra para seguir construyendo su proyecto. En la noche, el humano despierta por un repentino temblor ocasionado por una nave espacial. Él logra comunicarse por walkie talkie (dos dispositivos conectados por una frecuencia de radio, usados para comunicarse), Perla comenta su interés por viajar durante 50 años hacia el sistema solar más cercano y apaga la radio para evitar escuchar la advertencia del adulto. El vehículo espacial comienza a despedazarse, la gema intenta llegar hasta el espacio, pero su compañero logra detenerla. Desde la Tierra, el humano usa binoculares para observar una explosión y un asiento cayendo, lentamente, gracias a un paracaídas abierto.

Steven demuestra empatía hacia Perla porque comprende el sentimiento de añoranza expresado por ella Materializando su intención de ayudarla por medio de acciones como solicitar ayuda en la construcción de una nave espacial y pensar en utilizarla para transportarse por el espacio. Gracias a esto la gema obtiene la motivación para construir una nave de mejor calidad y concretar efectivamente su ferviente deseo, siendo la primera vez donde actúa impulsivamente sin tener en cuenta como sus actos afectan a otros dejando en segundo plano la seguridad de Steven por su participación directa en las pruebas de prototipos sin considerar la ocurrencia de accidentes. También pasa a llevar su propia vida personal ya que no considera como el tiempo destinado para el viaje podría afectar las relaciones establecidas por el chico en la Tierra.

Además, surge un conflicto directo contra la figura de Greg Universe pues no considera su opinión y anula su autoridad como padre buscando cuidar a su hijo. Sin embargo, una situación de peligro generada por la destrucción de la nave permite resolver la tensión con una conversación. Steven señala no querer viajar momentáneamente pues debe regresar junto a su padre. En tanto Perla toma conciencia como se dejó llevar por su comportamiento egoísta y se disculpa por haberlo puesto en peligro.

Nuevamente la gema repite su conducta anterior en *La funda de la espada de Rose* (temporada 1, capítulo 45, 2015). Las Crystal Gems recorren el Campo de Batalla Gema recogiendo las armas dejadas hace 5.000 años atrás, León desentierra la funda rosada y Perla relata emocionada su experiencia luchando junto a Rose Cuarzo. Cuando regresan a casa la gema entrega el objeto a Steven, le propone realizar un viaje y durante el recorrido cuenta feliz haber desarrollado un lazo estrecho con su líder demostrado en su antiguo rol de confidente. Tras su llegada a la Armería de Rose, ella disminuye su orgullo porque el chico menciona haber conocido este lugar gracias a León y activa los compartimientos atestados de armas para buscar la espada de Rose sin éxito.

En la casa Steven hunde su mano en la melena rosada, saca una espada rosada y su compañera confundida trata de entender la conexión del felino con la líder sintiendo rabia por no haber sabido sobre el animal mágico. Inmediatamente discute con Amatista intentando recalcar la relación especial con Rose, a lo que responde a Steven: "¿Y tú qué sabes? ¡Tú ni siquiera la conociste!" y escapa sin dirección. Pese a las últimas palabras el chico con León la siguen. Al llegar al Campo de Batalla la encuentran de pie sobre un trozo de Tierra flotante, él salta hacia ella, pero cae al vacío, logrando aferrarse de una raíz para escalar. Bajo el cielo nocturno, Steven dialoga para entender su comportamiento, ella entristecida le responde: "a veces suenas como ella" y continúa interrogando si recuerda el lugar o si tiene recuerdos de su madre.

Luego, proyecta un holograma de Rose repitiendo una conversación ocurrida hace 5000 años, donde declara su elección de luchar por la Tierra enfrentando las posibilidades de no sobrevivir o no poder regresar al Homeworld. Perla decide quedarse a luchar a su lado sin mostrar vacilación y toma su mano. Viéndola desvanecerse, Perla le confiesa a Steven: "todo lo que alguna vez he hecho, lo hice por ella. Y ahora se ha ido, pero aún sigo aquí y se interroga a sí misma: ¿Qué pensaría sobre mí ahora?" Steven la escucha en silencio, la abraza mientras comenta: "Bueno, yo creo que eres grandiosa" y ella llora. Ambos comparten un momento cercano donde la gema recrea acontecimientos de la rebelión y regresan a casa, sobre león, cargando la bandera revolucionaria.

Las acciones anteriores demuestran como la relación entre Perla y Steven experimenta momentos de gran intensidad que permiten observar con mayor profundidad la personalidad de la gema; demostrando una actitud seria, al mismo tiempo complementada por un actuar desbordado por las emociones que no toma en cuenta a su entorno. En esta ocasión afectó a su compañero utilizando palabras hirientes, recordándole nunca haber conocido a su propia madre o llevándolo a vivir una experiencia riesgosa por intentar alcanzarla peligrando caer en el vacío. Pese a todo, es importante considerar el diálogo final realizado por ambos personajes pues Steven expresa su cariño hacia ella afirmando verla como alguien grandiosa mientras la abraza y dejando claro no representar la opinión de su madre sino la suya respecto a su compañera.

Asimismo, la gema expresa por primera la gran importancia de Rose Cuarzo en su vida exponiendo abiertamente su gran nivel de admiración y devoción manifestando en palabras. Complementándolo en gestos como: sonrojarse mientras habla sobre ella o reaccionado con lágrimas de frustración por descubrir que Rose le mantenía secretos. Asimismo, en la conversación demuestra, implícitamente, no poder superar su pérdida; interrogándose a sí misma qué pensaría Rose sobre ella o mientras dialoga con Steven busca encontrar a Rose... Demostrando cuán profundos son los sentimientos hacia su líder.

En el transcurso de la serie Perla muestra los sentimientos guardados hacia la madre de Steven mostrando cómo su devoción la llevó a elegir una vida dedicada a protegerla. Esto se muestra en *Jura ante la espada* (temporada 2, capítulo 6, 2015) cuando la gema acepta entrenar a Connie cómo luchar con la espada. En la arena de combate la gema explica su familiaridad con el concepto humano de ser un caballero dedicado completamente hacia una persona y una causa mientras desenvaina una espada para entregarla a la humana. Su entrenamiento transcurre acompañado por la canción *Lo hace por él/ Por ella vencer* dónde la instructora relata su vieja experiencia luchando en la rebelión demostrando su orgullo por servir a Rose Cuarzo y canta una estrofa: *cuando vives por alguien, morirías por él.* La humana asiente con la cabeza aceptando esta idea, Steven observa la situación asustado e intenta hablar con su amiga antes de iniciar otra jornada de entrenamiento.

Durante un entrenamiento, Steven decide luchar junto a Connie, apoyándose mutuamente y cuestionando la función utilitaria enseñada durante el entrenamiento. Perla comienza a sentirse confundida mientras exclama: "¿Por qué no me dejas hacer esto por ti, Rose? "e intenta explicarse dejando caer su espada, pero termina alejándose. Los niños caminan hacia la gema, él inicia la conversación expresando su temor por las ideas comunicadas en el entrenamiento y Connie le pregunta: "¿Rose te hizo sentir que eras nada?" Ella responde: "Rose me hizo sentir como si lo fuera todo" y con alegría abraza a los chicos mencionando como ellos serán un gran equipo, pero Steven tiene mucho por aprender pues Connie está mucho más avanzada.

Perla retoma su rol de educadora, emocionada por entregar conocimiento ligado a las lecciones de combate a la chica humana y un estilo de vida basado en la noción de caballero, de sacrificarse a sí misma siguiendo un ideal u otra persona. Esa percepción está directamente conectada con su experiencia junto a Rose Cuarzo pues nuevamente revela su devoción junto con el cariño por medio de la canción y sus reacciones explosivas. Debido a esto, la gema expone cómo fue capaz de sacrificar su vida por proteger a Rose e intenta transmitir esa misma perspectiva a Connie, motivándola para cuidar únicamente la vida de Steven porque tiene un gran valor. Sin embargo, su instructora no repara en el peligro asociado con su postura pues su alumna tiene un cuerpo orgánico sin la capacidad de regenerarse. Steven siente temor por la postura extrema mostrada por su compañera gema, pero decide conversar directamente con su amiga abordando el asunto haciéndole notar la desigualdad y recordándole la importancia de trabajar unidos como lo plantearon siendo los *Equipo Jalea*.

Se hace patente la diferencia en torno a la calidad existente en cada relación ya que Steven y Connie se perciben mutuamente como dos seres igualmente valiosos entre sí porque tienen el mismo nivel de importancia. Ocurre un contraste con la opinión de la guerrera pues antiguamente estuvo dispuesta a sacrificarse por su líder constantemente sin preocuparse por ella misma, resaltando la desigualdad entre ellas. Si bien el conflicto se resuelve cuando Perla acepta la postura mostrada por los niños, se hace evidente como Perla considera a Rose una existencia fundamental en su vida justificando porque no supera su pérdida y proyecta su deseo por cuidar abnegadamente a Steven en forma similar a Rose. Esto se puede interpretar gracias a la información entregada en el capítulo *Tres gemas y un bebé* (cuarta temporada, capítulo 10, 2016). cuando las Crystal Gems secuestran a Steven bebé indagando si Rose o parte de su personalidad residen en él.

Pilar Mallor Plou habla sobre las mujeres en relaciones de parejas poco sanas y esto puede aplicarse en el caso de Perla, ya que existen algunos puntos en común. Entre ellos que se llenan emocionalmente a través del otro, la entrega total en la que todos sus intereses (incluida ella misma) quedan relegados a un segundo plano. Su existencia tiene sentido sólo si existe el otro y ahí buscan en el otro el sentido de su existencia, viven por y para el otro, asumen que ellas no cuentan para nada, que su vida no tiene sentido y que sólo importa la del otro. A éste se le considera una persona tan grandiosa que es como si únicamente él existiera, como si lo único que le quedara al dependiente fuera girar en torno a él, como si fuera un satélite. No sólo no se quiere, sino que además se autodesprecia, Confunden los sentimientos del amor con una necesidad psicológica de sentirse alguien. Son mujeres, que necesitan que los demás las iluminen, son lunas que no brillan por sí mismas. No han aprendido a llenar ese vacío con ellas mismas, no tienen luz propia porque han aprendido desde pequeñas que necesitan de otros que las validen, que las valoren o que las quieran. No obstante, es importante comprender que esto se debe a como la gema se aferró a quien le hizo verse a sí misma de forma distinta, pero sin ser capaz de ser consciente de que generó una dependencia hacia ella, incluso cuando Rose Cuarzo no se encuentra sigue buscando motivación en otros.

En la segunda temporada se revela la inminente activación del Clúster, las Crystal Gems colaboran con Peridot en la construcción de un taladro con piezas provenientes del granero. Otro aspecto relacionado con el pasado de Perla surge en el capítulo *De vuelta al granero* (temporada 2, capítulo 20, 2015) en el cual durante una conversación con su aliada temporal, Steven descubre la existencia de muchas gemas iguales a Perla usadas para seguir órdenes y ser exhibidas como un accesorio en el Homeworld. La gema verde pregunta a quién pertenece y la Crystal Gem enojada niega pertenecer a alguien más, pero la enemiga interroga: para qué fuiste creada sin recibir una respuesta y bromea con apropiarse de Perla.

El chico propone a las gemas construir robots gigantes para enfrentarse en la *Robolimpiadas* para así saber quién será la encargada de construir el taladro. Después de muchos retos la competencia finaliza mostrando un empate. La gema pequeña enfurecida intenta demostrar su estatus superior usando su robot para vencer a su contrincante y ser alabada por el grupo más ellos felicitan a su compañera por su forma de luchar. Peridot grita buscando ser escuchada por haber vencido a su rival y el chico resalta a Perla como una aliada no común pues se auto entrenó para luchar, adquiriendo habilidades para combatir, aprendió sobre construcción junto con esforzarse cada día buscando ser mejor.

El tema abordado en las acciones del capítulo es la percepción del valor entregado a cada gema según el entorno donde habite. Se presenta un contraste entre la visión del Homeworld expuesta verbalmente por Peridot normalizando la existencia funcionalista tratando en forma despectiva a Perla, recalcando su utilidad ornamental, por eso no entiende como la gema sea una experta en ingeniería. Las Crystal Gems ya fueron capaces de cuestionar las creencias anteriores desligándose del sentido común de su planeta por su existencia en la Tierra, debido a eso su equipo la considera una gema libre y capacitada para construir la nave.

Esto se repite cuando Steven se impresiona por conocer la existencia de muchas Perlas, pero no cambia su percepción sobre su compañera ya que no cuestiona sus habilidades de combate, construcción y su esfuerzo diario por aprender para ser mejor. Un ejemplo aparece en el momento previo a la discusión cuando el chico dibujó un taladro en la pizarra y Perla elogia su ilustración, pero le explica que crearán otro diseño del vehículo. Demostrando un pequeño cambio de actitud en su interés por tener una representación más realista de distintas cosas o situaciones.

Con el transcurso de la serie Perla vivirá un proceso apoyada por Steven mostrando la importancia de equilibrar su necesidad de luchar motivada buscando proteger a los demás y por ella misma. Esto guiará su camino de aprendizaje para valorarse a sí misma comprendiendo no ser inferior ya que tiene grandes habilidades junto a los conocimientos desarrollados en forma autodidacta por su esfuerzo y dedicación.

Su proceso de cambio individual experimentará momentos donde enfrentará remembranzas de su pasado teniendo la posibilidad de dejarlo atrás como se muestra en *El último en salir de Ciudad playa* (temporada 4, capítulo 6, 2016). Una noche Amatista, Steven y Perla decíden entrar a la Gran Rosquilla buscando unos bocadillos para su viaje con destino a un show de rock. Su compañera felicita a Perla por vestirse en forma "cool" utilizando una chaqueta negra con parche amarillo de forma circular junto a unos jeans y Steven la mira sorprendido por intentar beber jugo de manzana. Una mujer con pelo rosa ingresa llamando la atención del grupo, la gema nerviosa intenta acercarse para hablar sobre su cabello teñido, pero deja caer unos vasos en el piso.

Mientras el Dondai supremo avanza por la carretera, en su interior Steven menciona la similitud entre Rose y la chica misteriosa, pero Perla nerviosa afirma haber dejado el pasado atrás buscando ser una nueva gema interesada por socializar con los humanos. Inesperadamente la chica aparece conduciendo su motocicleta cerca del auto, la conductora se sonroja por haber recibido una sonrisa y los vehículos terminan separados por un semáforo en rojo. Ellos avanzan por la orilla de la carretera tras eludir a la policía y notar la falta de gasolina en el vehículo, la gema muestra su frustración quitándose la ropa por no hacer algo diferente. Steven escucha música proveniente del evento, Perla aprovecha para acercarse a la chica misteriosa y obtener su número telefónico.

Es importante comprender la relevancia del episodio descrito anteriormente ya que se enfoca en mostrar concretamente como Perla hace un intento cambiar su comportamiento. Por eso actúa en forma rebelde eludiendo su constante preocupación por cumplir las reglas y desafía su desinterés por dialogar con los humanos eligiendo voluntariamente acercarse a la chica misteriosa logrando conseguir su número de celular. Por su parte Steven asume una nueva postura siendo la voz de la razón señalando las similitudes físicas entre la humana vista durante su compra en La Gran Rosquilla con Rose Cuarzo o al preguntar cuál es el plan de su compañera para escapar de la policía. Este comportamiento se repitió en los capítulos *La carrera espacial* (temporada 1, capítulo 28, 2014) o *Jura ante la espada* (temporada 2, capítulo 6, 2015) donde ayuda a su compañera para revelarle como está actuando sin pensar en las consecuencias.

Pilar Mallor Plou habla sobre la dependencia emocional en las mujeres mencionando que, sin duda alguna, lo más difícil y complicado, será el reencuentro de la mujer consigo misma. Es importante recordar que Perla tuvo grandes dificultades para dejar atrás su fuerte vínculo dependiente hacia Rose Cuarzo, algo que logró trabajar de a poco tras lo sucedido en el capítulo *Mr. Greg* (temporada 3, capítulo 8, 2016) donde ella tiene una conversación con el padre del niño y ambos son capaces de hablar sobre sus emociones por la otra gema. Asimismo, la autora explica que al superar el periodo de dependencia el premio consistirá en tener las riendas, las llaves y el mando de su vida, entre sus manos. "Ser la dueña de una misma". También en *Jura ante la espada* se ve un aspecto que Saúl Flórez Mesa explica sobre el duelo pues a lo largo del proceso tienen lugar varias formas de negación. Entre ellas un comportamiento o reacción como si la muerte no hubiera ocurrido, tal como ocurre cuando ella trata al muchacho como si fuera su madre.

El pasado comienza a ser reconstruido ante Steven Universe revelando la antigua guerra librada entre las Crystal Gems versus otras gemas originarias del Homeworld debido a la existencia de una colonia en la Tierra perteneciente a Diamante Rosa. La madre del chico perteneció a la regente por ser un cuarzo rosado, pero fue capaz de destruirla. Esta información aparece en los comentarios de Jaspe, la repentina aparición de cinco rubíes buscando a su gema superior y la liberación accidental de una vieja aliada llamada Bismuto.

Las revelaciones afectan individualmente al muchacho y Perla en el capítulo *De regreso a la luna* (temporada 3, capítulo 24, 2016) cuando se nombra a Diamante Rosa o como la gema se altera tapando sus labios con ambas manos cuando se relata el asesinato cometido por Rose Cuarzo. Este gesto se repite en los episodios de la cuarta temporada: *Los sueños de Steven* (temporada 4, capítulo 11, 2017), *Yo soy mi mamá* (temporada 4, capítulo 25, 2017) y *Gemacaciones* (quinta temporada, capítulo 6, 2017).

Asimismo, en *No puedo regresar* (temporada 5, capítulo 17, 2018) él descansa en la base lunar y tiene un sueño protagonizado por Diamante Rosa ante las Diamantes por la colonia en la Tierra. Inmediatamente la regente queda sola, Perla ingresa cargando la espada de Rose y sacándola de la funda. La situación continúa desarrollándose en *Una sola rosa pálida* (temporada 5, capítulo 18, 2018) tras despertar regresa hacia la Tierra y se dirige a la casa donde Steven pregunta directamente a Perla si destruyó a Diamante Rosa. Ella tapa su boca automáticamente usando sus manos, pero rápidamente intenta destaparla. Amatista interrumpe la conversación mostrando una carcasa para el celular y la interrogada entra en su habitación tras guardar su teléfono en su gema. Más tarde el niño recibe un mensaje de Perla con el texto: "Quiero decírtelo, pero no puedo", él corre hasta la casa, ella niega haberlo enviado admitiendo no poder decirle ciertas cosas y le sugiere ingresar a la gema en su cabeza para encontrar el celular.

El chico pide ayuda a una Perla encargada de guardar cosas sin tener éxito en la búsqueda, la gema infiere que una Perla desastrosa podría haberlo tomado y él insiste en conocerla. Él presencia un antiguo recuerdo con una Perla más joven llorando desconsolada por el embarazo de Rose Cuarzo, él intenta calmarla y preguntarle por el celular. Ella responde: "creo que sé dónde está, probablemente donde perdí todo lo demás" y el muchacho continúa su andanza por la mente de Perla. Aparece en un campo de batalla utilizado por las Crystal Gems y las gemas del Homeworld hasta encontrarse frente a Perla anonadada preguntando: "¿por qué lo hice?" pero él no comprende la situación; ella activa su gema para llevarlo hacia otro recuerdo. Él es testigo de la destrucción de Diamante Rosa, Rose Cuarzo deja caer lágrimas mientras levanta su cabeza aparece una gema ovalada blanca en su frente y muestra una gema rosa confundiendo al niño. Recuerdos dolorosos encapsulados como una matrioska, usando recursos narrativos similares a las usadas en *Inception* de Christopher Nolan.

Ella nuevamente activa su gema ubicando al muchacho en el Palanquín Rosa, él escucha la conversación entre Perla y Rose Cuarzo. La gema advierte como su plan podría cambiar sus vidas, Rose emocionada desea entregarle la Tierra a las Crystal Gems para vivir siendo libre junto a su compañera y los humanos. Ambas se abrazan. Rose se transforma en Diamante Rosa, entrega una flor a Perla y convierte la arena en trozos de cristal. Su asistente expresa su incomodidad terminado su frase agregando "mi diamante" y la regente responde: "Pronto solo será Rose". Finalmente Diamante Rosa entrega su última orden pidiendo no hablar nuevamente sobre lo ocurrido y toma las manos de Perla para tapar su boca. La regente se aleja, Steven recibe una disculpa mientras toma su celular y escribe un mensaje logrando regresar a la casa. El niño afirma conocer la verdad y Perla destapando su boca dice: "quería decírtelo desde hace tiempo".

El viaje realizado por Steven hacia el interior de Perla es relevante para la historia pues esclarece un hecho importante en la trama mostrando como fue realmente la muerte de Diamante Rosa. Y la gema revela el funcionamiento de su conciencia en relación a las emociones más profundas reprimidas en sí misma. En la capa superficial se encuentra una primera Perla calmada cuya labor consiste en organizar objetos alfabéticamente o basado en el significado entregado por ella. Sin embargo, su rechazo ante el caos personal torna evidente cuando demuestra su preocupación por que otra Perla haya tomado el celular pues afirma haberlas trasladado a otro espacio porque no son útiles para organizar y demuestra su incomodidad ante la insistencia del chico por adentrarse hacia una zona más desastrosa.

Su temor al pasado es profundizado ya que gira en torno a su fragilidad emocional demostrada en la segunda Perla llorando desconsolada por la decisión irrevocable de Rose Cuarzo para tener un hijo. Ella expresa el dolor por no tener a su líder permanentemente sintiéndose incapaz de sostener su propia existencia sin su amada. Esta versión de sí misma guía al muchacho para seguir con la búsqueda dejando ver su arrepentimiento personal pues recuerda ese momento como el lugar donde perdió todo lo demás. Él se traslada hacia un recuerdo en el campo de batalla encontrando a Perla shockeada, ella comenta haber ganado una batalla y presenció una luz brillante proveniente del cielo. La sensación de arrepentimiento se hace patente en el cuestionamiento por una decisión del pasado. El chico se adentra en el momento exacto viendo a Rose Cuarzo destruyendo a la Diamante. Sin embargo, la rebelde llora deja ver una gema blanca ovalada en su frente y nuevamente él conoce un último recuerdo marcado por el diálogo entre la Diamante con su leal gema revelando la verdad.

Gracias a la profundización realizada por el chico se puede comprender por qué Perla demuestra un comportamiento perfecto, enfatizando en su dedicación por tener un entorno controlado y preocuparse de analizar constantemente su comportamiento. Esto se origina porque ella se reprime constantemente a sí misma para evitar recordar los eventos más traumáticos en su vida ni lidiar con ellos y explica sus reacciones cuando se habla sobre Diamante Rosa o se toca él toma del asesinato. No obstante, su disposición para abrirse hacia el chico permitiéndole conocer su mundo interior demuestra su gran crecimiento personal, pero aún debe resolver situaciones como perdonarse individualmente por las decisiones o acciones hechas en el pasado.

La consecuencia generada por la gran revelación de Perla tiene consecuencias en *Ahora nos estamos separando* (temporada quinta, capítulo 19, 2018) cuando las Crystal Gems junto a Steven conversan sobre la verdadera identidad de Rose Cuarzo. Repentinamente Garnet se divide en Zafiro enojada por no haber predicho el engaño y Rubí intenta hablar con su pareja sin tener éxito. Inmediatamente Steven con Perla se transportan hacia la fuente de Rose encontrando a la gema azul llorando en la pileta rodeada por una nevada y escuchan sus descargos emocionales. Su compañera relata su primer viaje junto con Diamante Rosa utilizando la apariencia de Rose Cuarzo y recalca la importancia de conocer a Garnet pues les otorgó determinación para cuidar la Tierra. Zafiro calmada entiende como Perla logró encariñar a su regente con el planeta y Steven entusiasmado añade: "le diste un tour rápido por la Tierra, y luego ella quiso vivir aquí contigo para siempre". Ambos comentarios hacen sonrojar a la gema.

Gracias a esto Perla sinceramente demuestra estar mucho más aliviada por haber soltado el gran peso relacionado con el pasado oculto de Rose Cuarzo, muestra su interés por escuchar a su compañera furiosa y explicar su comportamiento revelando un valioso recuerdo del pasado ante los integrantes del grupo. Ella recibe comentarios positivos relacionados con su comportamiento anterior. Si bien logra describir a su líder cómo tonta y egoísta, aún realiza gestos de incomodidad empuñando la mano y tomando su cuello con la otra.

Durante los siguientes capítulos se muestra el proceso experimentado por las demás integrantes del grupo lidiando con la revelación. Entendiendo como sus identidades estuvieron influenciadas por Rose Cuarzo y su avance individual para conocerse a sí mismos, rompiendo con las ideas construidas por su exlíder. Más adelante en *Reunificados* (temporada quinta, capítulos 23-24, 2018) se realiza la ceremonia de matrimonio entre Rubí y Zafiro. Las Crystal Gems incluyendo a Connie, Greg, León, Peridot, Lapislázuli y Bismuto hacen una fiesta en la playa celebrando la unión. Pero Diamante Azul junto a Diamante Amarillo interrumpen la situación e inician una batalla. En la confrontación el chico es aplastado por la bota de Diamante Amarillo perdiendo el conocimiento, pero despierta observando su conciencia moverse por el plano psíquico y decide hablar con las Diamantes desde su inconsciente. Mientras el niño avanza se encuentra con la conciencia de Perla enfocada en pensar: "¡No puedo rendirme! ¡Todo lo que hago, lo hago por ella! ¡Lo hago por él!" pero le recuerda: "¡No te olvides hacerlo por ti, Perla!"; inmediatamente la gema cambia su actitud mentalizando a luchar por ella misma.

Lista de episodios recomendados para entender Perla: Recuerda, lo haces por ti porque lo vales

Temporada uno
Capítulo 1: *Brillo de Gema.*
Capítulo 3: *Mochila hamburguesa.*
Capítulo 13: *Demasiados cumpleaños.*
Capítulo 16: *Steven, el espadachín.*
Capítulo 20: *El entrenador Steven.*
Capítulo 25: *La gema del espejo.*
Capítulo 28: *La carrera espacial.*
Capítulo 36: *Excursión en el portal.*
Capítulo 45: *La funda de la espada de Rose.*
Temporada dos
Capítulo 6: *Jura ante la espada.*
Capítulo 20: *De vuelta al granero.*
Temporada tres
Capítulo 8: *Mr. Greg.*
Capítulo 19: *Steven contra Amatista.*
Capítulo 24: *De regreso a la luna.*
Temporada cuatro
Capítulo 6: *El último en salir de Ciudad playa.*
Capítulo 10: *Tres gemas y un bebé.*
Capítulo 11: *Los sueños de Steven.*
Capítulo 25: *Yo soy mi mamá.*
Temporada cinco
Capítulo 6: *Gemacaciones.*
Capítulo 17: *No puedo regresar.*
Capítulo 18: *Una sola rosa pálida.*
Capítulo 19: *Ahora nos estamos separando.*
Capítulos 23-24: *Reunificados.*

Lapislázuli: Tu hogar siempre estuvo en ti

Lapislázuli es una gema medianamente alta, de contextura delgada, tez color cian y su gema de forma similar a una gota de agua se encuentra ubicada en la zona superior de la espalda. Utiliza su peinado corto azul incluyendo un flequillo que cubre su frente y tiene los ojos azul marino. Su primera vestimenta es una blusa azul decorada en el centro por un triángulo azul marino amarrada desde el cuello descubriendo su espalda con el vientre, lleva una falda larga con el diseño de triángulo invertido en la cintura y los pies descalzos.

Su personalidad está marcada fuertemente por la sensación de miedo, originada durante su estadía en el planeta Tierra y resiente fuertemente el abandono, demostrado por la imperiosa necesidad de retornar a su planeta natal. Tiene gran desconfianza expresada inicialmente hacia las Crystal Gems por su participación en la guerra e intentar separarla de Steven Universe. Asimismo, rechaza a Peridot por tomarla prisionera buscando obtener información relacionada con las gemas terrestres.

En su relación con el entorno, ella suele exponer una actitud neutral desinteresada por atacar intencionalmente a los humanos excepto en situaciones estrictamente necesarias como es mostrado en el *La Gema del océano* (temporada 1, capítulo 26, 2014). Allí utiliza una figura de agua para golpear a Greg Universe quebrando su pierna. Sin embargo, muestra una faceta protectora especialmente hacia sus seres queridos en *La gema del Espejo* (temporada 1, capítulo 25, 2014 donde interactúa con Steven Universe bromeando con ruidos durante el discurso del alcalde Dewey.

La existencia de Lapislázuli comenzó en el planeta regido por las Diamantes, sintiendo que pertenecía en la sociedad del Homeworld y viajó hacia la Tierra esperando mantenerse por una breve cantidad de tiempo durante la colonización realizada por Diamante Rosa. Pero quedó atrapada durante la época de guerra perdiendo su forma física tras un ataque hecho por una gema del tipo Bismuto. Un soldado perteneciente al ejército del Homeworld la confundió con una gema rebelde, la encerró en el espejo y la interrogó largamente para obtener información sobre las rebeldes, sin embargo, al no tener conocimiento, no pudo negar pertenecer a las Crystal Gems. Más tarde, en la evacuación para las aliadas pertenecientes a la colonia del Homeworld, fue pisoteada, resquebrajando su gema y quedando ahí abandonada por miles de años.

La primera interacción realizada por Steven y la gema ocurre en *La gema del espejo* (temporada 1, capítulo 25, 2014) cuando Perla entrega a su compañero un espejo para hacerle preguntas mejorando su aprendizaje sobre historia o cultura del Homeworld. Durante una caminata por la ciudad, el objeto se comunica mediante las imágenes captadas con el niño formando una interacción amistosa. Al anochecer el chico le sugiere hablar con sus compañeras, pero ella responde replicando un grito negativo y Garnet intenta recuperar el objeto porque no está funcionando correctamente. Él rechaza obedecer la orden escapando hacia la playa ocultándose en una roca, pregunta cómo ayudarla y extrae la gema viendo una figura caer sobre la arena.

La gema se levanta mostrando sus ojos blanquecinos, agradece por haber tenido conversaciones, se presenta como Lapislázuli y se muestra sorprendida porque una Crystal Gem decidió liberarla. Rápidamente las Crystal Gems aparecen invocando sus armas, su compañero trata de pararlas y ella enojada responde: "ustedes sabían que estaba ahí dentro y no hicieron nada. ¡Soy Lapislázuli, y ustedes nunca más me tendrán atrapada!" mientras ataca usando una mano gigante de agua. E inesperadamente separa el mar haciendo un camino, intenta escapar con su amigo sin tener éxito y se retira aconsejando no confiar en las Crystal Gems. La historia continúa en *La gema del océano* (temporada 1, capítulo 26, 2014) donde se muestra a la Ciudad Playa sin mar. Esta situación motiva a Steven y las Crystal

Gems junto a Connie, León y Greg para encontrar a Lapislázuli y rescatar el océano.

Bajo una columna gigante de agua ocurre una batalla entre las Crystal Gems y unos clones de agua, Steven propone conversar yendo hasta la punta de la estructura acuática ubicada en el espacio. Ella admite no querer ser amiga de las Crystal Gems pues solo se preocupan por la Tierra olvidando a las otras gemas y explica haber usado el océano porque no puede usar su gema para regresar a casa. El chico arregla su gema usando la saliva curativa, la gema recupera sus ojos normales mientras crea unas alas desde su gema y él sorprendido recibe un agradecimiento seguido por una despedida de su amiga volando por el espacio.

El grupo continúa realizando su vida cotidiana tranquilamente en la Tierra, Steven recuerda a su amiga durante *El mensaje* (temporada 1, capítulo 49, 2015) mientras interpreta la canción *Lapislázuli* representando su relación con las siguientes frases: *Atrapada en un espejo Sin poder escapar, irse muy lejos de aquí, para volver a su hogar. Tal vez puedas pensar que es una criminal, pero su amistad fue subliminal, Lapislázuli, saliste del fondo del mar, Lapislázuli, molesta estabas y me diste tu amistad.* Más tarde el grupo logra decodificar unas vibraciones recibidas usando un televisor viendo un mensaje protagonizado por una asustada Lapislázuli advirtiendo la inminente llegada de una gema porque tiene información sobre él y suplica no confrontarlas pues su tecnología es poderosa, generando una devastación. Steven menciona: "Lápis, se oía muy infeliz".

Este encuentro con Lapislázuli tiene gran importancia para el chico pues interactúa con una gema no perteneciente a su entorno cercano, logrando encariñarse rápidamente y empatizar con las sensaciones experimentadas. Por esto elige desobedecer a las figuras de autoridad para liberarla, la defiende y ofrece reparar la gema ayudándole a volar libremente hacia casa. Asimismo, manifiesta su compañerismo durante la interpretación destacando como su amiga aceptó confiar en él pese a sus malas experiencias y muestra preocupación por las emociones expuestas por su amiga durante el mensaje.

Por su parte, la gema se comunica con una persona del exterior recibiendo comentarios positivos sobre su comportamiento, recibe ayuda para ser liberada y termina sorprendida por haber confiado en un integrante de las Crystal Gems. No obstante, expone abiertamente su desprecio hacia el grupo rebelde rechazando mostrarles su capacidad para comunicarse por medio de imágenes reflejadas, las encara porque tuvieron un largo periodo de tiempo para haberla liberado y crítica su preocupación por la Tierra sin considerar a otras gemas. Además, demuestra explícitamente su ferviente necesidad por regresar a su hogar logrando retornar. Pero en el mensaje enviado considera alertar a su amigo pese a sentir aversión hacia las compañeras revolucionarias y deja entrever no haberse acostumbrado ya que el Homeworld sufrió un gran cambio durante su ausencia.

Ambos tienen breves encuentros en *El retorno* (temporada 1, capítulo 51, 2015) y *Escape de la prisión* (temporada 1, capítulo 52, 2015) pues ella admite haber entregado información al Homeworld sin comentar sobre la existencia de él ni sus poderes; pero termina siendo aprisionada en una nave pilotada por Peridot y liderada por Jaspe. Durante una conversación él ofrece liberarla, la gema rechaza su proposición recomendando entregarse siendo obediente porque serían más amables pero su amigo elige seguir luchando contra sus enemigas. Tras la victoria de Garnet sobre su rival, el vehículo espacial cae en la playa, Lapislázuli emerge buscando escapar y Jaspe la atrapa para convencerla de fusionarse mientras el chico hace lo posible para que ella no acepte la propuesta. Inevitablemente surge Malaquita siendo aprisionada con unas cadenas y arrastrada hacia el fondo del océano mientras Lapislázuli exclama: "ya me cansé de ser prisionera de todos, ¡ahora tú eres mi prisionera! ¡y nunca te voy a dejar escapar! ¡Quedémonos en este miserable planeta! ¡Juntas!". Y Garnet asegura que ambas son muy malas para la otra.

Durante el lapsus de tiempo descrito anteriormente, ambos personajes viven una separación física e individualmente experimentan ciertas vivencias donde construyen una postura reforzadas por su entorno cercano o pasado reciente. Estas diferencias se hacen notorias durante un diálogo en *Escape de Prisión* (temporada 1, capítulo 52, 2015) pues Steven ha crecido sintiéndose perteneciente a un equipo dispuesto a defender la Tierra ya que se han vinculado emocionalmente. E individualmente comprende la importancia de luchar contra las enemigas conociendo su gran poder destructivo y entendiendo porque no debe acatar sus órdenes, ni actuar de forma sumisa o temiendo a las represalias. En cambio, Lapislázuli estuvo encerrada sin poder comunicarse con un entorno, sin aprender la importancia de rebelarse y su breve retorno a su hogar sin tener la posibilidad para recuperarse del impacto emocional experimentado en el pasado. Por eso acepta volverse prisionera en forma voluntaria buscando tener tranquilidad, adoptando una postura dispuesta a evitar los conflictos, actuando en forma sumisa y temerosa. Su comportamiento pasivo generado ante la situación violenta puede resultar contraproducentes según la descripción hecha en el texto *La violencia y el trauma emociona*l de Arline Prigoff muchas de las víctimas tratan de evitar sus sentimientos sobre el pasado desgraciado, también pueden perder la capacidad de observar y reflexionar la realidad común y corriente.

Días más tarde, durante el sueño mostrado en Derríbalo *Chile* (segunda temporada, capítulo 10, 2015) él establece una nueva interacción con su amiga. El chico observa como ella sostiene unas cadenas forcejeando contra Jaspe buscando controlarla y él intenta ayudarla siendo rechazado. La gema agotada pide dejarla seguir sacrificándose por él negando su propia identidad pues ahora es Malaquita. Durante una batalla mostrada en *La isla Sandía* (temporada 3, capítulo 1,2016) Alexandrita ayudada por las sandías de Steven vence a Malaquita consiguiendo separar Lapislázuli y Jaspe tras un largo periodo fusionadas.

El chico demuestra su constante preocupación por la unión malsana generada por su amiga con Jaspe, por ello la busca utilizando los sueños, intenta conversar para ofrecerle su ayuda y motivarla para liberarse. Sin embargo, Lápis tiene asumida una postura pasiva, pero decide vehiculizar su rabia por haber sido aprisionada tomando un rol de capturadora, actuando violentamente contra Jaspe replicando la violencia experimentada en el pasado. Pero termina sacrificándose a sí misma repitiendo su costumbre de vivir agotada pues siempre está luchando en solitario contra alguien más. En esta vinculación experimenta problemas para entender cuál es su propia identidad descuidándose a sí misma ya que está siendo absorbida por su contraparte y termina atrapada en la identidad de Malaquita.

La sensación de preocupación experimentada por el chico reaparece durante *El viejo mundo de siempre* (temporada 3, capítulo 3, 2016) mientras observa Lapislázuli inconsciente. Recuerda haberla visto luchar muy duro para no liberar a Malaquita, a lo que Garnet advierte que tardará mucho tiempo en recuperarse, tanto física como emocionalmente. En la noche Lápis despierta deseosa por irse ya que no siente apego por el planeta ni a las Crystal Gems, él quiere compartir más tiempo juntos y siente ser la única persona capaz de entenderla cuando algo malo ocurre. La gema corresponde al sentimiento, le agradece y nuevamente se va. Sin embargo, a la mañana siguiente está sentada en el silo mirando el cielo. Intentó irse, pero sintió no tener un lugar donde retornar. El chico señala no estar obligándola a convivir con las Crystal Gems pues hay más espacios y sugiere recorrer diversas zonas del planeta para elegir donde quedarse.

Ambos sobrevuelan los límites del país, la Ciudad Imperio, Jersey y las nubes mientras la gema se distrae del estrés vivido previamente, al jugar alegremente con Steven. Cuando pasan sobre la Distorsión Galáctica, ella queda temporalmente ensimismada, casi dejando caer a su amigo. Se disculpa por su error y ella aterriza en la superficie para relatar su dolorosa vivencia pasada explicando porque siempre deseó regresar a casa. Ellos vuelan hacia el granero, la gema confiesa sentirse atrapada sin importar a donde vaya. Su amigo le recuerda ya no seguir atrapada en el espejo ni el mar y resalta como la Tierra cambia constantemente, ella podría cambiar su opinión sobre no sentirse acogida en el planeta. Cuando aterrizan, Lapislázuli decide quedarse para conocer más sobre el lugar, pero rechaza compartir con Peridot.

Las tensiones experimentadas por ambas gemas continúan desarrollándose en *Compañeros de granero* (temporada 3, capítulo 4, 2016) cuando Steven intenta colaborar usando un plumón para dividir el granero en dos espacios. La gema cian, molesta, rechaza convivir pues fue utilizada anteriormente por ella. Peridot asume su culpabilidad, más asegura haber cambiado y el chico junto a la gema verde intentan mejorar la convivencia. Peridot buscando su aprobación, le regala su objeto más valioso, una grabadora, pero que Lápis destruye. El chico pregunta: "Lápis... ¿Por qué es tan mala con Peridot?", su amiga contesta: "¿Por qué confías en ella?" y justifica su confianza porque la conoce e indica como la gema no se muestra dispuesta a conocerla. Sorpresivamente aparece una nave, haciéndolos entrar y salir del granero asustados, Lápis golpea el vehículo espacial y llama a Peridot para saber si está bien. Ella emocionada muestra una gran sonrisa mientras su compañera desvía la mirada avergonzada.

La relación vivida con Jaspe se retoma en *Solos en el mar* (temporada 3, capítulo 15, 2016). Steven navega con Lapislázuli para ayudarla a superar su rechazo hacia el océano, utilizando para ello un barco rentado por Greg Universe, pero durante el trayecto este experimenta una falla en su motor. Bajo un cielo gris Lápis admite que no para de pensar en Malaquita recordando su lucha contra Jaspe para mantenerse unidas, porque la extraña ya que estuvieron juntas por mucho tiempo y se percibe a sí misma como alguien horrible. Comienza a llover cuando Jaspe surge tras haberlos seguido, golpea a Steven apartándolo y se arrodilla tomando la mano de ella pidiendo unirse nuevamente porque Malaquita era más fuerte. Lápis acepta haber tenido una mala experiencia siendo terrible con su excompañera, su enemiga asegura ser la única capaz de controlar su poder, pero Lápis se niega pues no desea sentirse igual como su contrincante y la obliga a irse usando un puño de agua logrando lanzarla por los aires.

En las situaciones relatadas Steven actúa como un apoyo y presencia como su amiga está cambiando su identidad a nivel personal viéndose reflejado en dos aspectos en su vida. Por un lado, ella experimenta una inquietud en relación a su sentido de pertenencia, pues está conflictuada por no sentirse perteneciente a la Tierra por su pasado con las Crystal Gems. Ni a su planeta natal por temor a las eventuales castigos ejercidos por la sociedad justificados por haberse fusionado con una gema de otro tipo, rango y clase. Sin embargo, durante el recorrido a través de las diversas zonas del planeta, tiene una conversación donde entiende su propia capacidad de cambiar su opinión de la Tierra, permitiéndose a sí misma tener una oportunidad para enfrentar sus temores del pasado y vivir un proceso de adaptación no lineal durante su estancia en el planeta.

Gracias a la gran amistad con el chico, basada en la confianza y marcada por la comprensión existente entre ellos, la gema comienza un proceso de aprendizaje en torno a las relaciones construyendo seguridad en sí misma y aprendiendo a poner límites sanos en su vínculo más cercano. Por eso tiene un gran gesto de honestidad emocional cuando reconoce haber experimentado una relación tóxica estando unida con Jaspe siendo Malaquita, tomando un rol marcado por un sometimiento voluntario, comportamiento pasivo-agresivo y autodestructivo buscando mantener el control violentamente. Y pone un límite sano rechazando la petición de Jaspe, motivada por sentir un gran poder aceptar tener una relación violenta pues siente en sí misma la fuerza para soportar los actos violentos de la iracunda Lápis sin considerar el daño generado en las dos.

En contraste la interacción de Lapislázuli con Peridot se desarrolla en forma honesta pues la gema verde demuestra haber cambiado disculpándose por haberla tratado mal, comprende la sensación de confusión experimentada por su nueva compañera de granero y ofrece directamente su apoyo en la transición emocional vivida en el proceso de adaptación a la Tierra. Gracias a esto ambas demuestran su pertenencia con el granero utilizándolo como su nuevo hogar como se muestra en *Beta* (temporada 3, capítulo 22, 2016) donde ambas disfrutan viendo la misma serie *Campamento, amor y pinos* e instalan obras de arte llamadas *Meepmorp* (una referencia al arte Dadá). O ambas comparten el interés por cultivar la Tierra mostrado en *Cosecha de gemas* (cuarta temporada, capítulos 8-9, 2016) cuando ambas desean cultivar vegetales animados. En el mismo lugar muestra haber mejorado su relación con las Crystal Gems colaborando en la recolección de vegetales con Garnet, carga una lápida disculpándose por el matrimonio y comparte sobre la mesa dialogando alegremente con las Crystal Gems. Y durante Aventuras *en la distorsión de la luz* (cuarta temporada, capítulo 12, 2017) Garnet solicita a las gemas proteger la Ciudad Playa si ocurre cualquier problema, a lo que Lápis responde sintiente con la cabeza.

Lapislázuli demuestra haber logrado construir una relación de confianza con Peridot pues comparten tranquilamente en su hogar siendo capaces de cuidar a Calabaza (un vegetal mágico creado por Steven y el tercer integrante de la familia construida por ambas gemas), tener actividades compartidas como dedicarse a cultivar la Tierra e individualmente son capaces de expresar sus identidades libremente. Gracias a eso Lápis pudo construir el *Meepmorp* utilizando un televisor decorado con dos espejos donde aparece Percy diciendo: "es solo que me siento atrapado", repitiéndose una y otra vez. Asimismo, su relación con las Crystal Gems ha evolucionado positivamente pues muestra una buena disposición para compartir estando en el mismo lugar, dialogar tranquilamente y cooperar durante la preparación de la cena humana buscando ser aceptadas por Andy DeMayo.

Sin embargo, aún siente gran inseguridad por las situaciones vinculadas con el Homeworld mostradas en *Un cuarto para Rubí* (temporada 4, capítulo 20, 2017). En una conversación con Steven y

Peridot reconoce estar frustrada por demorarse mucho tiempo en estar cómoda a diferencia de la actitud mostrada por la Rubí Pancita durante su estancia en la Tierra. La comparación realizada con la gema demuestra su incapacidad para sentirse completamente segura de sí misma. Asimismo, su relación con Peridot será afectada por un hecho capaz de reactivar un gran temor existente en el interior de Lapislázuli expuesto en *Elevando el granero* (temporada 5, capítulo 7, 2017) pues Steven por una video llamada relata haber escapado del juicio realizado por las Diamantes. El chico viaja hacia el granero presenciando un diálogo entre Lapislázuli con Peridot, él intenta calmar la conversación y su amiga seriamente comenta: "no permitiré quedarme atrapada en otra guerra". Peridot elige no irse para luchar, la gema cian encierra el granero en la burbuja y escapa cargando su hogar, dejando a su compañera y a Calabaza.

Más tarde el chico logra ubicar a su compañera gracias a la observación telescópica realizada por Ronaldo en dirección a la luna durante *No puedo regresar* (temporada 5, capítulo 17, 2018) viaja hasta la Base Lunar con ayuda de León. Él alegremente abraza a su amiga preguntando porque está cerca del planeta, ella activa el orbe proyectando una secuencia protagonizada por las Crystal Gems en la playa admitiendo sentirse sola pero no puede regresar por sentirse avergonzada por su cobardía. Inmediatamente canta *Esa costa hoy* comentando haber descubierto no estar sola por su amistad con Steven junto a las Crystal Gems, pero en su interior reaparecieron los miedos del pasado impidiendo seguir disfrutando su nueva vida en la Tierra. Ambos vuelven a conversar mientras él cae dormido y despierta mencionado haber visto a Diamante Amarillo, Lápis huye nuevamente abandonando la luna. Esta constante huida puede ser justificada por la existencia de un trauma psicológico definido por María Teresa San Miguel en *Apego, trauma y violencia: comprendiendo las tendencias destructivas desde la perspectiva de la teoría del apego* por implicar sentimientos intensos de miedo, desprotección y sensación de aniquilación, los cuales desorganizan el funcionamiento mental y privan a las personas de una serie de sensaciones tranquilizadoras como serían las de tener control sobre lo que les acontece, sentirse en contacto emocional con los otros o sentir que las relaciones tienen un sentido.

La gema experimenta un conflicto personal ya que actúa motivada por su gran temor a verse involucrada en una guerra actuando temerosa y escapando para evitar defender la Tierra luchando directamente contra las poderosas Diamantes repitiendo un patrón mostrado desde su primera aparición. Sin embargo, termina resguardada en la Base Lunar mirando a sus compañeras con el orbe e interpretando la canción *Esa costa hoy* expresa lo siguiente: *Quiero tal vez sentarme en esa costa hoy, sola tal vez no estoy. Veo aquí el color borrarse, luz virtuosa escaparse, Sombras de mi miedo alzarse, todo se repite y yo. Sé que residen en mis mares, terrores implacables, por eso tu audacia sí que me intrigó, quiero tal vez reírme en esa costa hoy. Sola tal vez no estoy.* Demostrando haber establecido un nexo emocional con el grupo y sentir la Tierra como su hogar, sin embargo, la sensación de temor arraigada profundamente en sí misma reaparece impidiéndole disfrutar plenamente de las relaciones establecidas en su presente. Finalmente decide afrontar con valentía su miedo reapareciendo durante una batalla entre las Crystal Gems versus las Diamantes Azul y Amarillo en el capítulo *Reunificados* (temporada 5, capítulos 23-24, 2018) Garnet se aferra en la pierna de Azul permitiendo a Lapislázuli atacar lanzando el granero. Peridot junto a Steven corren felices por verla, la gema comenta: "y si van a castigarme como una Crystal Gem entonces podría ser una ¿O no? ¿Tienen espacio para una más?". La Diamante se levanta y ataca nuevamente proyectando su aura triste afectando a sus enemigos excepto por Lapislázuli resistiendo por haberse sentido peor y crea unas cadenas logrando retenerla permitiendo a sus compañeras realizar un ataque directo a su rival.

Lista de episodios recomendados para entender Lapislázuli: Tu hogar siempre estuvo en ti

Temporada uno
Capítulo 25: *La gema del Espejo.*
Capítulo 26: *La Gema del Océano.*
Capítulo 49: *El mensaje.*
Capítulo 51: *El retorno.*
Capítulo 52: *Escape de la prisión.*
Temporada dos
Capítulo 10: *Derríbalo Chile.*
Temporada tres
Capítulo 1: *La isla Sandía.*
Capítulo 3: *El viejo mundo de siempre.*
Capítulo 4: *Compañeros de granero.*
Capítulo 15: *Solos en el mar.*
Capítulo 22: *Beta.*
Temporada cuatro
Capítulos 8-9: *Cosecha de gemas.*
Capítulo 12: *Aventuras en la distorsión de la luz.*
Capítulo 20: *Un cuarto para Rubí.*
Temporada cinco
Capítulo 7: *Elevando el granero.*
Capítulo 17: *No puedo regresar.*
Capítulos 23-24: *Reunificados.*

Peridot: La extraterrestre que aprendió sobre la paz y el amor en la Tierra

Peridot es una gema con estatura variante pues se presenta usando prótesis robóticas dándole una mediana altura, pero adquiere un tamaño mucho más bajo cuando las pierde en forma permanente. Su apariencia física posee una contextura delgada, tez verde lima, ojos color verde y una cabellera amarilla peinada en forma triangular. En su frente tiene una gema triangular verde con bordes redondeados, un visor transparente con tono amarillo cubre desde su frente hasta los ojos y su traje contiene distintos tonos verdes decorados en el centro por un diamante amarillo.

En un comienzo su personalidad estaba marcada por una apariencia fría, indolente y despiadada, preocupada únicamente por ejecutar ciertas acciones, buscando cumplir la misión asignada en la Tierra y volver hacia el Homeworld para conocer la siguiente. Se caracteriza por demostrar su gran inteligencia, pensamiento lógico-analítico, conocimiento científico, habilidad en construcciones mecánicas y una gran devoción por Diamante Amarillo.

Inicialmente actúa en forma arrogante mostrando una gran seguridad en sí misma porque se considera superior a las Crystal Gems pues maneja el conocimiento sobre la avanzada tecnología del Homeworld. Sin embargo, durante su estancia en el granero conviviendo junto a las enemigas aprende sobre este nuevo mundo y su curiosidad por los objetos comunes denominándolos según su función o comportamiento como se muestra en *Demasiado lejos* (temporada 2, capítulo 21, 2015). Ella se refiere a los ojos diciendo esferas de visión o a los pies como los conectores de gravedad.

Si bien no existe mucha información sobre el pasado de ella, se conoce su código de identificación: faceta-2F5L, corte-5XG. Se puede localizar temporalmente su origen en el Homeworld durante la segunda. Este personaje afirma ser parte de una generación de gemas nueva sin poderes compensados con aparatos tecnológicos y pertenece a la corte de Diamante amarillo.

La primera aparición de Peridot ocurre en los últimos momentos de *Excursión en el portal* (temporada 1, capitulo 36, 2015) en la Distorsión Galáctica. Unos robots reparan un portal y ella revisa información de la misión mientras las Crystal Gems junto a Steven la observan comentar su nombre. Su segunda aparición ocurre en *Ataque de las Canicas* (primera temporada, capítulo 44, 2015) donde la desconocida continúa su recorrido en la superficie terrestre con las máquinas esféricas logrando bajar hasta un subsuelo el Kindergarden y conectarse al control principal mostrando su rostro por una pantalla. Ocultas, las Crystal Gems intentan atacar, el chico dialoga relajadamente con su enemiga presentándose como Steven y la gema decide reportar la existencia de gemas en la Tierra. Al final de la primera temporada regresa para enfrentarse a sus enemigas sin tener éxito y termina siendo perseguida incesantemente mientras busca una forma de comunicarse con su planeta natal.

Steven interactúa con esta gema en *Capturada y liberada* (temporada 2, capítulo 18, 2015). Durante una noche, Peridot desesperada rapta al chico, llevándolo hacia la Distorsión Galáctica. Pide reparar un portal para regresar a casa y asustada expresa su temor a morir porque no quedará rastro. Las Crystal Gems súbitamente interrumpen la conversación, ella pierde su forma física extraviando sus prótesis robóticas para siempre, pero Steven logra recoger un pie. De regreso en casa, él continúa pensando en las palabras dichas por la gema antes del ataque y entra en el Cuarto de fundición para liberarla. Se enternece por su baja estatura, ella lo golpea infantilmente por decirle linda e intenta escapar terminando encerrada en el baño usado por Steven. A la mañana siguiente él entrega la única extensión logrando entrar a la habitación para lavarse los dientes. La gema señala diversos objetos preguntando si son armas, él responde negativamente señalando su desinterés por lastimarla y ofrece su ayuda con el Clúster.

Ambos retoman su comunicación en *Bajo la lluvia* (temporada 2, capítulo 19, 2015) ya que las Crystal Gems deciden investigar por su propia cuenta, encargando a su compañero vigilar a su invitada e inmediatamente comienza a llover fuertemente. Él cocina una sopa ofreciendo a la gema salir del baño, más escapa asustada por un trueno. Ambos conversan sobre la lluvia, ella avergonzada menciona no conocer nada sin consultar su pantalla generada por sus extensiones y enfrentando su temor sale hacia la terraza experimentando su primer contacto con la lluvia gracias al terrícola. Más tarde la gema agradece por la explicación entregada demostrando su confianza con él viajando hacia Kindergarden para contarle su misión de reactivar una geoarma llamada Clúster capaz de destruir la Tierra. Tras una batalla contra los experimentos hechos con gemas, Peridot acepta trabajar con las Crystal Gems y construir un aparato con el fin de detener el arma.

En ese momento del relato de Peridot visita la Tierra quedándose atrapada en solitario sin poder utilizar una nave ni comunicarse con el Homeworld tras varios intentos fallidos. Estos factores generaron una gran presión exponiendo su faceta de personalidad insegura y obligándola a tomar una medida desesperada secuestrando al terrícola porque conocía su capacidad para reparar gemas. En el periodo cuando está encerrada en el baño, se aísla demostrando desconfianza ante el entorno desconocido y percibiendo cada elemento nuevo como un arma. Sumando a la presión ante la inminente destrucción del planeta y por ser acordonada por cuatro personajes en forma agresiva. También experimenta temor ya que se encuentra asustada por estar sola en el planeta. Esto se origina por la pérdida de sus extensiones pues eran útiles facilitando la obtención de información y estos objetos le permitieron por muchos años construir su identidad corporal vinculada directamente con su pertenencia a la sociedad del Homeworld. Esta conexión puede ser explicada por Lourdes Méndez en *Cuerpo e identidad: modelos sexuales, modelos estéticos, modelos identitarios* como la cultura elabora e impone a sus miembros concepciones sobre el cuerpo utilizándolos para pensar su identidad y a desarrollar una conducta social adecuada. En cambio, Steven tiene un acercamiento directo, calmado y receptivo hacia la gema porque vio a la gema asustada pese a reconocer la existencia de gemas enemigas. Por esta razón el intenta resolver la situación liberándola para terminar de escuchar la frase mencionada por ella antes de ser atacada y es honesto comentándole no estar totalmente capacitado para ayudarla a destruir el Clúster. Ambos experimentan un momento de confianza cuando cae lluvia. Peridot sin las extensiones estira su brazo mojando su mano junto a su cuerpo pese a sentirse temerosa por enfrentarse a la nueva situación. El chico hace un comentario positivo felicitándola permitiéndose a sí misma tener confianza en él para revelar una importante información sobre una misteriosa amenaza.

Si bien las gemas acordaron tener una alianza, Peridot experimenta conflictos con las integrantes del grupo otras gemas. El primero ocurre en *De Vuelta al granero* (temporada 2, capítulo 20, 2015) cuando Steven propone solucionar las diferencias entre Peridot y Perla construyendo robots gigantes y hacerlos competir; buscando decidir quién está mejor capacitada para dirigir la construcción de la nave. La gema verde obtiene la victoria, pero no recibe felicitaciones de las gemas entendiendo que su contrincante es valorado por su esfuerzo y no por el estatus del Homeworld.

El segundo ocurre en *Demasiado lejos* (temporada 2, capítulo 21, 2015) cuando Steven regala una grabadora a Peridot en compensación por botar sus extensiones corporales. La gema verbaliza su incomodidad pidiendo a Garnet separarse, pero es amarrada en una cerca. Allí habla con Steven y Amatista haciéndolos reír con su forma de mencionar los objetos o partes del cuerpo. Es liberada para desarmar un inyector en el Kindergarden acompañada por ellos, en ese lugar, la gema intenta actúa en forma cómica haciendo comentarios para ser aceptada por ambos. En un momento expresa su sorpresa por el funcionamiento de la jerarquía en las Crystal Gems ya que en el Homeworld Amatista tendría un mayor rango y destaca sus habilidades como soldado, pero bromea ofendiendo a la gema por estar defectuosa. Al comienzo Peridot no percibe haber lastimado a

Amatista hasta hacerse consciente del cambio en su comportamiento mostrado por ella. Tiene una conversación con Steven donde se muestra confundida, recibe una explicación de cómo sus palabras afectaron a su compañera y se siente mal por no poder interactuar con Amatista. Finalmente comprende la situación y se disculpa diciendo que está aprendiendo.

El último conflicto acontece en *Bitácora 7 1 5 2* (temporada 2, capítulo 26, 2016) cuando Steven escucha sin permiso las grabaciones de Peridot. Ella menciona su aprendizaje en la Tierra comprendiendo como son distintos seres vivos y formas de relacionarse con humanos o Crystal Gems. Una noche surge una conversación donde Garnet le propone fusionarse a Peridot sin conseguirlo, pero valora su esfuerzo por entenderla. Y explica la conexión amorosa de Rubí y Zafiro comprando con la pareja Percy y Pierre en la serie *Campamento, amor y pinos*.

Durante esta alianza la convivencia experimentada por los personajes está marcada por las distintas formas de relacionarse cotidianamente. Por una parte, las Crystal Gems están acostumbradas a trabajar en forma colaborativa valorando a todas las integrantes ya que poseen habilidades o conocimientos importantes. Además, se comunican entre sí exponiendo sus sentimientos y actúan libremente pues eligen su propia manera para vivir su vida. Al contrario, Peridot no puede comprender como son las relaciones construidas por las gemas revolucionarias porque aprendió a relacionarse respetando una estructura social basada en jerarquía dividida entre regentes, cada gema súbdita pertenece a un grupo inferior creada por una razón específica y competir entre sí buscando mostrar su lealtad. Gracias a esto ella experimenta un contraste, entendiendo su desconocimiento en torno a relacionarse equitativamente con otras gemas y comprender la importancia de conocer sus emociones. Asimismo, demuestra su real interés por aprender a como relacionarse entendiendo a los demás en gestos como realizar acciones como disculparse o entender porque dos gemas eligen estar unidas por amor.

El grupo finalmente consigue terminar de construir el taladro necesario para adentrarse en la corteza terrestre en *Pudo haber sido genial* (temporada 2, capítulos 24, 2016). Las gemas descansan recostadas sobre el pasto. Peridot cuestiona porque actúan tranquilamente y Steven toca el ukelele enseñándole la importancia de tener un momento para recuperarse tras haber cumplido su objetivo. Ambos cantan *Paz y Amor (en la Tierra ver)* permitiendo a la gema aceptar haberse adaptado a las locas costumbres y su gran aprecio por el ambiente pacífico en la Tierra. Más tarde viajan hacia la Base lunar, Peridot maravillada comenta sobre las regentes del Homeworld al chico mientras suben por una escalera. En la habitación encuentran la ubicación exacta del arma y la gema escondida toma el comunicador Diamante, pero el chico se da cuenta de la acción. Luego de regresar al granero durante *mensaje recibido* (temporada 2, capítulo 25, 2016) Steven junto a Peridot conversan en una camioneta. La gema comenta su admiración por Diamante Amarillo, él enojado, aprovecha para quitarle el comunicador. Al amanecer ella escapa usando su robot contra las gemas, recupera el objeto en disputa estableciendo comunicación directa con su Diamante al que entrega su reporte intentando proponer una vía para utilizar el planeta sin destruirlo. Su regente interrumpe la exposición demostrando su interés por destruir la superficie, Peridot molesta responde conocer más sobre la Tierra, gritándole tonta al terminar la comunicación. Asustada, las Crystal Gems se acercan para felicitarla y Steven la abraza diciendo: "ahora eres una Crystal Gem".

En este punto la relación construida por Steven y Peridot experimenta un momento de conexión importante porque interpretan *Paz y Amor (en la Tierra ver)* colaborativamente, él toca el ukelele mientras la gema interpreta una letra expresando abiertamente su aprecio por la sensación de paz junto a la sensación de pertenencia vivida en la Tierra. No obstante, surge una tensión importante entre sí ya que su amiga pareciera haber olvidado su aprendizaje pues toma el comunicador evitando ser observada logrando establecer un diálogo con Diamante Amarillo utilizando un lenguaje respetuoso hacia su líder. En ese momento él actúa de forma inusual, demostrando ante sus compañeras estar decepcionado por haber entregado su confianza, pues tenía esperanzas de haberla ayudado para cambiar su opinión sobre la Tierra, considerándola su nuevo hogar y apoyando lealmente durante su proceso de aprendizaje enfocando en relacionarse con el grupo. Queda sorprendido cuando la gema cuestiona su paradigma anterior intentando proteger el planeta sugiriendo detener el Clúster, proponiendo métodos para aprovechar los recursos sin acabar con la vida existente e insulta directamente a su amada regente. En ese momento el chico se disculpa, expone su afecto abrazándola y reafirma sentir confianza con su nueva compañera.

Por la vivencia anterior se construye una forma de comunicación mucho más sincera mostrada durante su descenso en el subsuelo en *Taladro gema* (temporada 3, capítulo 2, 2016). Ellos tienen una conversación, en la cual ella expresa abiertamente su tristeza por no poder regresar a casa dejando caer una lágrima, pero afirma sentirse bien con las Crystal Gems. Más tarde cuando el taladro tiene dificultades para adentrarse en el Clúster, se disculpa por no haber protegido a los miles de vidas importantes para su compañero y confía en él para detener el arma usando una gran burbuja.

De esa forma cuando ambos viajan hacia el centro del planeta se muestra concretamente una mejora en su relación logrando comunicarse fluidamente, permitiendo a la gema exponer sus sensaciones durante su nacimiento. Abandona su pensamiento racional para expresar su emoción sobre no poder regresar al Homeworld y entiende que su compañero tiene afecto a criaturas desconocidas por ella. Durante su misión se apoyan en el mayor momento de incertidumbre y tras haberla terminado exitosamente celebran abrazándose por haberlo logrado estando juntos regresan.

Luego de haber completado su propósito en el granero Peridot rechaza convivir junto a las Crystal Gems en el templo, pero decide establecerse en el granero porque se acostumbró y quiere reparar el agujero realizado con su robot gigante. Lapislázuli también opta por habitar ese lugar mostrando su abierto rechazo hacia ella. En ese momento Steven ayuda a su amiga para demostrar su cambio de actitud durante *Compañeras de Granero* (temporada 3, capítulo 4, 2016) trabajando juntos en gestos como entregar una postal con las disculpas de la gema verde por utilizarla para obtener información, construir una piscina sin haber considerado el encierro vivido por la gema cian en el océano y recurre a su última opción regalando su grabadora. Sin embargo, el objeto es destruido frente a sus ojos, enojada acepta entender la confusión mostrada por Lápis ofreciendo su ayuda e intenta irse, pero regresa siendo perseguida por una nave espacial y se muestra contenta tras ser defendida por su nueva compañera de granero.

Su interacción con las costumbres humanas y los aparatos se retoma en *Muy pequeña para subir* (temporada 3, capítulo 9, 2016) cuando Steven regala una tablet a Peridot haciéndola sentir alegre por volver a tener todo al alcance de sus dedos mientras Amatista los invita a recorrer las atracciones en *Divertilandia*. No obstante, durante su recorrido Peridot descubre ser muy baja para subirse a ciertos juegos sintiendo frustración por no poder hacerlo. Sus compañeros intentan ayudarla estirando su cuerpo en la playa y ella pide detener la acción explicando porque el Homeworld no creó gemas con poderes sino que decidió mejorarlas usando la tecnología. La gema morada comenta haberla notado preocupada por ser alguien, impidiéndole disfrutar la salida ni recibir el aprecio por ser ella misma demostrado por sus compañeros y amenaza lanzar hacia el mar su tablet. Peridot asustada logra detener la caída descubriendo su telequinesis y utilizándolo para ganar un peluche de marciano verde tras haberse cautivado por su gran cabeza hinchada de ideas junto a unos con ojos compasivos. Esta experiencia vivida por la gema verde expone nuevamente una disputa identitaria planteada en *La presencia ignorada del cuerpo: Corporalidad y (re) construcción de la identidad* donde describe la identidad ideal construida por el diálogo entre lo que somos realmente y lo que desearíamos (posiblemente influenciado por creencias externas sobre que deberíamos ser). Por lo tanto, ella transita entre concebir su identidad personal recurriendo a la antigua percepción de apariencia ideal basada en las extremidades robóticas entregadas en el Homeworld para hacerla funcional. Abriéndose a la posibilidad de tener una identidad propia aceptando su genuina corporalidad y nuevos poderes siendo aceptada por el grupo habitante en la tierra.

En las situaciones descritas anteriormente Peridot entiende la importancia de establecer relaciones siendo ayudada en ello por Steven Universe, va conociéndose a sí misma, entiende la importancia de pedir perdón y ser consciente de sus errores. Mas su interacción con Lapislázuli resulta un desafío personal porque implica aceptar haber dañado fuertemente a la gema en el pasado, y debe demostrar cómo ha cambiado, mostrarse vulnerable admitiendo sentirse sola, confundida, pero deseosa por vivir el proceso de cambio acompañada. También apoyada por Amatista junto con el chico actúa sinceramente pues admite sentirse mal por no tener la habilidad para alterar su cuerpo, recibe un comentario enfocado en hacerla sentir aceptada siendo ella misma, descubre su habilidad de Ferrokinenis (dicho en otras palabras, el poder manipular el metal sin necesidad de sus extremidades).

Nuevamente la gema experimenta un momento para demostrar su aprendizaje relacionado con la empatía en *El niño de la guardería* (temporada 4, capítulo 1, 2016), cuando Peridot se ríe al ver las Crystal Gems incapaces de atrapar una gema corrupta en el Beta Kindergarden y acepta el desafío de atraparla, buscando probar sus poderes. Junto a Steven intentan capturarla lanzando un inyector sobre su objetivo, lanzando una piedra desde un cañón buscando golpearla y tirando una roca desde el acantilado sin éxito. Durante la noche sentados frente a una fogata, la gema dialoga frustrada porque no entiende como no puede capturar a un tonto monstruo, su amigo la ataca lanzando continuamente malvaviscos tratando de hacerla entender que la criatura no es tonta. Ella reacciona agresivamente comprendiendo la importancia de pensar desde otro punto de vista como el experimentado por la criatura. Al día siguiente se desplaza dando pequeños saltos en cuclillas mientras saca la lengua repetidamente, se acerca para golpearla, termina cayendo por un acantilado consiguiendo la gema y admite haber experimentado dificultades para conseguirlo.

Los acontecimientos vivenciados por la gema son de gran importancia porque demuestran cómo ha interiorizado el conocimiento obtenido durante sus experiencias asociadas con su desarrollo personal. Si bien Peridot entiende racionalmente el concepto **empatía,** realiza comentarios mostrando una postura superior expresado en las burlas hacia sus compañeras y aprovecha el desafío para actuar desde su zona de confort aplicando un método racional pero solo comete errores llevándola a sentir frustración. Cuando Steven entrega su ayuda, ella obtiene una respuesta relacionada con la empatía hacia un ser desconocido, raciocina sobre la eficacia de comprender el sentimiento como una base para entender cierto tipo de reacción. Y por medio del comportamiento mostrado a la mañana siguiente confirma haber aprendido las lecciones asociadas con sus experiencias anteriores sobre interactuar con un otro.

Peridot finalmente acepta vivir en el planeta Tierra ya que lo considera su nuevo hogar y consolida su relación de amistad con Lapislázuli reflejada en *Cosecha de gemas* (temporada 4, capítulos 8-9, 2016) donde las compañeras están cultivando maíz, tomate y calabazas. O durante *Las nuevas Gemas de Cristal* (temporada 4, capítulo 16, 2017) cuando surgen Las nuevas gemas de Cristal integradas por Lapislázuli, Connie, Calabaza y Peridot para proteger la Ciudad Playa. En este contexto Peridot asume el liderazgo buscando imitar a Garnet.

Sin embargo la amistad entre Peridot y Lapislázuli sufre una separación en *Elevando el granero* (temporada 5, capítulo 7, 2017) cuando Lápis decide irse por temor a las Diamantes y Peridot, nerviosa, rechaza la posibilidad porque siente la confianza para defender su hogar En *De vuelta a la guardería* (temporada 5, capítulo 8,

2017) Steven con Amatista encuentran en el baño a su amiga escuchando música, demostrando sentirse afectada por la pérdida del granero (su casa) y el abandono de su compañera. Ellos deciden llevarla hacia el Kindergarden a plantar girasoles logrando animarla al rememorar su alegría por cultivar la tierra. Al día siguiente se levantan temprano para viajar en el tren. Durante el trayecto su compañera feliz les agradece por la ayuda, pero encuentra las plantas secas. La gema expresa su rabia por no lograr cultivar las flores ni superar la partida de Lapislázuli. Tras una lucha contra una gema corrupta regresan a casa usando el tren, Peridot continúa desanimada más sus amigos logran convencerla para cultivar plantas mostrándose dispuestos a ayudarla.

Posteriormente se muestra un mayor acercamiento de Peridot hacia la Ciudad Playa en *Cartas para Lars* (temporada 5, capítulo 16, 2018) donde ella junto con Amatista integran un grupo de teatro enfocando en la improvisación creada por Jaime el cartero. Y tiene una rutina de entrenamiento acompañada por las Crystal Gems en *No puedo regresar* (temporada 5, capítulo 17, 2018). Sin embargo, los miedos y la nostalgia por su antiguo hogar reaparecen durante la canción *Solo por un día pensemos en el amor* en *Reunificados* (temporada 5, capítulos 23-24, 2018). Ella recoge flores para el matrimonio, pero mira el gran agujero donde solía estar el granero recordando a Lapislázuli y menciona haber revivido su temor por el retorno de las Diamantes. Pese a experimentar esas sensaciones decide confrontarlas luchando acompañada por las Crystal Gems. Inesperadamente Lapislázuli regresa logrando reconciliarse y continuar defendiendo su hogar en el planeta Tierra.

Lista de episodios recomendados para entender Peridot: la extraterrestre que aprendió sobre la paz y el amor en la Tierra

Temporada uno
Capítulo 36: *Excursión en el portal.*
Capítulo 44: *Ataque de las Canicas.*
Temporada dos
Capítulo 18: *Capturada y liberada.*
Capítulo 19: *Bajo la lluvia.*
Capítulo 20: *De Vuelta al granero.*
Capítulo 21: *Demasiado lejos.*
Capítulos 24: *Pudo haber sido genial.*
Capítulo 25: *Mensaje recibido.*
Capítulo 26: *Bitácora 7 1 5 2.*
Temporada tres
Capítulo 2: *Taladro gema.*
Capítulo 4: *Compañeras de Granero.*
Capítulo 9: *Muy pequeña para subir.*
Temporada cuatro
Capítulo 1: *El niño de la guardería.*
Capítulos 8-9: *Cosecha de gemas.*
Capítulo 16: *Las nuevas Gemas de Cristal.*
Temporada cinco
Capítulo 7: *Elevando el granero.*
Capítulo 8: *De vuelta a la guardería.*
Capítulo 16: *Cartas para Lars.*
Capítulo 17: *No puedo regresar.*
Capítulos 23-24: *Reunificados.*

Greg: El papá cometa y su hijo universo

Greg Universe es un hombre humano de cuarenta años proveniente del planeta Tierra y es el padre de Steven. Es alto, usa barba en su rostro y su peinado tiene una calva en la zona superior seguida por su cabellera color café originada en sus orejas extendiéndose hasta sus hombros. Su vestimenta habitual está conformada por la polera blanca sin mangas, mostrando la característica quemadura de color rosado pálido con forma de manga corta y cuello redondo. Jeans azules cortados en zigzag hasta las rodillas dejan ver otra quemadura con forma de pantalón largo junto a las sandalias de tirantes azules.

Él tiene un carácter relajado, empático y la capacidad de resaltar lo positivo en diversos tipos de situaciones recurriendo a la metáfora: "Si las costillas de cerdo fueran perfectas, no existirían los perros calientes". Posee una arista creativa demostrada en las canciones creadas para relatarle diversos tipos de historias a su hijo. Suele mostrar una faceta tímida e insegura cuando se habla sobre Rose Cuarzo, su trabajo musical o en ciertos aspectos de sí mismo. En una ocasión mostró preocupación por su vestimenta para mantener la imagen de padre responsable, entregada a los padres de Connie en *Cocina de fusión* (primera temporada, capítulo 32, 2014).

Su personalidad expresiva permite mostrar abiertamente su miedo, desconfianza o temor siendo evidentes en situaciones relacionadas a la magia mostrado cuando Steven intenta hacer algo nuevo ligado a la magia o ante una evidente situación de peligro para el pequeño. Puede ser muy distraído cuando se encuentra realizando una actividad, llegando a perder la noción del tiempo. En *Máxima capacidad* (temporada 1, capítulo 43, 2015) se queda al interior del garaje en compañía de Amatista viendo una maratón de la serie *Pequeño Mayordomo*; olvidando su promesa con Steven para ver los fuegos artificiales. Sus pasatiempos son jugar tenis con Garnet todos los sábados, escuchar música perteneciente a su colección de vinilos con variados artistas y cuando se volvió millonario, compró un auto Dondai.

En su juventud Greg desertó de la universidad comunitaria, cambió su apellido DeMayo por Universe, abandonó a su familia porque no demostraban interés por sus creaciones musicales e inició una carrera musical con el seudónimo artístico Mr. Universe realizando presentaciones con baja concurrencia organizados por su representante llamado Marty. Una noche realiza su show en la ciudad playa cantando *Soy un cometa*, baja del escenario para hablar con Rose Cuarzo enamorándose en forma inmediata y posteriormente decide escuchar sus sentimientos separándose del manager sin viajar hacia Empire City para encontrarse nuevamente con la misteriosa mujer.

Más tarde se establece en la Ciudad Playa consiguiendo un trabajo como ayudante en el lavado de autos mientras construye una relación estable y formal con Rose Cuarzo, pero su vínculo se terminará porque ella desaparece físicamente para darle vida a su hijo. Tras esto, el adulto humano eligió criar a Steven junto a las Crystal Gems, construyó la casa ubicada en el templo de cristal para ellos, pero decidió habitar su van estacionada en las cercanías al lavado de autos permitiéndole trabajar en ese lugar para mantener y costear los gastos asociados al chico.

En la serie se muestra la primera interacción de Steven y Greg en *El cañón láser* (primera temporada, capítulo 2, 2013) fuera del autolavado. El niño corre hacia la van, usa su mano empuñada junto a su cuerpo para golpear la puerta trasera mientras llama a su padre sin obtener una respuesta. Sube y salta repetidamente sobre el techo activando un sonido proveniente del vehículo. El abre rápidamente las puertas, observa a su alrededor con una mirada enojada mientras empuña amenazantemente una waflera. Su hijo lo saluda sonriente, él parpadea un par de veces confundido, suelta el objeto en su mano y apaga la alarma.

Steven baja para abrazar a Greg Universe junto con pedirle ayuda para encontrar un cañón perteneciente a Rose Cuarzo. El humano alza su mirada hacia el cielo anaranjado encontrando un "ojo rojo" atacado por Amatista. Él pregunta si esta situación involucra cosas mágicas, pero recuerda no poder ayudar en estas situaciones por una promesa hecha a las gemas. Su hijo intenta persuadirlo recalcando la importancia de ayudar a las Crystal Gems mientras el adulto lanza la waflera en la van y cierra las puertas. El padre acepta y guía a su hijo hacia un lugar donde podría encontrarse el arma.

Desde su primera aparición el humano se comporta como una figura paterna responsable logrando mantener su trabajo en el lavado de autos mientras participa activamente en la crianza mostrando una imagen personal confiable hacia el chico. El personaje demuestra una idea señalada sobre la figura paterna en *El lugar que habita el padre en Chile contemporáneo: Estudio de las representaciones sobre la paternidad en distintos grupos sociales* de Ximena Valdés, ya que el patrón industrial definido como proveedor y autoridad en la familia se encuentra en retirada. Y destaca el surgimiento de los padres presentes asumiendo las actividades y responsabilidades, tradicionalmente a las madres, como el cuidado de los hijos, alimentación, salud, etc.

Su comportamiento manifiesta un genuino interés por compartir entregando tiempo personal para establecer conversaciones donde escucha y está dispuesto a colaborar con su hijo. Un ejemplo son los momentos donde el adulto comparte sus conocimientos musicales permitiendo a su hijo tener la posibilidad de experimentar desde temprana edad la interpretación de variados instrumentos musicales y expresar sus emociones por medio de canciones. Estas acciones representan una concepción de paternidad descrita en *La paternidad: un camino en construcción* donde Laura Torres Velázquez recurre a Juan Figueroa para explicar el proceso construido en una relación donde los participantes, generalmente dos, construyen y reconstruyen continuamente sus perspectivas obteniendo nuevas maneras para ver y vivir la realidad. En otras palabras, la paternidad involucra establecer una relación con diversos aspectos como relaciones de amor, de cuidado, de conducción, educación y dirección; de juego y diversión; de autoridad; de aprendizaje recíproco; formadores de identidades, competencias sociales, valores y creencias. Siendo una paternidad eficaz capaz de combinar armoniosamente todas las áreas.

Gracias a este último punto ellos construyen su propia forma de comunicación para compartir historias, pensamientos y emociones; esto aparece en *Una historia para Steven* (temporada 1, capítulo 48, 2015). Un día lluvioso en el interior de la van Steven escucha a Greg tocar la guitarra mientras relata su primer encuentro con Rose Cuarzo. El chico sonríe tiernamente bromeando con el enamoramiento, el adulto responde dando cosquillas y un coscorrón suave posando su palma sobre el cabello rizado del chico. La confianza entre ambos les permite trabajar en equipo durante ocasiones especiales como un desfile de carros alegóricos efectuado en la Ciudad Playa. Greg conduce la van cubierta por una sábana decoradas por burbujas sobre una superficie de esponja mientras el niño saluda alegre desde el techo, vistiendo un overol gris y llevando burbujas en su cabello. Los comportamientos cercanos mostrados por Greg Universe pueden estar vinculados con la ausencia de Rose Cuarzo según las autoras Claudia Mosquera Rosero y Yolanda Puyana Villamizar recurriendo a Mara Viveros para enfatizar como los cambios experimentados en la vida familiar influyen directamente en la representación aprendida por los hombres. Permitiendo desarrollar mayormente la expresión del afecto y el surgimiento de actitudes para establecer una cercanía con los hijos; permitiendo complementar su rol proveedor con la capacidad de tener una mayor presencia ante las demandas afectivas.

Sin embargo, en ciertos momentos Greg ejerce su autoridad regañando y reconociendo comportamientos indebidos realizados por su hijo mostrado brevemente en *Derrape en la Ciudad Playa* (temporada 3, capítulo 11, 2016). En el auto lavado Kevin no paga por la limpieza hecha a las ruedas del auto deportivo. Greg le quita importancia al asunto, Connie observa desanimada la situación y Steven expresa su molestia por la arrogancia del adolescente gritando:

"¡odio a Kevin!" El humano reprende a su hijo enojado por usar la palabra odio mientras Connie relata la mala experiencia vivida por Stevonnie durante un baile compartido con Kevin. En ese momento, el adulto demuestra su capacidad de considerarse equivocado, ya que se disculpa por haber juzgado sin conocer lo vivido por ellos. La situación demuestra como Greg Universe encarna el rol presentado en el texto *La nueva paternidad: expresión de la transformación masculina* por Rafael Montecinos donde el padre simboliza la autoridad, las reglas y los castigos. Mediante su existencia en la familia el individuo aprende a reconocer los signos del orden establecido, los límites de lo que no se puede transgredir y las expresiones simbólicas de la disuasión, pero eludiendo las prácticas autoritarias sin repetirlos para evitar el resentimiento generado en los hijos.

Ellos viven experiencias cotidianas como a la mostrada en *El retorno* (temporada 1, capítulo 51, 2015) durante un atardecer en la ciudad Steven describe cómo explotan los robots de Peridot mientras comparte una bolsa de sobras hechas de papas fritas con su padre. El hombre le pregunta a su hijo si no está cansado de vivir situaciones ligadas a las Crystal Gems, el chico intenta dar una respuesta más pierde el equilibrio por un repentino temblor en la ciudad. Ante la llegada inminente de una nave espacial, los habitantes de la ciudad de la playa evacuan y en ese momento las Crystal Gems junto al adulto humano actúan en forma responsable tomando las pertenencias del chico para llevarlo hacia una zona libre de peligro.

Más tarde Greg conduce la Van, él relata nervioso el ataque realizado por las Diamantes contra el planeta Tierra hace miles de años. Su hijo hace sentido con todos los eventos ocurridos anteriormente relacionados a las gemas; inmediatamente él pide regresar para ayudar usando el escudo de su madre. El hombre mira a su hijo gritándole: "yo también te necesito", él continúa sosteniendo el manubrio con los brazos tensos, sudoración y apretando fuertemente sus dientes. Steven golpea el vehículo activando el airbag y sale volando protegido por su burbuja. Su padre baja del vehículo, encuentra al chico y dialoga brevemente aceptando la petición.

En los actos descritos el adulto se comporta en forma honesta por revelar un aspecto negativo sobre las Crystal Gems y revela su egoísmo tratando de retener a su hijo. Sin embargo, expone su capacidad de aceptar su partida ya que su empatía le permite confiar en su hijo. Esto demuestra como Greg Universe representa una masculinidad capaz de ejercer un rol protector y complementarlo con su propia habilidad de expresar efectivamente sus emociones. Esto se manifiesta en *Dedos de gato* (temporada 1, capítulo 6, 2013) una noche cuando Greg riega el exterior del auto lavado y observa a una criatura con muchos rostros de gato caminando desde las sombras. Él asustado más lanza un chorro de agua, Steven pide ayuda mientras la masa de gatos se retuerce en el suelo. En este momento el adulto enfrenta su propio miedo a la magia cuando observa el sufrimiento del niño porque no sabe usar ni controlar sus poderes. Él decide involucrarse en la situación activando la súper zona de lavado para mojar y espantar a los gatos. El cuerpo del niño regresa a la normalidad, pero su mano continúa un dedo con forma de gato y su padre toma la manguera, lanza un chorro de agua haciéndolo desaparecer rápidamente. Ambos están agotados emocionalmente, pero muestran una sonrisa por haber superado la situación.

Si bien los integrantes de esta relación tienen una buena convivencia y logran comunicarse fluidamente, existen algunos momentos donde experimentan conflictos como se muestra en *Un invitado en Casa* (temporada 1, capítulo 27, 2014). En el autolavado las Crystal Gems piensan cómo reparar la van. Aparecen Steven y Greg Universe sentado en la silla de escritorio con ruedas. El adulto sugiere reparar el auto con cinta adhesiva sin embargo Perla rechaza la idea porque puede repararlo sin ayuda. Steven emocionado intenta sanar su rodilla posando su mano ensalivada pero el humano no logra levantarse. Esta acción confunde al niño, el padre toca su hombro y lo consuela porque compartirán más tiempo juntos en la casa. Ambos viven un día divertidos mientras interpretan *Querido papá,* Steven relata la sensación de alegría por compartir con su padre y Greg expresa su añoranza de cantar con el niño como solía hacerlo antiguamente.

Más tarde Steven junto a las Crystal Gems deben viajar para reparar la Geoda haciendo sentir al hombre desanimado. Perla le entrega un silbato interdimensional para ser usado en caso de emergencia, pero el adulto lo sopla constantemente interrumpiendo la misión. El grupo regresa nuevamente guiados por el sonido del silbato. El humano está sentado cerca de la cama para contarle sobre un comercial y su hijo le recuerda llamarlo solo en caso de emergencia. Las gemas ingresan al templo buscando idear un plan, el niño sale para comprar, pero regresa encontrando a su padre bailando. Greg intenta justificarlo porque deseaba tener una mayor cantidad de tiempo con su hijo, Steven expresa su frustración llorando pues teme no volver a utilizar sus poderes sanadores y corre hacia afuera logrando tener un momento a solas para escuchar sus emociones. Él se apoya en la puerta mirando el ukelele junto a guitarra decidiendo perdonarlo. Cuando reingresa ve a su padre determinado a enmendar su error. Ellos llegan a una zona de clima tormentoso cubierto por nubes negras con truenos, el humano usa la cinta adhesiva para tapar la fisura en la Geoda y logra disculparse.

En las acciones descritas anteriormente se puede observar a Greg teniendo un comportamiento egoísta pues finge no haberse sanado ya que desea volver a convivir con el chico y sostiene la mentira durante un largo tiempo. Este acto afecta a Steven llevándolo a sentir inseguridad en sí mismo porque no puede manejar sus habilidades mágicas, sin poder colaborar en la reparación de la roca y recordando su temor por no formar parte de las Crystal Gems. Sin embargo, el chico descubre el engaño y expresa su rabia. En ese momento, el adulto acepta abiertamente su culpabilidad, intenta ayudarlo con su bloqueo emocional relacionado con sus poderes y toma responsabilidad ayudando con la misión. El comportamiento del adulto representa un cuestionamiento hacia la masculinidad retratada por el autor Sergio Sinay en el libro *Masculinidad tóxica*. El hombre suele demostrar miedo a generar una intimidad emocional con los hijos, expone el temor a perder la autoridad confundida (comúnmente con el autoritarismo), a ser destronado o exponer como su actual proceso de paternidad está marcado por dudas o inexperiencia.

Pese a esta mala experiencia, Steven siente un gran afecto hacia su padre demostrado en los constantes abrazos y resaltando las habilidades desarrolladas por Greg como lo hace en *El mensaje* (temporada 1, capítulo 49, 2015). Él pide a sus compañeras hablar con el humano para usar sus equipos de sonido y descifrar el mensaje proveniente del espacio exterior. No obstante, Greg no obtiene un buen resultado y propone intentarlo nuevamente, pero las Crystal Gems rechazan su petición llevando la roca a la casa. El niño observa a su padre sentado en la orilla del mar, tocando acordes en la guitarra e interpretando la canción *Roca de los lamentos*. Se escucha la estrofa: *yo pude haberles demostrado, que las bajaría de su alto trono, pero al final eso no bastó, y para las Gemas un fraude soy. Oh, ¡Roca de los Lamentos! me esforcé, pero me derrotó.* Las frases describen explícitamente su frustración de perder una gran oportunidad para descifrar el mensaje usando sus aparatos terrícolas. Esto demuestra el sentimiento de inferioridad experimentado en su interacción cotidiana con las gemas, pero comunica su resentimiento sin caer en expresiones violentas u ofensivas hacia ellas.

La canción continúa: *Oh, ¡Roca de los Lamentos! hay algo que a las Gemas debo decir tengan un poco, tengan un poco, ¡un poco de fe en mí! Solo quería ayudar y mostrarles que...Algo puedo, algo puedo, ¡algo puedo hacer! Sé que no es mucho. Pero les podría servir, quisiera estar allí, Yo las aprecio tanto, por eso está mal que no crean en mí*. En las siguientes palabras plasma abiertamente la tristeza por no sentirse apreciado pese a respetarlas y apreciarlas. También se aborda el sentimiento de frustración y su deseo por aportar útilmente, aunque sea un pequeño gesto, para ayudarles. Gracias a su habilidad creativa el adulto expresa sus emociones abiertamente y su hijo comprende su interpretación como una forma de comunicar sus emociones respondiendo: "papá, odio que cantes así, pero debería haber algo que pudiéramos intentar".

El comportamiento mostrado por ellos expone una percepción de la masculinidad donde el varón puede mostrarse en forma vulnerable, ser individuos conscientes de sus emociones y admitir su fragilidad. Contrastando con la definición de masculinidad hegemónica del texto *Los hombres, el feminismo y las experiencias contradictorias del poder entre los hombres* de Michael Kaufman. Pues el ser hombre implica suprimir toda una gama de emociones, necesidades o posibilidades como el placer de cuidar de otros, la receptividad, la empatía y la compasión. Las emociones y necesidades no desaparecen sino quedan frenadas sin poder expresarlas plenamente en su vida, lo cual sería saludable tanto para ellos como su entorno cercano. Las autoras Claudia Mosquera y Yolanda Puyana complementan esta definición anterior usando la descripción de Mabel Burín e Irene Meler atribuyendo la concepción de masculinidad influenciada por la representación social de ser padre descrita con las siguientes cualidades: proveedor, competitivo, adusto, con poca capacidad para expresar los sentimientos y para asumir otras tareas cercanas a las actividades más propias del hogar.

En el transcurso de la historia Steven va descubriendo información sobre el pasado de las Crystal Gems, teniendo repercusiones en las vivencias del presente y ayudando en su proceso de crecimiento personal. Durante estos momentos, Greg actúa como una figura paterna dispuesta a acompañarlo, trata de contenerlo y comunicarse. Pero en ciertas ocasiones, él debe esforzarse por entender el comportamiento mostrado por su hijo como ocurre en *Gemacaciones* (quinta temporada, capítulo 6, 2017). Durante una mañana en el auto lavado, Steven mira fijamente la pantalla tratando de escribir un mensaje mientras Greg Universe pide ayuda tras quedarse atrapado en una manguera. El chico corre hacia su padre., rompe el plástico usando sus dientes e inmediatamente pregunta ansioso si está bien, si está a salvo y si aún lo ama. El adulto preocupado intenta hablar con su él mas no logra iniciar una conversación porque no desea compartir sus emociones.

Greg Universe y las Crystal Gems planifican unas vacaciones en casa equipada con grandes comodidades rodeada por grandes espacios abiertos. En la noche Amatista y Garnet intentan acercarse siendo rápidamente ignoradas. A la mañana siguiente el niño escucha una conversación donde su padre expone su preocupación ante el brusco cambio de ánimo experimentado por Steven tras su estadía en el Homeworld. Las gemas empatizan con sentimiento de confusión mostrado por Greg, Perla acepta la petición hecha por el grupo y se reúne con Steven. Su compañera intenta entregarle información sobre los diamantes, pero Steven grita: "Connie me odia"; el humano acompañado por Garnet y Amatista observan la escena desde la puerta.

El chico aclara no sentirse afectado por las situaciones vividas en el espacio, admite estar ansioso por haber lastimado los sentimientos de su amiga y huye logrando esconderse tras dos barriles. El hombre camina hacia el escondite Agachado inicia la conversación buscando entender por qué su hijo no explicó su problema. Steven balbucea una respuesta tapando su boca, admite estar avergonzado y sentir miedo a ser juzgado por sus acciones. Greg mantiene su actitud calmada mientras asegura no estar enojado y explica cómo dos individuos pueden enfrentar la misma emoción con diferentes formas o acciones. El niño sigue preocupado por los mensajes enviados a su amiga, su padre señala la escasa señal telefónica y conduce la Van para ayudarlo a encontrar una zona con buena recepción.

En esta situación ocurre un problema de comunicación entre ellos porque Steven no siente la confianza para expresar su preocupación y prefiere mirar su celular buscando una forma de comunicarse con su amiga o esperando un mensaje de reconciliación. Por su parte Greg demuestra su preocupación por el chico, pero no confía en su capacidad para abordar lo ocurrido en el espacio, por eso solicita apoyo a las Crystal Gem para comunicarse con él. Sin embargo, la incertidumbre aumenta por no saber en qué forma ayudar debido a que las gemas no logran dialogar ni obtener algún tipo de información.

Padre e hijo retoman la comunicación cuando el muchacho decide confrontar la incomodidad expresando su tristeza porque Connie lo odia. Con esta acción, él logra calmar la preocupación del grupo y su padre siente confianza en sí mismo para hablar sobre los sentimientos. Ambos tienen una conversación alejados del resto. El adulto se agacha simulando tener la misma altura y se expresa tranquilamente admitiendo no haber sabido que hacer ante la estancia del chico en el espacio. Tras esa señal de sinceridad entregada por Greg, Steven expresa su temor y recibe apreciaciones sobre los sentimientos presentes en otras personas en lugar de sentirse juzgado por sus actos.

A raíz de las situaciones anteriores se puede entender como su interacción está marcada por una sincera contención emocional y resalta la necesidad de aprender a comprender las emociones de otros para resolver un conflicto en forma real. Por esto la relación establecida entre padre e hijo muestra concretamente la posibilidad de construir una masculinidad emocionalmente inteligente haciendo énfasis en el proceso descrito Luis Bonino refiriéndose a Jessica Benjamin en *Masculinidad hegemónica e identidad masculina.* Desde la infancia el niño aprende el contenido siendo influenciado por sus figuras paternas integrándolo en su mente, legitimando su forma de ser y deslegitimar otras. La implantación se realiza por la vía emocional-vincular, a través del discurso y de la acción por los que se transmiten las representaciones mentales de las expectativas de masculinidad (deseos y temores de que sea o no sea de tal manera en tanto futuro hombre) de estas figuras.

Lista de episodios recomendados para entender Greg: El papá cometa y su hijo universo

Temporada uno

Capítulo 2: *El cañón láser.*
Capítulo 6: *Dedos de gato.*
Capítulo 27: *Un invitado en casa.*
Capítulo 32: *Cocina de fusión.*
Capítulo 43: *Máxima capacidad.*
Capítulo 48: *Una historia para Steven.*
Capítulo 49: *El mensaje.*
Capítulo 51: *El retorno.*

Temporada dos

No hay capítulos.

Temporada tres

Capítulo 11: *Derrape en la Ciudad Playa.*

Temporada cuatro

No hay capítulos.

Temporada cinco

Capítulo 6: *Gemacaciones*

Connie: Alone Together

Connie Maheswaran es una niña humana, tiene 12 años y vive con su familia de ascendencia hindú en la Ciudad Playa. Posee una contextura física delgada, marcada por su altura junto a su tez morena. Su vestimenta tiene variaciones acordes a la situación, puede usar su larga cabellera café suelta o recogerla adoptando diversos estilos de peinado. Ella utilizó lentes ópticos por un tiempo hasta recuperar la vista gracias a la saliva curativa de Steven Universe.

Esta chica muestra una personalidad tranquila, paciente, lógica, curiosa, intrépida y aparentemente introvertida. Sin embargo, expresa con gran facilidad sus emociones especialmente cuando desea compartir su gran afición por la literatura o con su franquicia favorita de películas llamada *Perrocóptero*. También demuestra su capacidad para dibujar en estilo anime, escribir al revés y ser ambidiestra (puede usar ambas manos para realizar movimientos sin problema). Sabe combatir usando la espada siguiendo el estilo enseñado por Perla, es inmune a ciertas habilidades mágicas como las lágrimas usadas por Diamante Azul y puede fusionarse con Steven originando a Stevonnie en *Solos y juntos* (temporada 1, capítulo 37, 2015).

Tiene una gran facilidad para aprender, la habilidad para observar y exponer su gran interés en sus estudios explicitado en *El diario de Buddy* (temporada 4. capítulo 3, 2016). Mientras ella revisa libros junto a Steven, comenta su interés por avanzar en las materias del séptimo grado investigando en forma individual. Gracias a esto desarrolla la reflexión crítica demostrada en *Cacería de gemas* (temporada 3, capítulo 17, 2016) durante una conversación la chica expone su percepción crítica hacia la explotación de recursos naturales y sus posibles efectos para la humanidad.

Su vida cotidiana está ocupada de actividades complementadas por sus estudios formales junto a clases extracurriculares de piano o tenis. Convive diariamente en una familia nuclear compuesta por ella, Doug

Maheswaran, un vigilante privado y Priyanka Maheswaran, una doctora. Su familia ha vivido en diversas zonas debido al trabajo del Sr. Maheswaran está actualmente en la Ciudad Playa.

El primer encuentro de Steven Universe y Connie Maheswaran ocurre en *Amigos de Burbuja* (temporada 1, capítulo 7, 2013). Las Crystal Gems tienen una breve conversación con el chico sobre una llamativa niña leyendo un libro sentada en la playa. Inmediatamente él toma un objeto del refrigerador, baja hacia la orilla para llamar su atención hablando en voz alta y subiendo a su bicicleta sin mantener su equilibrio. Ella levanta su cabeza por el repentino ruido metálico y él corre avergonzado por la situación hacia su casa. El chico decide acercarse directamente practicando cómo decir su nombre, pero un temblor sacude la zona dejando caer un trozo de piedra sobre la humana. Él se abalanza gritando: "mi nombre es Steven" mientras activa inconscientemente su burbuja para protegerla. Ella sorprendida se presenta como Connie, pregunta cuánto tiempo funciona el poder mágico y se muestra preocupada porque están atrapados.

Ambos recorren la Ciudad Playa, Steven pide ayuda a Lars, Sadie y Cebolla para reventar la burbuja mientras la chica observa y colabora en las diversas soluciones. Durante el atardecer, él se ubica en la montaña rusa frente a un carro de pasajeros en movimiento para romper la superficie rosada pese a no tener apoyo de la humana. La burbuja avanza por los riles y sale disparada cayendo hacia las profundidades del mar. Si bien ellos están protegidos ya que la burbuja contiene oxígeno por su resistencia, Connie expresa su miedo llorando frustrada porque no podrá salir hacia la Tierra ni haber tenido amigos y Steven arrodillado propone ser amigos mostrando un brazalete. Sus rostros son iluminados por una luz cálida, él explica por qué conservó el objeto y disculpa por no habérselo entregado antes. En ese momento, la burbuja desaparece permitiéndoles nadar hacia la superficie y enfrentar juntos a una gema corrupta.

Gracias a esta interacción forzada comienzan a tener una relación de amistad donde comienzan a conocerse entre sí, como es la realidad experimentada por cada uno y conocen una forma diferente de vivir en familia. Este último punto se aborda en *Cocina de Fusión* (primera temporada, capítulo 32, 2014) cuando niños ven televisión en la casa de Steven siendo interrumpidos por una llamada. Ellos piden a Garnet hacerse pasar por la mamá del chico para hablar con la Sra. Maheswaran pero la conversación tiene un final poco alentador.

Ante la situación los señores Maheswaran ejercen su autoridad prohibiendo a su hija seguir frecuentando a su amigo hasta conocer a la familia Universe durante una cena. En otra conversación por teléfono, ella pide a su amigo asistir acompañado por su padre junto a una sola madre. Él está desacuerdo con la idea de mentir aun así intenta seleccionar a una madre ideal para compartir en la reunión. Bajo el cielo nocturno la familia Maheswaran recibe a la familia Universe, Greg presenta a su esposa Alexandrita y pretenden ser una pareja inventando un relato forzado sobre su relación.

Durante una visita al baño, Steven se enoja pues deseaba presentar a toda su familia y siente a su amiga avergonzada por su familia, pero Connie ignora la situación proponiendo regresar a comer. En ese momento la fusión pierde su forma revelando la mentira contada por Connie a sus padres. Mientras esperan el bus, ella se disculpa contando su temor a la opinión de sus padres ante la magia, porque no desea perder su amistad y ellos escapan juntos tomando un bus. En ese momento Alexandrita los atrapa para llevarlos al restaurante donde las gemas castigan al chico mientras Doug junto a Priyanka regañan a su hija. Los adultos humanos ven la situación empatizando con el sentimiento de preocupación existente en ambas familias y permiten la amistad entre Steven y Connie.

Gracias a la situación generada por la respuesta de Garnet se puede comparar a la familia de Steven, compuesta por su padre biológico Greg Universe junto a las tres gemas que asumen un rol maternal, donde el chico vive dentro de un entorno acogedor marcado por el trabajo en equipo, la fluida comunicación y la relación simétrica entre sus integrantes. Paralelamente, la familia tradicional de Connie Maheswaran está compuesta por dos padres humanos con un método de crianza basado en figuras de autoridad capaces de imponer reglas y establecen una relación asimétrica con su hija. Asimismo, sus vidas cotidianas expresan esa diferencia pues Steven no asiste a la escuela permitiéndole elegir sus actividades incluyendo momentos de aprendizaje donde las Crystal Gems lo estimulan a conocer los poderes mágicos. Por el contrario, Connie está enfocada en tener un buen desempeño académico en la escuela y realizar actividades extra programáticas viviendo experiencias similares a las vividas por la mayoría de la sociedad humana.

Pese a sus diferencias ellos continúan reuniéndose en diversas ocasiones para conocerse y divertirse compartiendo gustos personales con el otro. En *Ataque de las Canicas* (primera temporada, capítulo 44, 2015) un día en la playa Steven Universe escucha a su amiga leer un libro llamado *El familiar poco familiar*; una historia protagonizada por Lisa, una niña con habilidades mágicas cuya misión es luchar contra villano con un solo ojo para salvar a su padre. Por medio de llamadas telefónicas él demuestra genuino interés por la historia, pero tiene problemas para entenderla ya que hace una lectura desordenada de la saga y no comprende qué es un familiar. Pese a los errores, la chica desea conocer su opinión porque esta alegre de compartir su afición con su amigo.

El diálogo sobre la historia continúa en *Un libro abierto* (temporada 1, capítulo 46, 2015) cuando ambos se reúnen en la casa. Él concluye el último libro y escucha a su amiga criticar negativamente el final por ser incoherente porque la heroína junto al halcón antropomórfico terminan casados. La situación incómoda al chico, pero desea crear un nuevo final para su amiga, su gema brilla y se muestra la puerta hacia la habitación de Rose Cuarzo (lugar donde Steven puede hacer sus deseos una realidad). Ambos la recorren, Steven usa la magia para vestirse de Archimicarus, Connie sugiere crear una tienda de disfraces donde se cambia de ropa y sale vestida como Lisa. Ellos deciden recrear momentos del libro para crear una nueva conclusión, pero el chico nota algo extraño en su compañera y descubre que ella fue creada por la habitación para cumplir sus deseos. Él intenta detener el funcionamiento hasta la aparición de la Connie real y ambas luchan entre sí. El chico admite haber disfrutado el final y se disculpa por haber mentido haciendo desaparecer a la Connie falsa. Su amiga escucha atentamente a Steven hablar del miedo a ser rechazado por tener una opinión diferente y le demuestra su cariño aceptando su opinión porque son el tipo de cosas cursis favoritas de Steven.

En las experiencias vividas por ellos demuestran cuáles diferencias existen y cómo pueden causar el temor de separarse. Sin embargo, los niños fueron capaces de comunicarse logrando expresar emociones como el miedo o la desconfianza fortaleciendo su relación de confianza. Esto se ve demostrado cuando Steven Universe es empático por entender por qué su amiga está molesta e intenta ayudarla permitiéndole crear su propio final en la habitación mágica. Si bien, él no logra cumplir con su cometido su amiga le proporciona un espacio para escuchar su opinión sobre la historia aceptando y respetando porque tiene un gran aprecio por él. De esa forma el lazo de confianza comienza a consolidarse para generar una amistad marcada por la importancia de valorar a la otra persona siendo capaces de escucharla, cuidarla y comprenderla.

Esta forma de comportarse en su relación es representada por Connie en *La Confesión* (temporada 2, capítulo 1, 2015) *tras* una batalla librada por las Crystal Gems contra Peridot y Jaspe. Su amigo evita responder las llamadas telefónicas hechas por su amiga humana porque no sabe cómo explicar la situación ocurrida. Durante la canción *No quiero esto para ti* expresa su conflicto interior porque no desea exponer a una persona importante ante situaciones peligrosas haciéndolo cuestionar su relación de amistad. Más tarde ella pregunta si está bien y porqué la evita mientras recorre la playa cubierta por restos pertenecientes a la nave destruida en la batalla. Él intenta romper el vínculo usando un mensaje de texto sin éxito, sale del escondite llorando y es abrazado por su amiga. Ambos tienen una conversación sentados sobre la arena, su amiga muestra preocupación escuchándolo porque desea ser parte de su universo. Los comportamientos expuestos por ambos personajes contradicen los estereotipos de género propuestos en *Estereotipos femeninos en series de TV (Ensayos)* donde David Caldevilla recurre a Elena Galán Fajardo afirmando que la mujer sigue representándose bajo los mismos tópicos y estereotipos, asociados, a menudo, al mundo de las emociones, la pasividad, la maternidad y la sexualidad, en entornos privados o íntimos como el hogar. Mientras al hombre se le siguen otorgando, de un modo generalizado, atributos como el raciocinio, el liderazgo y la acción, apareciendo normalmente en espacios públicos.

Todas las acciones realizadas de forma insistente por la chica para comunicarse con su amigo demuestran su verdadera intención de conocerlo aceptando su peculiar forma de vida y deseo acompañarlo ya que es una persona muy importante para ella. Esta motivación le permite establecer una conexión más cercana las Crystal Gems, involucrándose paulatinamente en el conflicto contra las criaturas mágicas gracias a su disposición de luchar con su compañero mostrada en *Jura ante la Espada* (temporada 2, capítulo 6, 2015). Steven se encuentra con Connie sentados en la palma del templo. Él usa un cuchillo para untar un poco de mermelada sobre un trozo de pan e intentar comérselo siendo interrumpido por la repentina aparición de unas gaviotas mientras Connie reacciona rápidamente usando el arco del violín para defender a su amigo.

En la casa él recuerda algunas ocasiones donde ha enfrentado monstruos, ella explica su motivación para aprender a combatir porque desea ayuda a su amigo, la gema conmovida acepta la propuesta e inicia el entrenamiento de espadachín en las ruinas. Al comienzo su amiga expresa su alegría por aprender, pero su actitud cambia rápidamente imitando la dedicación mostrada por Perla y un obsesivo interés por ser más fuerte para servir a otra persona. Esto aparece en la canción *lo Haces por Él/Por Ella Vencer*, Connie interpreta lo siguiente: *Yo sé muy bien que soy solo humana, pero sé que puedo intentar luchar, y con mi asistencia, hago la diferencia, para él estaré, yo seré un guardián, lo hago por él.* Ante esto Steven plantea su inquietud durante una conversación, Garnet explica cómo Perla luchaba sin preocuparse por sí misma para demostrar su lealtad hacia Rose Cuarzo y el temor por el bienestar de su amiga lo motiva a viajar para tener una conversación. En las ruinas Connie escucha y repite la frase: "en el campo de batalla yo no importo" e inicia una simulación de combate enfrentando una *holoperla*, él interviene para mostrar su interés por luchar en conjunto. Sin embargo, ella menosprecia su existencia reduciéndola a tener valor por ser una simple arma, pero él destruye una *holoperla* con su escudo mientras convence a la humana de aceptar su ayuda logrando vencer a sus rivales siendo un equipo colaborativo.

En este caso Steven Universe demuestra su gran valoración por su amiga cuestionando la actitud mostrada por su compañera gema. Pues Connie es una figura importante, de gran valor emocional y movilizado por ese sentimiento demuestra apreciarla por ser ella misma no por su nivel de utilidad. Su amistad marcada por el compromiso de ayudarse entre sí termina siendo simbolizado por el *Equipo Jalea.* Debido a todas las experiencias vividas por Connie y Steven se construyó una relación interpersonal caracterizada por la profunda conexión emocional, la empatía, confianza y la buena comunicación. Gracias a esto se fomenta una cooperación mutua basada en la igualdad ejemplificando el cambio propuesto por Núria García y Luisa Martínez en *La representación positiva de la imagen de las mujeres en los medios* donde las relaciones interpersonales expresadas en los contenidos hacia la configuración de representaciones de mujeres con capacidad de agencia en su entorno personal y profesional.

Su unión emocional se materializa a nivel físico en *Solos y juntos* (temporada 1, capítulo 37, 2015) durante un atardecer cuando los niños tienen una conversación en la playa. Él comenta su experiencia intentando bailar coordinadamente en el entrenamiento realizado con las Crystal Gems cuestionando si puede fusionarse y ella rememora una situación social donde no fue capaz de bailar por sentir vergüenza a ser observada. Pese a esto él logra bailar junto a su amiga siguiendo el ritmo de la música proveniente del celular. Mientras ambos están felices, el chico pierde el equilibro, pero su amiga lo abraza rápidamente. Gracias a esto surge Stevonnie una existencia física mitad humana mitad gema, con la capacidad de sentir emociones, ser consciente, con identidad de género no binaria e intersex.

Ambos viven la experiencia de estar fusionados paseando desde la costa hasta la ciudad mostrando su alegría. Durante ese recorrido Stevonnie comienza a dimensionar su existencia cuando intenta compartir un par de donas. En ese momento Steven pregunta a Connie cómo se siente y propone separarse, pero su amiga demuestra sentirse bien. Inmediatamente aparece Crema Ácida para invitarlos a una fiesta en el interior de un almacén abandonado. Durante la celebración los pasos de baile hechos por la fusión llaman la atención de Kevin junto con los otros invitados. Pero elle siente una profunda sensación de soledad pese a estar conformada por Steven y Connie. Mientras tanto el adolescente hostiga para conseguir una posibilidad de bailar, la unión incómoda comparte hasta separarse dejando a los niños moverse siguiendo su propia forma de danzar.

En esta experiencia los amigos tienen su primera oportunidad de enfrentar sus temores a nivel individual mientras deciden construir una nueva identidad y sus nuevas emociones vividas siendo una fusión. Con esto el chico entiende su propia capacidad para fusionarse alejando su temor por no ser capaz de unirse como lo muestran las Crystal Gems y durante el baile Connie enfrenta su miedo adquirido tiempo atrás. Al mismo tiempo Stevonnie inicia un proceso para conocerse a sí misme entendiendo como su propia identidad propia es diferente a Connie y Steven, pero sustenta su existencia por la unión equilibrada de ambos. Por eso experimenta ansiedad cuando tiene la sensación de estar sola consigo misma y la sensación de incomodidad se acrecienta al ser acosade por un desconocido insistiendo en bailar pues son perfectos el uno para el otro. Por eso la fusión termina dividiéndose por la incomodidad experimentada por sus dos integrantes enrabiados ante la situación.

El conflicto generado anteriormente continúa desarrollándose en *Derrape en la ciudad playa* (temporada 3, capítulo 11, 2016) cuando Kevin aparece por segunda vez, estaciona su auto deportivo y baja el vidrio para solicitar un lavado en forma arrogante. Steven confronta al adolescente por menospreciar el trabajo hecho por su padre y el humano se retira sin pagar por el servicio. En ese momento el adulto observa como su hijo expresa su molestia porque no consideran sus sentimientos mientras Connie rememora la incomodidad vivida por Stevonnie. Más tarde ellos hablan sobre expresar el enojo mientras observan el atardecer acostados en el capot del auto Dondai Supremo y deciden fusionarse para competir en la carrera nocturna y desquitarse por el mal comportamiento del joven mostrado hacia ellos.

En la noche Stevonnie y Kevin conducen sus vehículos por la montaña siendo observados por los espectadores. Ambos hablan mientras suben hacia la cima y él se mofa de la empatía admitiendo disfrutar su capacidad de manipular emocionalmente. La fusión siente una gran cantidad de rabia, enceguecida por el sentimiento cierra los ojos y pierde el control del vehículo haciéndolo frenar en seco. Tras una conversación en la carretera los amigos deciden ignorar a Kevin y seguir fusionados para disfrutar del paisaje. Gracias a esto Stevonnie regresa a su casa sintiéndose en paz tras obtener el segundo lugar

En esta nueva experiencia ellos demuestran estar más familiarizados con la habilidad de fusionarse y verse afectada por las emociones, pues ellos dialogan entre sí para unirse en forma voluntaria motivados por la frustración experimentada individualmente. En la carrera Stevonnie interactúa con Kevin entendiendo cuáles acciones ofenden a Steven y Connie, gatillando la pérdida de control del auto. Esto les permite reconocer haberse unido por darle gran importancia al joven y resuelven el conflicto emocional re direccionando su motivación por disfrutar la experiencia durante la carrera.

La trayectoria experimentada por la relación de Steven y Connie está marcada por el crecimiento individual en compañía de la otra persona en contextos agradables o conflictivos. Sin embargo, la unión será cuestionada por un acontecimiento particular mostrado *¿Eres mi papá?* (temporada 4, capítulo 24, 2017) *y Yo soy mi mamá* (temporada 4, capítulo 25, 2017). Las Crystal Gems junto a Connie Maheswaran escuchan a Steven relatar su encuentro con una gema desconocida y su preocupación por la desaparición de personas en la Ciudad Playa. El equipo se divide en duplas para investigar la situación.

Mientras los amigos recorren el interior del bosque, él se lamenta por los desaparecidos pensando en las emociones experimentadas por sus familiares y ella lo reconforta brindando su apoyo para resolver el problema actuando como un equipo unido. La gema aguamarina aparece posada sobre una rama seguida por una fusión llamada Topaz, la humana es atrapada con Jaime, Cebolla, Sadie y Lars. Steven intenta luchar, pero es derrotado y termina en estado inconsciente. Más tarde, gracias a una fotografía enviada por la niña, el grupo se enfrenta a las gemas en el parque de diversiones. El niño culpable sube a la nave enemiga, ignora fusionarse con su amiga para luchar y se entrega voluntariamente para ser juzgado en el Homeworld buscando garantizar la seguridad de los humanos liberados.

En los minutos finales de *La cabeza de Lars (*temporada 5, capítulo 4, 2017) cae la noche en la Ciudad Playa, las Crystal Gems, Greg Universe y Connie Maheswaran se encuentran con Steven Universe en la casa. Inmediatamente en *Dewey gana (*temporada 5, capítulo 5, 2017) los niños conversan, Steven relata orgulloso haber cumplido con la responsabilidad de proteger a las personas capturadas. Ella camina cabizbaja escuchando hasta cuestionar su actitud recordando el entrenamiento, el *Equipo Jalea* o Stevonnie para intentar explicar porque está herida emocionalmente. Pero Steven niega los sentimientos mostrados por su amiga por no verla lastimada físicamente, la humana resignada se teletransporta sobre León hacia su casa. Al día siguiente el muchacho intenta retomar su vida cotidiana visitando la *Gran Rosquilla* y la alcaldía para hablar con Bill

Dewey. Ambos intentan explicar por qué ocurrieron las desapariciones, pero los habitantes alzan su voz para cuestionar a su alcalde por su ineficiente trabajo. En la mañana siguiente Bill Dewey con Nanefua tienen un debate donde los ciudadanos eligen a la anciana como alcaldesa. Cuando el adulto acepta su derrota baja del escenario, Steven está decepcionado porque su apoyo no fue valorado y logra comprender la emoción experimentada por la humana e intenta retomar la comunicación sin obtener una respuesta.

El chico ansioso intentó comunicarse infructuosamente con su amiga enviando una gran cantidad de mensajes sin tener una sola respuesta, pero inesperadamente logra obtener una oportunidad de comunicarse en *La fiesta de Kevin* (temporada 5, capítulo 10, 2017). Un día Steven recorre la ciudad pegando carteles para encontrar a su León perdido, el adolescente aparece sobre su auto deportivo color amarillo invitándolo a su fiesta para contar con la asistencia de Stevonnie y el niño acepta la propuesta ya que Connie había confirmado su asistencia. Durante la noche el invitado se acerca directamente hacia el anfitrión vistiendo una camisa rosada y llevando unos bocadillos. Mientras a la orilla de la piscina esta Connie usando un nuevo peinado junto con León siendo rodeados por un grupo de personas.

Él intenta disimular su ansiedad pretendiendo actuar en forma despreocupada junto a Kevin, pero ella muestra su tristeza por sentirse ignorada mientras observa la repentina cercanía entre ambos. El chico se acerca e inicia un diálogo intentando evadir su preocupación por los mensajes enviados y nervioso escapa buscando a Kevin, ella retoma el diálogo explicando su frustración por no tener una conversación con él pese estar en el mismo lugar y camina en dirección hacia León. Steven la sigue logrando continuar la conversación, Connie aclara que no deseaba responder los mensajes porque buscaba resolver este conflicto estando frente a frente y su amigo ofrece disculpas por haber roto su promesa de trabajar en equipo. Ambos se abrazan dejando caer lágrimas de alegría y se retiran usando un portal interdimensional creado por León.

La tensión experimentada en esta relación demuestra cómo cada integrante afronta una experiencia conflictiva en forma individual, pues Steven tarda en percibir su error, luego intenta enmendarlo rápidamente sin tener éxito, viéndose obligado a entender cómo lidiar con sus propias emociones. Por su parte Connie demuestra la importancia de apartarse temporalmente buscando entender sus emociones tras haber expuesto sus sentimientos sin obtener una respuesta empática y elegir establecer una comunicación directa sin recurrir a los mensajes porque su relación con el chico tiene una gran importancia. De esta forma los integrantes pese a tener dos vías distintas de expresar sus emociones individualmente, eligen afrontar su incomodidad individual logrando comunicarse honestamente y actuar en forma empática para reconciliarse.

Los niños continúan viviendo aventuras ambientadas en el espacio. Connie tiene su primera misión fuera de la Tierra en *Lars de las estrellas* (temporada 5, capítulo 11, 2018) donde conoce a las Gemas Descoloridas durante su primer viaje en el espacio, Stevonnie maniobra una nave y experimenta una breve estadía en la Selva lunar. Durante un momento para descansar en *Selva Lunar* (temporada 5, capítulo 12, 2018) la fusión tiene un sueño donde Steven obtiene una pista para entender su conexión con Rose Cuarzo y Diamante Rosa. El segundo viaje con destino al Homeworld ocurre en *Piernas del Planeta Madre* (temporada 5, capítulo 25, 2018) ambos están acompañados por las Crystal Gems junto a Diamante Amarillo y Diamante Azul. Steven Universe se reúne con Diamante Blanco intentando convencerla de sanar a las gemas corruptas residentes en la Tierra, pero la regente no le permite dialogar y lo envía hacia una habitación rosada.

Tras entender cómo era la vida experimentada por su madre siendo una Diamante en *Familiar* (temporada 5, capítulo 26, 2018) el chico propone organizar un baile buscando reunir a las cuatro regentes e intentar por segunda vez tener una conversación con la inalcanzable regente. La celebración acontece en *Juntos Solos* (temporada 5, capítulo 27, 2018) él asume la identidad de Diamante Rosa vistiendo un traje rosado, acompañado por su Perla y Connie siendo una mascota humana. Las Crystal Gems saludan a su amigo, Amatista usa extensiones para tapar las imperfecciones en su cuerpo. Y Garnet se divide para encajar en un grupo de Rubíes y Zafiros. Luego aparecen Diamante Amarillo, Azul y Perla blanca en representación de Diamante Blanco. Connie Maheswaran observa a su amigo desanimado, se acerca para invitarlo a bailar y toma su mano guiando para bajar del trono rosado. El chico se disculpa con los invitados por comportarse indebidamente y Connie toma sus manos mostrando su apoyo incondicional para resolver la situación actuando unidos Ambos giran alegremente transformándose en Stevonnie. La ceremonia se detiene ante la presencia de la fusión apoyada por Ópalo y Garnet sin embargo Diamante amarillo logra vencerlas.

Las consecuencias del acto irresponsable hecho por los amigos se muestran en *Escapismo* (temporada 5, capítulo 28, 2019). Aparece una torre gris rodeada por construcciones de colores. En su interior Stevonnie intenta escapar golpeando sus escudos inútilmente contra la puerta, sube hacia una pequeña ventana observando con desánimo y separándose tras caer en el piso. Los chicos terminan sentados compartiendo una barra de cereal, él verbaliza su frustración porque el plan no ha funcionado y ella intenta reconfortarlo buscando opciones para escapar dando opciones como hacer una llamada pidiendo ayuda. Steven sigue esa idea y usa sus poderes para viajar hacia Tierra dejando su cuerpo inconsciente bajo su cuidado de la humana hasta su retorno tras haber conseguido ayuda.

La tensión generada en las Diamante por la existencia de Stevonnie se resuelve durante el episodio final *Cambia de parecer* (quinta temporada, capítulo 29-32, 2019). Tras experimentar una pesadilla, Steven despierta a Connie y las puertas de la habitación se abren dejando entrar a Diamante azul buscando una disculpa por la situación ocurrida en el baile. La chica confronta directamente a la Diamante mientras el chico explica por qué la fusión es un comportamiento normal. Steven tiene una conversación con la

Diamante abordando la manipulación y el daño emocional vivido por Diamante Rosa.

Los chicos abandonan la construcción para liberar a las Crystal Gems dirigirse hacia la ciudad (donde esta Diamante Blanco) recibiendo el apoyo de Bismuto, Lápis, Peridot, Diamante azul y Diamante amarillo. Un robot gigante construido por cuatro naves espaciales perteneciente a las cuatro regentes se enfrenta contra Obsidiana generando una situación caótica donde Steven, Perla, Garnet y Amatista ingresan a una habitación gris. Connie observa a Diamante Blanco manipular a las gemas y extraer la gema ubicada en el ombligo de Steven Universe para recuperar a Diamante Rosa. Pese a los ataques de la Diamante, Connie reúne a su amigo con la gema rosa para fusionarse y lo abraza con alegría.

Durante su estadía en el Homeworld Steven Universe recibe un fuerte cuestionamiento a su identidad generando sentimientos de frustración, siendo afectado por el temor a ser juzgado hasta descubrir la importancia de valorarse a sí mismo. Connie tiene un rol fundamental en este proceso demostrando su compromiso de *Equipo Jalea* brindándole en más de una ocasión un espacio para expresar sus frustraciones, buscando momentos para hacerlo sentir acompañado y le entrega gran apoyo emocional motivándolo a no rendirse. Esta situación ejemplifica como una relación sana entrega la fortaleza a sus integrantes, realza su habilidad de comunicarse, demuestra concretamente su capacidad de trabajar en equipo y mantenerse unidos emocionalmente logrando vencer las adversidades.

Lista de episodios recomendados para entender Connie: Alone Together

Temporada uno

Capítulo 7: *Amigos de Burbuja.*

Capítulo 32: *Cocina de Fusión.*

Capítulo 37: *Solos y juntos.*

Capítulo 44: *Ataque de las Canicas.*

Capítulo 46: *Un libro abierto.*

Temporada dos

Capítulo 1: *La Confesión.*

Capítulo 6: *Jura ante la Espada.*

Temporada tres

Capítulo 11: *Derrape en la ciudad playa.*

Capítulo 17: *Cacería de gemas.*

Temporada cuatro

Capítulo 3: *El diario de Buddy.*

Capítulo 24: *¿Eres mi papá?*

Capítulo 25: *Yo soy mi mamá.*

Temporada cinco

Capítulo 4: *La cabeza de Lars.*

Capítulo 5: *Dewey gana.*

Capítulo 10: *La fiesta de Kevin.*

Capítulo 11: *Lars de las estrellas.*

Capítulo 12: *Selva Lunar.*

Capítulo 25: *Piernas del Planeta Madre.*

Capítulo 26: *Familiar.*

Capítulo 27: *Juntos Solos.*

Capítulo 28: *Escapismo.*

Capítulos 29-32: *Cambia de parecer.*

Un mundo perfecto llamado Homeworld

Homeworld o Planeta Madre está ubicado en una zona no identificada del espacio exterior y se caracteriza por tener un par de anillos en diagonal junto a un corte en zigzag separando en dos partes la cubierta exterior blanquecina, perforada por agujeros. El cuerpo celeste posee un sistema social matriarcal liderado por la Gran Autoridad Diamante similar a la explicación del derecho divino explicada en *El Tratado sobre el gobierno civil* de John Locke. Una refutación del absolutismo de Robert Filmer escrito por Doris Guerrero citando a Robert Filmer, donde el rey tiene la soberanía absoluta y es concebido como un padre eterno teniendo una autoridad sobre otros sujetos. Su figura pública está marcada por su perfección, son las encargadas de gobernar a diversos tipos de gemas inferiores y deben preocuparse de colonizar distintos planetas para crear nuevas gemas extrayendo recursos materiales buscando expandir su imperio.

Las Diamantes se consideran a sí mismas superiores en comparación a las otras gemas. Respecto a este tema, Virginia Woolf habla sobre el caso de los hombres en relación a las mujeres en *Un cuarto propio*. En la edición del 2010 explica que las mujeres han servido como espejo de los hombres ya que estos buscan verse el doble de superiores en comparación a ellas. Algo que es fundamental en el sistema del Homeworld ya que las mismas regentes se ven de esa forma y el resto de gemas también provocando que sean respetadas y temidas, además de que no se cuestiona este hecho.

Diamante Blanco lleva eones viviendo en el planeta sin realizar viajes, limitando su participación en eventos para atender asuntos más importantes y está acompañada de una Perla Rosa caracterizada por una cicatriz en el ojo izquierdo. Su apariencia está marcada por una tez blanca deslumbrante, su gran altura, lucir su cabello llevando un peinado en cinco puntas y llevar su gema en la frente. Utiliza un vestido traslúcido de tono blanco con aberturas en ambos lados dejando ver las piernas y calza unas sandalias grises brillantes de taco ancho. Sus pestañas, labios y uñas están resaltadas por el color negro intenso decorado con brillos

La diamante lidera a las regentes manteniendo una relación distante con las otras diamantes y se encuentra obsesionada con demostrar su perfección intrínseca hacia las gemas o sus compañeras diamante creyendo conocer qué acciones pueden ser mejor para el resto. Para Eva Heller en su libro *Psicología del color*, el blanco es el color más perfecto. No hay ningún "concepto blanco" de significado negativo, salvo en Asia en donde varias culturas y civilizaciones relacionan dicho color con la muerte.

Su primera aparición ocurre en *Piernas del Planeta Madre* (quinta temporada, capítulo 25, 2018) cuando Perla Rosa utiliza una burbuja para transportar a Steven hacia un torso blanco. En su interior, Diamante Blanco da una bienvenida superficial a Diamante Rosa mostrando alegría porque terminó con su juego y termina la conversación abruptamente enviándolo hacia la habitación perteneciente a la madre del protagonista.

La regente demuestra su imponente personalidad durante el episodio de larga duración llamado *Cambia de parecer* (quinta temporada, capítulo 29-32, 2019) logrando controlar a las Crystal Gems, Diamante Azul y Amarillo quitándoles el color presente en sus cuerpos provocando que pierdan sus emociones. Intenta recuperar a Diamante Rosa extrayendo la gema rosa ubicada en el ombligo del niño, pero no tiene éxito. Ella expresa su molestia pues Steven está actuando de forma *infantil* a lo que el chico le responde: "yo soy un niño, ¿cuál es tu excusa?" En ese momento, la Diamante, avergonzada, se sonroja transmitiendo un leve tono rosa hacia los personajes, pierde el control de ellos y se pregunta si algo está mal en ella.

El grupo recupera sus colores junto a la conciencia. Diamante Blanco, arrodillada, expresa sentirse ridícula, Azul con Amarillo se horrorizan al verla descolorida. Ella se oculta diciendo: "esto no puede estar pasando. No puedo tener una falla. ¡Se supone que soy perfecta! Si no soy perfecta entonces... ¿Quién soy?", esto es algo que Heller también menciona en su libro, pues el blanco "es el color absoluto. Cuanto más puro, más perfecto. Y cualquier añadido disminuye su perfección". Steven contesta: "Sabes, si dejas que todos sean ellos mismos. Tal vez podrías dejarte ser quien quiera que seas", la Diamante responde: "pero se supone que yo no sea así. Se supone que lo sé todo, se supone que soy mejor, se supone que lo hago todo mejor" y él decide alentarla para cambiar, recomendándole salir de su mente para ver más allá. Durante su estancia en la Tierra, Diamante Blanco actúa tranquilamente gracias a la presencia de Steven e intenta ser más amable con las formas de vida presentes en su planeta natal.

Diamante Amarillo es la segunda integrante perteneciente al grupo regente del planeta y posee bajo su mandato una gran cantidad de gemas incluyendo a su obediente asistente personal Perla Amarilla. Su apariencia física está marcada por una tez amarilla, su gran altura, su peinado decorado por dos copetes junto a unas patillas gruesas y portar su gema en el pecho. Viste una chaqueta larga con hombreras grandes alargadas en la espalda, pantalones cortos café y botas color oliva. Su personalidad es fría, segura de sí misma, expone un carácter fuerte y demuestra excesiva dedicación en la colonización de planetas.

Esta diamante fue la primera en ser introducida en el capítulo *Pudo haber sido genial* (segunda temporada, capítulo 24, 2016) cuando León transporta a las Crystal Gems y Peridot hacia la Base Lunar. Durante su recorrido observan a las Diamante dibujadas en la pared. La antagonista ilumina la pintura de Diamante Amarillo y demuestra su gran devoción llamándola maravillosa. Luego realiza su primera aparición en *Mensaje recibido* (segunda temporada, capítulo 25, 2016) recibiendo un informe proveniente desde la Tierra y muestra su deseo explícito por destruirlo. Ella tiene una relación distante con Diamante Blanco buscando cumplir sus expectativas, es cercana Diamante Azul considerándola débil por exponer abiertamente una mayor sensibilidad emocional e intenta ocultar un sentimiento de culpabilidad por la muerte de Diamante Rosa en la colonia regalada por ella.

Sin embargo, la fortaleza expuesta se rompe durante una batalla ocurrida en *Cambia de parecer* (quinta temporada, capítulo 29-32, 2019) cuando Diamante Amarilla furiosa lanza un ataque contra Azul por hablar explícitamente sobre estar sufriendo en silencio y recalca la importancia de cumplir las expectativas de Diamante blanco siendo capaz de sacrificarse para tener un imperio perfecto. Steven menciona como la búsqueda por la perfección puede alejarla de otras gemas evitando sentirse feliz y la Diamante llora siendo reconfortada por Azul frente a los niños. Posteriormente, el grupo decide buscar la nave perteneciente a Diamante Rosa con forma de piernas, pero Diamante blanco se apodera de ellas. Motivada por Steven, Amarilla inicia una conversación señalando como ha demostrado su lealtad cumpliendo con los altos estándares para conseguir la perfección, pero seguir cumpliendo ese ideal afecta a las diamantes ya que tienen un lado frágil.

Eva Heller en *Psicología del color* explica que el color amarillo consta de contradictorios significados, entre ellos se encuentra el optimismo, iluminación mental, inteligencia, pero también es asociado con sentimientos negativos tales como la envidia, el enojo y la mentira. En el caso de Diamante Amarillo, se pueden observar una variedad de características contradictorias, pues muestra seguridad hacia sí misma sin embargo lucha por cumplir las expectativas de Blanco. Asimismo, menciona haber apoyado a Azul en su duelo por la pérdida de Diamante Rosa, pero su forma de lidiar con ese duelo es completamente distinta, deseando eliminar todo rastro del planeta donde la regente fue destruida ya que intenta dejar el pasado atrás y continuar cumpliendo con su rol de colonizadora de distintos planetas a lo largo de la galaxia.

Diamante Azul es la tercera integrante de la elite gobernante destacada por exponer una imagen social compasiva, suele estar acompañada por silente asistente Perla Azul, quien lleva su rostro cubierto por su cabello dejando apenas ver su nariz y boca. Su apariencia física está marcada por su tez azul ártico, su gran altura, tener ojeras en rostro, portar su gema en el pecho, su larga cabellera está unida bajo su cuello y cae por su espalda. Lleva un vestido largo con hombros descubiertos.

La regente se caracteriza por tener una personalidad sensible, compasiva, diplomática, fría y autoritaria, pero demuestra abiertamente estar deprimida y entristecida. Respecto al color azul, Heller menciona que simboliza lo femenino, entre los rasgos característicos se encuentran el ser apacible, pasiva, tranquila e introvertida, además de vincularse con el agua. Pese a esto, ella demuestra su capacidad para cumplir las normas junto con realizar su trabajo de colonizar planetas. Hace su primera aparición durante el flashback mostrado en *La respuesta* (segunda temporada, capítulo 22, 2016) recriminando a Zafiro porque la predicción no fue cumplida y ordenando la destrucción de Rubí por fusionarse la otra gema.

Su faceta emocional es mostrada explícitamente durante la cuarta temporada en *Los sueños de Steven* (temporada 4, capítulo 11, 2017) durante dos momentos. El primero es cuando el chico en sus sueños observa un entorno montañoso conectándose con la visión y las lágrimas pertenecientes a Diamante Azul. Él despierta motivado a averiguar por qué ocurre esto, pero las Crystal Gems se niegan a entregar ayuda y recurre a su padre obteniendo apoyo para seguir la investigación. Más tarde ambos viajan hacia Corea del Sur, se dirigen a una montaña alejada de la ciudad y caminan hasta encontrar una zona cercana. Ellos saltan la reja, recorren el lugar, encuentran dos palanquines junto a Diamante Azul llorando mientras recuerda a Diamante Rosa y lamentándose por la cercana destrucción del planeta. Mientras Perla Azul mira entre los arbustos encontrando a Greg, la regente dialoga con él y lo secuestra para salvarlo ante la inminente extinción.

Diamante Azul tiene una relación asimétrica con Diamante Blanco, intenta cumplir sus expectativas motivada por la sensación de temor y mantiene una relación estrecha con Diamante Amarilla mostrada en *Eso es todo* (cuarta temporada, capítulo 15, 2017) cuando Azul llora rodeada por muchas burbujas de color rosado. Diamante Amarillo aparece en la puerta con los brazos cruzados, inicia una conversación acompañada por dos Perlas e interpreta *¿Triste de qué sirve estar?* mostrando a su compañera la necesidad de no seguir lamentándose por Diamante Rosa pues debe tomar su rol como líder.

En ambos capítulos, *Eso es todo y Los sueños de Steven,* se muestra el dolor de Diamante Azul existente por miles de años y como ha intentado lidiar con la ausencia de Diamante Rosa. Otros conceptos que Heller asocia con este color tienen relación con la lejanía y fidelidad, los cuales se manifiestan en el extenso duelo experimentado junto a su actitud como líder de muchas gemas y colonizadora.

En la quinta temporada, Perla revela la falsa muerte de Diamante Rosa y Steven Universe comparte esta información con las diamantes, gracias a lo cual Azul hace comentarios revelando su gran afecto hacia su compañera. Su relación tiene otra cara mostrada en *Cambia de parecer* (quinta temporada, capítulo 29-32, 2019) pues ella se enoja con Steven por haberse fusionado con Connie durante el baile y acepta encerrarlos en una torre. La Diamante ingresa molesta buscando obtener una disculpa por el comportamiento incorrecto, intenta doblarlo transmitiendo su tristeza hacia él y exclama: "Rosa, tu estancia en la Tierra ha deformado tu sentido del bien y el mal".

El chico intenta dialogar entendiendo por qué Diamante Rosa aceptaría experimentar un castigo, pero cuestiona las decisiones tomadas por las Diamantes recordando como su amorosa familia (las Crystal Gems) respetan su elección. Él recibe otro ataque, sus ojos dejan caer más lágrimas y cuestiona directamente cuántas veces encerraron a su madre o cuantas veces la hizo llorar. Este gesto afirma la existencia de violencia intrafamiliar descrita por las autoras Mariela Almenares, Isabel Louro y María T. Ortiz en el artículo científico *Comportamiento de la violencia intrafamiliar* como violencia psicológica pues existe un acto sin dejar huellas visibles, pero genera implicaciones más trascendentes. Por esto la sensación experimentada por miles de años en Diamante Rosa se volvió patente siendo traspasado por medio de sueños y sensaciones hacia Steven. Diamante Azul asustada desactiva su poder, llora mirando por la ventana mientras menciona: "hiciste bien al irte. Siempre pensé que le fallabas a este mundo. Pero si eras más feliz en la Tierra, tal vez, este mundo te fallaba a ti". Posteriormente los tres ingresan a la habitación de Amarilla, ambas regentes luchan sobre un puente y Azul admite sentirse lastimada por haber sufrido por mucho tiempo como Rosa.

Diamante Rosa es la cuarta integrante del grupo político. Durante un tiempo no especificado compartió a Perla Rosa hasta recibir una propia, programada para hacerla feliz mientras colonizaba el planeta Tierra. Su apariencia física destaca por tener baja estatura en comparación a las otras regentes, posee una tez rosa y tiene una melena rosa pastel. Viste hombreras grandes rosa, guantes de tono cereza, un top cortado en forma triangular magenta descubriendo su gema rosa invertida, una falda corta cubre sus anchas caderas, en sus piernas usa calcetines largos blancos y calza alpargatas rosas decoradas con pompones blancos.

Es complejo describir la personalidad de Diamante Rosa ya que solo aparece por medio del relato entregado por otros personajes durante la historia. En una conversación de *Tu mamá y la mía* (quinta temporada, capítulo 13, 2018) Garnet relata como la regente mostró una actitud despiadada sin mostrar interés por salvar a las criaturas terrestres. Además, resaltó su cobardía tras recibir ayuda de Diamante Azul y Amarillo para controlar a los rebeldes.

En contraste, las otras diamantes veían a su compañera como alguien traviesa, bromista, que organizaba fiestas tratando de hacerlas sentir bien. En cuanto a la psicología de este color, Eva Heller explica que este no es un punto medio entre el rojo y blanco, pues posee su propio carácter. Al igual que el azul es asociado a lo femenino, la sensibilidad y la sentimentalidad, siendo un color que no posee características negativas. Sin embargo, la regente se desmarca de esta definición ya que ocultaba diversas sensaciones como sentirse apartada e inferior por tener una colonia. En el capítulo *Selva Lunar* (quinta temporada, capítulo 12, 2018) vemos parte de un sueño donde Stevonnie intenta llamar la atención de Diamante Amarillo, le discute por tener su propia colonia y golpea un espejo reflejando el rostro furioso de Diamante Rosa. También era infeliz pues, aunque intentaba comportarse de forma perfecta, era castigada en repetidas ocasiones.

La figura de Rose es mencionada por primera vez durante una batalla en *Terrícolas* (tercera temporada, capítulo 23, 2016) por Jaspe, su muerte es señalada en una conversación de Steven y una Rubí llamada Ojito en *De regreso a la luna* (tercera temporada, capítulo 24, 2016). Finalmente, en los últimos minutos de *En la burbuja* (tercera temporada, capítulo 25, 2016) Garnet señala a Rose Cuarzo como la encargada de acabar con la Diamante para defender el planeta.

En la quinta temporada Steven Universe comienza a esclarecer bajo cuales circunstancias fue destruida la regente. En *La Prueba* (quinta temporada, capítulo 2, 2017) se realizó un juicio contra él, señalándole ser Rose Cuarzo e interrogado por la muerte de Diamante Rosa, pero su defensa cuestiona como una revolucionaria reconocida por todos los integrantes del Homeworld pudo acabar con Diamante Rosa con gran facilidad. Se muestra otra pista durante *No puedo regresar* (quinta temporada, capítulo 17, 2018), cuando el chico experimenta otro sueño presenciando como Diamante Amarillo junto a Azul exigen a Rosa terminar el proceso de colonización sin verse amedrentada por las Crystal Gems. Las regentes se alejan y Perla ingresa cargando la espada de Rose ubicándose tras Diamante Rosa. El misterio logra ser revelado durante los episodios *Una sola Rosa pálida* (quinta temporada, capítulo 18, 2018) y *Ahora nos estamos separando* (quinta temporada, capítulo 19, 2018) ya que Perla muestra la estrecha relación entre Diamante Rosa con Rose Cuarzo. La regente obtuvo su primera colonia, cambió su apariencia para disfrazarse de un soldado tipo cuarzo rosa y recorrió la Tierra junto a su leal sirvienta maravillándose por las diversas formas de vida. La Diamante intenta detener el proceso de colonización sin embargo sus compañeras ignoraron sus argumentos y se limitaron a crear un zoológico humano.

Desde ese momento, la regente eligió usar la identidad de Rose Cuarzo buscando proteger el planeta. Más tarde conoció a Garnet, decidió luchar y construir un hogar para albergar a las gemas donde se les permitiese actuar libremente. Además de las características mencionadas previamente, el color rosa también simboliza la fuerza de los débiles, el encanto y amabilidad, emociones ligadas principalmente a Rose Cuarzo por parte de sus compañeras.

El último recuerdo de Perla está ambientado en el interior del Palanquín Rosa, Diamante Rosa revela el plan basado en fingir su muerte para convertirse en Rose Cuarzo y transforma un puñado de arena en trozos rosados. Perla promete no hablar sobre el tema, sale transformada en Rose y ataca a su diamante usando una espada rosada.

¿Cómo funciona el sistema del Homeworld?

Al comienzo de la historia las Crystal Gems no entregan mucha información sobre su planeta natal, sin embargo, la inminente aparición de gemas enemigas permite conocer una sociedad caracterizada por su división en castas regidas por obedecer una estricta jerarquía. Cada Diamante tiene una corte leal compuesta por grupos de súbditos ordenados por sub-jerarquías basadas en sus características y funciones. A su vez, cada integrante del planeta tiene la obligación de cumplir determinadas labores y en caso de no cumplir su función o el estándar de perfección exigido, pueden ser castigadas violentamente, incluso ser destruidas.

Un ejemplo claro son las gemas del tipo Perla, consideradas como un objeto de status ya que están hechas para obedecer todas las órdenes entregadas por una superior sin opinión, como se muestra en *Juntos Solos* (quinta temporada, capítulo 27, 2018) cuando Perla Amarilla afirma no considerar relevantes sus propios sentimientos ni entiende el concepto divertirse. También existen las bismutos, encargadas de construir lugares tales como torres o templos destinados a gemas de la elite. Esta división basada en la existencia de diversas profesiones u ocupaciones es descrita en *Casta, estamento y clase social* por el autor Juan Ferrando como la causante de divisiones verticales en el interior de la comunidad marcadas por ser estratos horizontales teniendo un orden escalonado, ocasionando interacciones sociales limitadas por la distinción altos y bajos existentes en la clase social.

Asimismo, para Rafael Plancarte las normas sociales son importantes porque generan solidaridad y pertenencia entre los sujetos haciéndolos vivir el proceso de socialización para hacerles integrar las normas sociales. Gracias a esto el concepto de perfección está asociado directamente con poseer una imagen corporal armónica sin diferenciarse entre sus pares. Este criterio se encuentra arraigado en las gemas pertenecientes a esa sociedad evidenciándose en la visión despectiva de Jaspe pues observa en Amatista una defectuosa soldado de alto rango por su baja estatura. Una situación similar aparece en *Muy pequeña para subir* (tercera temporada, capítulo 9, 2016), Peridot confiesa no tener poderes ni poder invocar armas, pero utilizan extensiones robóticas para mejorar su aspecto y hacerlas más funcionales.

En cuanto a la fusión solo puede ser realizada entre gemas pertenecientes al mismo tipo para cumplir determinadas funciones como dos Topacios unidas para capturar humanos o tres Rubíes mezcladas para defender de forma eficiente. Durante una batalla ocurrida en *La respuesta* (segunda temporada, capítulo 22, 2016) una Zafiro -gema del tipo aristocrática- junto con una Rubí -soldado común- se fusionan por primera vez escandalizando a sus pares y Diamante Azul ordena destruir a la soldado. Posteriormente, Jaspe se refiere a la fusión como una táctica fácil para obtener más poder y Peridot se muestra incómoda inicialmente con la presencia de Garnet mientras trabajan en el granero.

Rafael Plancarte hablando de Randall Collins respecto al funcionalismo asume como las normas sociales están determinadas por la cultura y afectan las motivaciones del individuo. De tal manera si la sociedad pudiera encontrarse con alguna figura desviada, sería tachada de anormal y obligada a rectificar, tal como ocurre con Rubí y Zafiro cuando se fusionan.

Otro caso ligado a la desviación está oculto en las profundidades del planeta ocupando un viejo Kindergarden se encuentran las descoloridas, un grupo de gemas defectuosas auto exiliadas para evitar ser destruidas por el Homeworld. Sus integrantes son las gemelas Rutilo provenientes de una solo gema, Padparadscha, una zafiro defectuosa, Rodonita formada por la unión entre una Rubí con una Perla y Fluorita conformada por seis gemas diferentes. La situación de estas gemas se relaciona con unas palabras escritas por George Eliot mencionada por Virginia Woolf en un cuarto propio que dicen: "una debe someterse a las convenciones sociales o quedar fuera de lo que se llama el mundo", lo cual refleja la situación de estas gemas que deben vivir al margen de la sociedad del Homeworld ya que sus existencias no cumplen con el ideal de perfección social anhelado por lo que solo generan rechazo y podrían ser destruidas. Durante su estancia en el espacio, Lars decide aliarse a ellas, logrando en conjunto conseguir una nave y viajar hacia la Tierra. En *Tu mamá y la mía* (quinta temporada, capítulo 13, 2018) Steven con Garnet visitan un vehículo espacial donde se encuentran las descoloridas. La fusión halaga a las tripulantes haciéndolas sentir incómodas ya que no conocen el significado de recibir comentarios positivos y Rodonita habla por el grupo afirmando sentir vergüenza porque no son apropiadas. Julieta Capdevielle recurre a Alicia Gutiérrez explicando en la teoría de Pierre Bourdieu la sociedad está compuesta por el término poder demostrado en los objetos y sus elementos simbólicos como el cuerpo afirmando como la dominación es material y simbólica.

De esa forma existe un vínculo entre la dominación y la legitimidad que garantizan la reproducción del orden social, porque los sujetos son incorporados en una posición dentro de la jerarquía social debido a las estructuras mentales adquiridas por medio del habitus. En este caso, la gema responde a su tipo y función. La lógica aplicada en el Homeworld es similar a la idea planteada por Adrián Scribano en el escrito Cuerpo, Emociones y Teoría Social Clásica: Hacia una sociología del conocimiento de los estudios sociales de los cuerpos y las emociones donde menciona: " en tanto conjunto de relaciones sociales nace (y se reproduce) a través del secuestro corporal que implica una manera de gestionar individualidades desviadas por medio del manejo científico de sus cuerpos". Un ejemplo ocurre en Muy pequeña para subir (tercera temporada, capítulo 9, 2016) Peridot acepta ir a Divertilandia en compañía de Steven y Amatista, ellos aumentan su tamaño para subirse a los juegos, pero la gema verde no puede hacerlo. Durante el paseo muestra su frustración y sus amigos la ayudan buscando la forma de hacerla crecer sin resultados. En una conversación la gema confiesa el origen de su problema porque al momento de su creación no contaban con los suficientes recursos, por lo tanto, nació sin poderes y de menor tamaño siendo obligada a usar extensiones tecnológicas. Aquí se resalta la importancia de cumplir el ideal corporal y funcional para vincularse con el resto de las integrantes en la sociedad del Homeworld.

En esta sociedad el mecanismo de control tiene los objetivos de vigilar, reconocer y controlar la existencia de anomalías en sus integrantes. Logrando optimizar, estandarizar o destruir a los integrantes según sea el caso. La vigilancia ejercida hacia los cuerpos puede ser entendida recurriendo al concepto panóptico planteado por Michel Foucault, reversionado en el libro Vigilancia Líquida por los autores Zygmunt Bauman y David Lyon. Para ellos, los sujetos no hegemónicos "se limitan a los lugares con humanos clasificados como inútiles, y pura y simplemente «excluidos», y donde la incapacitación de los cuerpos, más que su aprovechamiento para un trabajo útil, es el único objetivo. Si bien existen espacios de exclusión, los individuos han internalizado estas ideas de control a tal punto que la vigilancia se ejecuta sin la necesidad de ser observado por una autoridad externa. Se podría definir en palabras de Bauman como: "los subordinados están tan acostumbrados a su nuevo papel de autocontroladores que hacen inútiles las torres de control del esquema de Bentham y Foucault".

Las eras del Homeworld

En la historia no se entrega una explicación para comprender a cabalidad el origen de las gemas, pero se utiliza el término *era* para categorizar la ocurrencia de hechos relevantes acontecidos durante una determinada cantidad de tiempo. Se reconoce a **La Primera Era** como un momento marcado por su gran esplendor y perfección, en el cual las Diamantes iniciaron un proceso de colonización por diversos cuerpos celestes buscando expandir su perfecto imperio.

Cada regente estaba encargada de organizar la invasión hacia la superficie, utilizar su liderazgo para dirigir a sus gemas sirvientes y transformar la superficie para extraer en forma eficiente los recursos necesarios para beneficiar a su planeta conquistador. Diamante Blanco fue la primera regente capaz de invadir una región externa siendo imitada por Diamante Azul y Diamante Amarillo, mientras Diamante Rosa estaba viviendo en su mundo natal organizando bailes para celebrar estas conquistas.

Esta última Diamante insiste en tener su colonia para sentirse importante y valorada por sus semejantes, recibe un planeta ubicado en el sistema solar llamado Tierra junto a la Luna, su único satélite natural. Su misión consistía en transformar la superficie terrestre hacia una colonia caracterizada por tener 89 Kindergarden y 67 torres, que no consideraban la utilización indiscriminada de recursos naturales creados en la Tierra. El proceso de invasión inició con el aterrizaje de cruceros intergalácticos ocupados por gemas aliadas, se construyeron portales para conectar zonas del planeta y se levantó la Distorsión galáctica, una plataforma marina con múltiples portales enlazados hacia otros planetas en el espacio exterior.

En esta época se edificó una torre alta con una fachada blanca sobre la superficie lunar. En su interior hay una escalera desde la base hasta la cima, en el primer piso se encuentra la entrada principal junto a la pista de aterrizaje decorada con motivos alusivos a las cuatro gobernantes. La segunda planta tiene un orbe de observación usado para vigilar la Tierra y en la última división existe un tablero con información relacionada con el proceso de colonización.

Posteriormente, se construyó el Prime Kindergarden, una zona caracterizada por paredes de piedra agujereadas por máquinas negras alargadas decoradas con diamante rosado, un vidrio en la zona delantera y una base con un talado en el centro acompañado por cuatro patas. Estos objetos llamados inyectores recorren la piedra, usan su taladro para abrir un agujero e incuban una gema plantándola en la corteza para absorber luz. Gracias a este proceso se crearon Amatistas artificiales pertenecientes y leales a Diamante Rosa.

En *Ahora nos estamos separando* (quinta temporada, capítulo 19, 2018) Perla revela un hecho fundamental en la historia del Homeworld por medio de una vivencia personal acontecida hace miles de años atrás. En su recuerdo, vemos a Diamante Rosa mirar desde esa torre lunar con aburrimiento una pantalla con información sobre la colonización cuando Perla anuncia el surgimiento de las gemas en la Tierra. Ellas descienden por la escalera hacia el segundo piso, la asistente enciende la máquina circular mostrando un holograma del Prime Kindergarden. La regente está emocionada por crear formas de vida desde la nada e intenta abrazar a una Amatista para darle la bienvenida sin éxito. Perla proyecta desde su gema un holograma donde su líder adopta una contextura física gruesa similar a un cuarzo y viste un uniforme guinda, riendo junto a dos Amatistas. Rosa acepta su idea enfrentado su miedo a ser regañada por Diamante Amarillo y Diamante Azul.

Ambas se transportan usando un portal localizado en el Prime Kindergarden, Rose siente alegría por encajar sin recibir saludos protocolares y agradece la ayuda brindada por Perla en el viaje. Su recorrido continúa sobre la superficie contemplando el tranquilo cielo azul, las planicies cubiertas por flores. Adentrándose en bosques, viendo peces nadando en un lago cristalino y encontrándose con seres humanos. El clima sufre un cambio abrupto dejando ver nubes grises en el cielo, las dos tienen una conversación mientras caminan. La regente dimensiona cómo su colonización afectará la vida en la Tierra, ya que las gemas emergen quitando recursos naturales necesarios para la vida de otros seres terrestres. La lluvia comienza a caer sobre sus cabezas, Perla se disculpa por haberle mostrado esta realidad, pero su Diamante la detiene porque necesitaba ver este lugar.

Diamante Rosa decidió usar su influencia política para dialogar con Diamante Amarillo y Diamante Azul, buscando detener la colonización para conservar la vida del planeta. Ambas regentes no consideraron su argumento, crearon un zoológico espacial dedicado a la conservación de humanos extraídos desde la Tierra y ordenaron finalizar el proceso. Es entonces cuando Rosa, motivada por la rabia, decide transformarse en Rose Cuarzo buscando llamar su atención e intentar resolver esta injusticia; Perla entrega su apoyo guardando el secreto y ayudando a conformar las Crystal Gems.

Este pequeño grupo comenzó a realizar acciones mientras la colonización seguía realizándose. Las rebeldes aparecen repentinamente frente a Diamante Azul y logran vencer a las gemas guardias en la Arena celestial. En respuesta, Perla lanza su ataque hacia Zafiro, pero Rubí salta para defenderla fusionándose por primera vez en Garnet; Rose Cuarzo sorprendida detiene a su compañera para escapar del lugar. Las gemas testigos de la situación lanzan furiosas y juiciosas contra la fusión porque su sociedad no acepta la unión entre diferentes gemas. Paralelamente, las dos gemas rebeldes hablan sobre la fusión y experimentan en un bosque. Inesperadamente, la fusión se encuentra con Rose, quien escucha sus dudas y la incita a ser ella misma.

Rose Cuarzo comenzó a transmitir su motivación por defender la Tierra para construir un hogar donde cada gema tiene la posibilidad de elegir su propia identidad y tener su propia vida. Una gran cantidad escuchó sus ideas, las aceptaron y se unieron a las Crystal Gems logrando iniciar una revolución para defender su planeta. Esta situación generó un retraso en la colonización, el Homeworld construyó el Beta Kindergarden para crear rápidamente una gran cantidad de soldados destinados a luchar para detener la rebelión.

Ambos bandos protagonizaron la guerra marcada por diversas batallas, donde una gran cantidad de soldados murieron por defender sus ideales en el campo de batalla. Las Crystal Gems enfrentaban dos posibilidades: obtener la victoria sin tener la posibilidad de retornar a su planeta natal o ser destruidas tras perder la disputa. El grupo tuvo su primera oportunidad de obtener la ventaja gracias a la herrera encargada de forjar armas. Bismuto intentó demostrar su gran lealtad creando el Punto de Quiebre, un arma definitiva capaz de dañar la gema en forma irreparable para eliminar a sus enemigos. Durante *Bismuto* (tercera temporada, capítulos 20-21, 2016) Rose Cuarzo rechazó la posibilidad de utilizarla porque las Crystal Gems estarían actuando en forma similar al Homeworld y encerró a la gema dentro en el interior de una burbuja; la líder dio por extraviada a la gema en la batalla del zigurat para ocultar la verdad.

Al mismo tiempo, Diamante Rosa comenzó a recibir presión del Homeworld para enfrentar la situación acontecida en el planeta Tierra. En la base lunar Diamante Azul cuestiona la irresponsabilidad demostrada por Rosa, le recomienda no mostrarse intimidada por los rebeldes y mostrarse perfecta ante sus gemas subordinadas. Diamante Amarillo está parada de espaldas mientas escucha la conversación sin intervenir. Sobre la superficie de la Tierra continúan ocurriendo enfrentamientos entre el ejército revolucionario y los soldados leales a las Diamantes.

En una zona perteneciente a la península coreana se encuentra un palanquín rosado, en su interior la regente propone eliminar a Diamante Rosa para transformarse permanentemente en Rose Cuarzo y vivir libremente en la Tierra acompañada por los humanos. Perla acepta la proposición entusiasmada porque desea tener un futuro junto a ella. Rosa retoma su apariencia física de Diamante, traga unos trozos de cristal rosa hechos de arena y pide no volver a hablar sobre esta situación con ninguna persona para no recordar el pasado. Perla acepta la última orden, se transforma en Rose Cuarzo mientras sigue a Diamante Rosa hacia la salida del palanquín. Finalmente, un grupo de gemas atestigua como la espada de Rose Cuarzo ocasiona la muerte de Diamante Rosa.

La **Segunda Era** inicia con la noticia de la pérdida de la Tierra generando un fuerte impacto en la sociedad del Homeworld, especialmente en sus máximas autoridades. Las tres regentes furiosas decidieron detener en forma permanente la colonización del planeta, ordenaron a sus gemas aliadas evacuar la superficie terrestre y usando sus propias manos lanzan un ataque combinando sus poderes para acabar definitivamente con los rebeldes. Un destello de luz seguido por una onda de sonido impactó directamente la superficie afectando a las formas de vida. Rose Cuarzo utilizó su escudo para protegerse junto Garnet y Perla sin verse afectadas por este ataque.

La conclusión del conflicto tuvo consecuencias para ambas partes, ocasionando cambios permanentes como la estancia definitiva de Diamante Blanco en el planeta. Por su parte Diamante Azul sufre por la muerte de Rosa, visita el Palanquín Rosa ubicado en la Tierra y asume la administración del zoológico Humano buscando preservar su memoria junto con visitar una habitación ocupada por Cuarzos Rosa encerrados en Burbujas. El recinto terminó siendo custodiado por una Ágata junto a un grupo de Amatistas y Jaspes creadas en la Tierra. Por su parte, Diamante Amarillo continúa realizando su rutina de colonización, en múltiples ocasiones acompaña a su compañera Azul escuchando sus lamentos por Rose y muestra abiertamente su deseo por acabar con el planeta Tierra incluyendo a sus habitantes.

A nivel social no existen cambios en la estructura, durante los años entre la primera era y el inicio de la serie se produce un mayor avance tecnológico, pero a la vez existe una menor cantidad de recursos generando diferencias entre gemas formadas en la primera era y la segunda era. La información relacionada a las gemas sobrevivientes en la Tierra es inexacta, siendo descubierta por Peridot cuando encontró a las Crystal Gems recorriendo el Kindergarden o destruyendo sus romboides. Asimismo, la información sobre Rose Cuarzo, la asesina con habilidades curativas, terminó siendo inexacta; por ejemplo, en *Tu mamá y la mía* (quinta temporada, capítulo 13, 2018) las gemas descoloridas conocían distintas versiones sobre Rose Cuarzo incluyendo su inexistencia.

En la Tierra quedaron lugares abandonados como el campo de batalla gema repleto de armas usadas por antiguas integrantes de las Crystal Gems, los portales construidos por gemas del Homeworld, la distorsión Galáctica, Torre del Mar Lunar, el Centro de Comunicaciones y ambos Kindergarden. Pese a esto, Diamante Amarillo utilizó el Beta Kindergarden para incubar el Clúster bajo la superficie terrestre, esta geo-arma fue elaborada utilizando trozos de gemas para originar fusiones artificiales sin la capacidad de tener conciencia sobre su identidad o su entorno cercano. Anteriormente se realizaron experimentos similares utilizando trozos de gemas pertenecientes a las antiguas Crystal Gems.

Las Crystal Gems continúan siendo un grupo rebelde integrado por cuatro miembros: su líder Rose Cuarzo, Perla, la fusión Garnet y gema adoptada proveniente del Prime Kindergarden llamada Amatista. Su nueva misión consiste en viajar hacia diversas zonas del planeta buscando gemas corruptas y capturarlas en burbujas hasta encontrar una forma de reparar el daño ocasionado por las Diamantes. Por miles de años las gemas decidieron evitar el contacto directo con los humanos logrando apartarse de la sociedad. Pese a esto, el grupo construye el Templo de Cristal en la costa perteneciente a la Ciudad Playa; su hogar incluye un portal y habitaciones utilizadas en forma individual por cada integrante del equipo.

La **Tercera Era** está marcada por la revelación de Perla hacia Steven Universe sobre Diamante Rosa transformándose en Rose Cuarzo y fingiendo su muerte buscando su libertad; de esa forma Diamante Azul y Amarillo asocian a él con su compañera gema. Las tres diamantes intentan reparar a las gemas corruptas sin tener éxito y Steven propone llegar hasta el Homeworld para solicitar ayuda a Diamante Blanco.

Durante su estancia en el planeta Steven intenta conversar directamente con la Diamante sin poder lograrlo, recibe los tratos dados a Diamante Rosa recordando lentamente sus sensaciones y realiza una fiesta conocida por indicar el inicio de una nueva era. Durante el evento llega Perla Rosa frustrando a Steven porque no puede dialogar con Diamante Blanco, Connie propone bailar buscando animarlo y ambos se fusionan mostrando a Stevonnie en la pista.

Las Diamantes separan a la fusión de las Crystal Gems y castigan a Rosa encerrándola junto a Connie en la torre gris. El chico pide ayuda usando sus poderes mentales siendo resguardado por su amiga, tiene una conversación emocional con Azul, recuperan a las Crystal Gems y logran aliarse con Amarilla para enfrentar a Diamante Blanco. Finalmente, Steven entra la nave con forma de cabeza perteneciente a la regente. En ese lugar demuestra la inexistencia de Diamante Rosa porque eligió transformarse para formar parte del chico y Diamante Blanco decide trasladarse hacia la Tierra ayudando a reparar a las gemas corrompidas tras la guerra.

Lista de episodios recomendados para entender Un mundo perfecto llamado Homeworld

Temporada uno
Sin capítulos.
Temporada dos
Capítulo 22: *La respuesta.*
Capítulo 24: *Pudo haber sido genial.*
Capítulo 25: *Mensaje recibido.*
Temporada tres
Capítulo 9: *Muy pequeña para subir.*
Capítulos 20-21: *Bismuto.*
Capítulo 23: *Terrícolas.*
Capítulo 24: *De regreso a la luna.*
Capítulo 25: *En la burbuja.*
Temporada cuatro
Capítulo 15: *Eso es todo.*
Capítulo 11: *Los sueños de Steven.*
Temporada cinco
Capítulo 2: *La Prueba.*
Capítulo 12: *Selva Lunar.*
Capítulo 13: *Tu mamá y la mía.*
Capítulo 17: *No puedo regresar.*
Capítulo 18: *Una sola Rosa pálida.*
Capítulo 19: *Ahora nos estamos separando.*
Capítulo 25: *Piernas del Planeta Madre.*
Capítulo 27: *Juntos Solos.*
Capítulos 29-32: *Cambia de parecer.*

Conclusiones: Puedes conocerme si cambias de opinión

El relato contado en la serie muestra a Steven Universe habitando en una casa cerca del mar en la Ciudad Playa y siendo criado afectuosamente día a día por las Crystal Gem y su padre Greg Universe. El chico construye su identidad personal influenciado por un mundo familiar elaborado pues se produce una interacción entre la perspectiva mágica de las gemas y la perspectiva humana representada por el creativo adulto.

Asimismo, tiene un segundo entorno físico cercano en la Ciudad de la Playa donde él puede recorrer distintos tipos de áreas especialmente el sector comercial, puede interactuar con los diversos humanos y establece relaciones cercanas con algunos de ellos. Si bien la relación amistosa con Connie Maheswaran fue mencionada anteriormente es importante destacarla, ya que Steven experimenta la sensación de pertenencia, aunque sus diferencias sean evidentes. Con esta relación, el chico siente empatía hacia ella y le permite comprender situaciones asociadas a los niños humanos como estudiar.

Durante su recorrido por la ciudad el niño muestra su gran afición por comer diversos tipos de comidas, pero usualmente desea comer unas donas vendidas por Sadie y Lars en *La Gran Rosquilla.* Si bien ambos personajes no suelen compartir una gran cantidad de tiempo con el protagonista (en comparación a Connie o las Crystal Gems) durante sus interacciones aparecen los temores sentidos por cada adolescente de forma individual. En el caso de Lars se muestra en *El buen Lars* (temporada cuatro, capítulo 23, 2017) donde oculta su afición por la pastelería ya que tiene miedo a verse ridículo. Y la sinceridad de Sadie expuesta en *La canción de Sadie* (temporada dos, capítulo 17, 2015) admite no realizar nuevas cosas a su manera porque su madre Bárbara interfiere entregando su apoyo excesivo.

En la quinta temporada ellos demuestran con actos concretos haber cambiado. El adolescente cambia su comportamiento antipático, individualista y temeroso de ser rechazado por otros humanos durante el secuestro de Acuamarina y su inesperada estadía en el Homeworld. En ese momento el humano acepta el miedo permitiéndose lidiar con su vulnerabilidad haciéndolo sentir confianza en sí mismo y tener la motivación de tomar acción por las situaciones consideradas por él mismo como injustas. Este cambio se materializa cuando asume el rol de capitán para las gemas Descoloridas proponiendo vivir sin ocultar quienes son en la Tierra.

En paralelo Sadie está cansada de trabajar sola y triste porque ya no comparte con su enamorado. Un día se reúne con los chicos geniales y sin querer expresa sus emociones improvisando letras de canciones. Estos hechos la motivan para renunciar a su empleo para ser vocalista en la banda *Sadie Killer y los sospechosos*. De esa forma explora una nueva faceta menos tímida, complementa su personalidad amable y crece la confianza en sí misma, ya que actúa frente a grandes cantidades de público.

Los jóvenes realizan un gesto de honestidad hacia el niño directa o indirectamente mostrando su vulnerabilidad, gracias a la confianza y su genuino interés por entenderlos. Asimismo, él demuestra su capacidad para entregarles apoyo y motivarlos a seguir sus ideas pues ayuda a Sadie con su carrera musical. Y a Lars alentando a cocinar el postre, aprendiendo a ser honesto durante los procesos de cambio natural experimentados por los humanos en forma individual.

También es importante abordar la interacción con Cebolla en *Amigo Cebolla* (temporada dos, capítulo 13, 2015) ya que el chico utiliza la palabra raro para definirlo y confirma su apreciación durante su estadía en casa de Vidalia. Él queda perturbado por situaciones como: observar su rostro modelado en puré siendo lamido por su amigo, demuestra temor ante la posibilidad de alimentar una serpiente con un ratón blanco o ver el video donde Vidalia a luz a su hijo. Pese a todo Steven se muestra dispuesto a vivir una situación horrible sorprendiéndose, pues el anfitrión muestra una habitación secreta decorada por colores cálidos y busca en el cofre lleno de juguetes para regalarle una figura llamada *La chica exploradora.*

Ambos continúan relacionándose durante *Escuadrón Cebolla* (temporada cuatro, capítulo 7, 2016) donde el protagonista conoce a los amigos de Cebolla dedicados a hacer bromas y lo incentivan para aplastar un escarabajo usando un martillo. Él incómodo regresa a la casa deseando no tener amigos raros y cuestiona la amistad con Cebolla, pero el chico muestra al insecto vivo sobre el tapete. Ambos regresan hacia el bosque, él se disculpa por actuar extraño con ellos, pero descubre su partida de la ciudad porque el verano ha terminado y tras un abrazo grupal Cebolla llora sentado sobre un tronco. Inmediatamente el chico lo consuela recordando los buenos momentos vividos y prometiendo acompañarlo a jugar con el grupo durante el próximo verano.

Su interacción permite a Steven vivir situaciones donde comparte con un personaje diferente conociendo sus gustos, aprendiendo sobre sus amistades y construyendo una relación entre sí pues Cebolla demuestra entender la sensibilidad del chico. Por su parte Steven comienza a romper los prejuicios enfrentándose a los malentendidos y eligiendo conocerlo profundamente confrontando sus ideas preconcebidas.

Por último, el grupo de adolescentes llamados los Chicos Geniales muestran a Steven la importancia de expresar sus emociones con otras personas y generan un espacio de comunicación con él. Durante *Un poco de diversión (*segunda temporada, capítulo 2, 2015) viajan en el auto de Kiki Pizza, Steven relata a los adolescentes cómo las gemas desean secuestrarlo porque tiene su gema y añade su temor a ser culpado por la ausencia de su madre. Los jóvenes empatizan con él invitándolo a pasarlo bien jugando con la cápsula espacial usada por Peridot y lo defienden ante las Crystal Gems por ha vivido una situación muy difícil para su edad.

Su interacción con los humanos esta complementada con su vida mágica influenciada de las tres gemas Amatista, Perla y Garnet encargadas de proteger al planeta usando sus poderes mágicos. Este grupo posee una jerarquía marcada por el antiguo liderazgo de Rose Cuarzo y la sucesión entregada la fusión de Rubí con Zafiro por su habilidad de predecir el futuro. Al comienzo de la historia Steven Universe ve a sus compañeras gemas como figuras importantes siendo guías capacitadas para ayudarlo a conocer sus poderes mágicos. Por ejemplo, *Brillo de gema* (primera temporada, capítulo 1, 2013) sus compañeras muestran un congelador repleto de postres helados como regalo y él come una gato-galletas sintiendo una gran felicidad dejando salir desde su ombligo un escudo perteneciente a Rose activando por primera vez sus poderes mágicos.

Tras conocer su nueva habilidad Steven participa en su primera misión transportando la estatua de la diosa lunar en *Mochila Hamburguesa* (primera temporada, capítulo 3, 2013). El grupo sube la torre sorteando algunas dificultades en el recorrido con ayuda de algunos objetos guardados por el niño en su mochila. Por esto las gemas felicitan a su compañero por su capacidad de solucionar los problemas y lo alientan a sacar, desde su mochila, un elemento para solucionar cada dificultad. Sin embargo, en su llegada a la cima él *Steven se pone serio* (primera temporada, capítulo 8, 2014) se esfuerza por actuar maduro ante su primera misión seria en el templo pirámide. Pero su reacción durante el recorrido la trampa genera frustración en sí mismo ya que no logra ayudar afectado directamente a sus compañeras.

Gracias a las misiones vividas por el chico conjunto a sus compañeras comienza a revelarse su motivación para cuidar la Tierra, se conoce cuál es su visión de la realidad y se enfrentan a diversos tipos de gemas antagonistas encontradas en el planeta. En este contexto Steven interactúa directamente con una criatura durante *Mi amigo, El Monstruo* (temporada uno, capítulo 23, 2014) tras reventar una burbuja aparece una gema pequeña asustada buscando defenderse lanzando ácido. Él se acerca tranquilo demostrando su curiosidad, pero las

Crystal Gems parecen repentinamente. Perla grita: "¡Steven! ¡Aléjate de esa cosa! ¡Esta fue una terrible idea! Incluso lograste romper la burbuja y liberar a esa horrible… ¡cosa! ¡Si esa cosa te lastimó juro que…" Al mismo tiempo Garnet transforma sus manos mostrando unos puños grandes llamados guanteletes (generalmente usado en batalla) para verse amenazante mientras se aproxima lentamente hacia la madre. El chico defiende a la criatura diciendo: "¡No, no hizo nada! ¡Garnet! ¡No lo lastimes! Accidentalmente lo liberé de su burbuja, pero ni siquiera intentó lastimarme. No es como los otros, solo está asustado y confundido. Por favor Garnet. Te lo ruego". La líder acepta dejarlo libre pidiendo a su compañero entrenarlo.

Más tarde durante una misión en la montaña nevada, la fusión muestra nuevamente sus guanteletes-arma para extraer la estrella explosiva, la Madre ciempiés asustada expulsa ácido generando un derrumbe y hace peligrar a Steven. Cada integrante del grupo se cubre la cabeza para evitar salir lastimada, Perla actúa buscando controlar la situación comentando: "sabía que esto pasaría" mientras ataca a la gema dejándola inmóvil y Steven intenta salvarla agarrándola del pelo. Garnet la patea separándola de él y con el látigo de Amatista es capturada lanzándola hacia ellas. La Madre ciempiés intenta atacarlas, pero se calma tras escuchar al chico llorando, intenta detenerla recalcando lo innecesario de pelear ya que no es un monstruo sino amigos con muchos buenos recuerdos. Inmediatamente un trozo de nieve puntiagudo cae amenazando a Steven, pero ella lo empuja recibiendo el golpe y perdiendo la conciencia regresando a la forma original.

La situación descrita anteriormente expone dos interpretaciones sobre la realidad mágica vivenciada durante las misiones realizadas por el grupo. Por una parte, las Crystal Gems poseen una visión construida por haberse acostumbrado a realizar misiones por millones de años desarrollando un comportamiento violento cuando experimentan situaciones donde no tienen el control o ante lo desconocido. De esa forma tienen un prejuicio llevándolas a actuar desconfiadas ante la presencia de alguien desconocido si lo consideran un peligro o un riesgo. Esto se muestra en los comentarios de Perla y llevándolas a resolver sus conflictos recurriendo a las demostraciones de poder como Garnet exhibiendo su arma.

Este gesto se refuerza en la acción de violencia directa hacia la otra gema sin ser conscientes sobre su forma de actuar. Sin embargo, su comportamiento receloso es cuestionado por el último gesto realizado por la Madre Ciempiés mostrando explícitamente su sorpresa junto con empatizar con la tristeza del chico. Asimismo, la Madre ciempiés experimenta un gran temor cuando ve como las otras gemas se disponen a invocar sus armas y atacar. Debido a esto su cuerpo activa un mecanismo de defensa reaccionando con temor y posteriormente lanzando ácido para protegerse. Su comportamiento está basado en el temor hacia la violencia experimentada durante episodios anteriores de su vida y no por el deseo de atacar a otros.

Desde la perspectiva de Steven cuestiona el método observado cuestionando las creencias del grupo pues realiza un acercamiento hacia las gemas enemigas, aproximándose, motivado fuertemente por su curiosidad. Gracias a esto entiende el mensaje de temor contenido en el cuerpo tembloroso de la Madre ciempiés, elige dialogar con ella para calmarla y se acerca tranquilo, pero directamente ofreciéndole su amistad. Inmediatamente se propone interactuar utilizando las emociones, asumiendo un rol de figura confiable pidiendo a sus compañeras no exhibir sus armas, generando gustos en común como las papas fritas y confiando en sus habilidades durante la misión.

Steven no conoce todos los aspectos de la realidad mágica, gracias a su interacción con otros personajes obtendrá la información necesaria para expandir su conocimiento en torno a este tema. Él descubre la existencia de otro mundo lejano a la Tierra habitado por otras gemas llamado Homeworld mencionado en *La Gema del espejo* (temporada 1, capitulo 25, 2014) cuando libera a Lapislázuli del espejo. Él continúa descubriendo cosas en *La carrera espacial* (temporada 1, capítulo 28, 2014) durante un viaje a la Distorsión

Galáctica conoce la función de los portales en el pasado permitiendo el transporte de gemas hacia otros planetas. En *Excursión en el Portal* (temporada 1, capitulo 36, 2015) viaja hacia la Distorsión Galáctica encontrándose con Peridot una gema aliada del Homeworld. Asimismo, recorre junto a las gemas lugares desconocidos relacionados con los acontecimientos ocurridos en el pasado. Gracias a la motivación existente en Amatista durante *Fugitivos* (temporada uno, capítulo 40, 2015) ambos viajan hacia el Kindergarden, una zona geográfica oscura similar a un cañón de superficie agujereada y con los inyectores, unas máquinas viejas usadas para cultivar gemas durante la colonización del Homeworld. Otro lugar es mostrado en *La Funda de la Espada de Rose* (temporada 1, capítulo 45, 2015) durante un recorrido grupal en el Campo de Batalla Gema, el grupo recoge armas abandonadas hace 5.000. Garnet recuerda con seriedad la gran cantidad de gemas fallecidas durante la lucha y Perla cuenta con felicidad la victoria obtenida gracias a la guía de Rose Cuarzo.

De esa forma la vida cotidiana de Steven fluctúa entre el mundo humano a través de situaciones cotidianas acontecidas en la Ciudad playa y la realidad mágica conocida gracias a su estrecha relación con las Crystal Gems. Para el chico no resulta extraño ni preocupante la convivencia entre ambas realidades hasta el quiebre en su normalidad con la aparición de las gemas enemigas deseosas de destruir el planeta Tierra.

¿Soy mi madre o soy Steven Universe?

Indudablemente la infancia de Steven Universe está marcada por la ausencia de Rose Cuarzo ya que perdió su forma física para darle a luz. Sin embargo, él mantiene un vínculo con algunos objetos pertenecientes a ella como su escudo, la funda junto a la espada usada por Connie Maheswaran, un león Rosado encontrado en el desierto y la habitación perteneciente a su madre. No obstante, el chico sintió la necesidad de construir una imagen materna recurriendo a las diversas visiones existentes por su entorno familiar cercano.

Greg describe la existencia de Rose como un ser proveniente del espacio interesada por la vida humana con personalidad increíble, empática y misteriosa. Dos integrantes del grupo complementan la descripción. Perla acompañó lealmente por mucho tiempo a la gema percibiendo como una líder majestuosa, brillante, hermosa, llena de secretos y en determinadas ocasiones percibe un parecido entre ella con él. Asimismo, Garnet en *Mi amigo, el Monstruo* (temporada uno, capítulo 23, 2014) resalta el carácter compasivo de Rose contando su motivación por sanar a las gemas en estado de corrupción. Más adelante durante *La niña del kindergarden* (temporada cuatro, capítulo 1, 2016) complementa explicando su motivación por encerrarlas en burbujas buscando evitar el sufrimiento individual y atacar a otros seres en la Tierra.

El niño demuestra tener un apego emocional hacia la figura de Rose Cuarzo en *Lars y los chicos geniales* (temporada uno, capítulo 14, 2014) donde Kiki, Crema Agria y Buck fueron atrapados por el musgo mágico cultivado por la gema. Lars enojado comenta: "Sabía que si algo raro pasaba hoy iba a ser por tu culpa. ¡Ahora nunca seré amigo de estos chicos! ¡Y todo por culpa de tu extraña madre!". El niño cambia su actitud apacible por una desafiante: "¿Qué sabes tú de mi madre?" y con lágrimas usando un tono más alto continúa: "¡Ni siquiera yo pude conocerla!, pero sé que veía belleza en todo, incluso en cosas como esta. ¡E incluso en tontos como tú!".

El niño experimenta su acercamiento personal con su madre gracias a la ayuda de León en *León 3, El Vídeo* (primera temporada, capítulo 35, 2014). Una noche a través de su melena rosa él ingresa a una dimensión sin oxígeno, con pasto rodeando una isla con un árbol alto y con ramas delgadas. En ellas cuelgan elementos variados, como una polera con la frase Mr. Universe. Hay una burbuja flotando, una bandera vieja usada en la rebelión, la espada rosada enterrada en el suelo, un cofre cerrado, una foto protagonizada por Rose y Greg junto a VHS con el texto "para Steven". En la *Gran Rosquilla*, Steven acompañado de Sadie reproducen la cinta que muestra en la imagen a

Greg presentándose ante su hijo diciendo que será el mejor padre del mundo en la playa, complementado por la voz de Rose riendo. Una transición con forma de estrella cambia la imagen, mostrando ahora al humano de espaldas sentado junto a una gaviota, ella comenta lo maravilloso de vivir en la Tierra porque existen miles vidas junto a sus infinitas posibilidades de elegir; el niño, emocionado, escucha a su madre estar impaciente ver cómo se une a las formas de vida. Su rostro ocupa la imagen y explica porque ambos no pueden coexistir pues ahora será parte de él. Añade que lo amará desde su interior y la existencia del chico será algo extraordinario por ser un humano. La secuencia termina con la madre pidiendo ser cuidada por su hijo, seguido la imagen de Rose embarazada en la playa acompañada por Greg dándose un beso. La televisión muestra estática hasta apagarse, el chico emocionado sale hacia el exterior con una sonrisa abrazando cariñosamente el VHS y a León.

Este dulce acercamiento del niño con la imagen dejada por su madre entrega información del vínculo. La gema literalmente conforma parte del cuerpo físico de Steven en la gema rosa ubicada en el ombligo de él, elemento que le otorga las habilidades mágicas necesarias para ser una Crystal Gem. Sin embargo, esta conexión entre ambos comienza a cobrar una mayor relevancia en el encuentro directo con Jaspe durante los últimos minutos de *El retorno* (primera temporada, capítulo 51, 2015) donde él invoca su escudo, logrando detener el ataque lanzado por la nave espacial y la antagonista sorprendida reconoce el símbolo de Rose Cuarzo. Inesperadamente pregunta a su rival: "Rose… ¿Por qué tienes esa forma? ¿Por qué eres tan débil?" y decide abandonar su misión asignada, deseosa mostrarle a Diamante Amarillo su descubrimiento.

Si bien el conflicto tuvo la solución descrita en capítulos anteriores, el niño sufre un cambio abrupto en su vida ya que los hechos lanzan un repentino golpe de realidad. Haciéndole dimensionar la existencia de amenazas externas asociadas con un mayor conflicto e inconscientemente comienza un proceso para explorar su propia identidad buscando saber quién es, siendo afectado constantemente por la imagen fantasmagórica de Rose Cuarzo.

Durante este tiempo conoce el primer secreto relacionado con la figura de su madre revelada en *Bismuto* (tercera temporada, capítulos 20-21, 2016). Él rompe la burbuja que está en el árbol dentro de la melena de León, liberando una figura alta con cabello de colores al interior de la melena y regresan a la casa gracias a León. Garnet con Perla, sorprendidas, presentan a Bismuto como una antigua integrante de las Crystal Gems. Perla menciona que Rose estaba preocupada por ella ya que perdió su rastro durante la batalla por el zigurat. Bismuto pregunta confundida: "¿Dónde está Rose?". Steven levanta su polera mientras le responde: "Hola umm… de hecho yo soy el hijo de Rose. Ella como que se transformó dentro de mí. Bueno yo tengo su gema. El resto es por parte de mi papá". La gema mira el ombligo: "allí está. Tú ¿Me recuerdas?" y él responde: "no, lo siento".

Durante la noche Bismuto relata su motivación para seguir a Rose Cuarzo porque le permitió elegir su destino. Steven admite su incapacidad de valorar la sorprendente imagen de su madre y es alentado a no imitarla pues tiene la capacidad de ser alguien mucho mejor. Ambos continúan dialogando en la herrería, Bismuto describe la espada de Rose como un arma para destruir la forma física del rival y revela el *Punto de Quiebre*, un arma construida para destruir permanente a las gemas. Steven con lágrimas en los ojos rehúsa usarla porque no es lo correcto. Bismuto, enojada por la mentira de Rose, lo ataca recordando haber recibido la misma respuesta de su líder. Ella menciona estar decepcionada por el rechazo mostrado a su arma cuestionando porque una líder no acepta una gran oportunidad para ganar. Steven afirma no querer destruirla por tener diferentes ideas, Bismuto toma el arma y él levanta la espada para defenderse del ataque. Ella, triste, comenta que desea haber sido destruida por Rose, pero fue encerrada en la burbuja y su verdadero paradero fue ocultado con una mentira. Él promete contar a sus compañeras la verdad y encierra una gema cóncava con múltiples colores. En el

Templo de Cristal Steven herido cuenta a sus compañeras la mentira de Rose y el conflicto ocurrido con su antigua compañera.

El segundo secreto es revelado tras una batalla de Steven, Amatista y Peridot contra Jaspe en el Beta Kindergarden durante *Terrícolas* (temporada 3, capítulo 23, 2016). Mientras la gema antagonista pierde su conciencia siendo consumida por una infección y revela estar buscando venganza contra Rose Cuarzo por lo hecho a su líder diamante Rosa en la Tierra. Durante *De regreso a la Luna* (tercera temporada, capítulo 24, 2016) *y En la burbuja* (tercera temporada, capítulo 25, 2016) él escucha un comentario de una Rubí llamada Ojito asegurando haber visto a la rebelde acabar con la regente. Y más tarde Garnet confirma la información explicando por qué lo hizo. Por medio de estas situaciones sorpresivas Steven conoce a personajes afectados por las acciones de su madre, viéndose obligado a dialogar con ellos para comprender porque tienen resentimiento hacia ella pues él no tiene sus recuerdos. Esto genera un cuestionamiento respecto a la imagen de su madre porque siempre había sido una gema buena e incapaz de dañar a otros.

Por esto su vida cotidiana se ve afectada por la sensación de culpabilidad sin entender cómo enfrentarla. Esta sensación se aborda en *Educación Consciente* (cuarta temporada, capítulo 4, 2016) cuando observa una mariposa blanca sobre la espada de Rose Cuarzo. Más tarde Stevonnie ataca directamente con la espada rosa una *holoperla* transformada inesperadamente en Bismuto, Jaspe y Ojito, pero las visiones se desvanecen en mariposas formando la cabeza de Rose con expresión enojada. Desde la arena cae la fusión dividida porque perdió su equilibrio interno. Steven llora disculpándose por haber lastimado a las gemas, pero no podría haberse comportado de otra forma porque no aceptaron su ayuda. Por eso desea evadir la sensación ya que no se siente bien consigo mismo, pero Connie lo motiva para aceptar los sentimientos aterrizando unidos nuevamente. Las acciones realizadas por Steven durante la caída cuestionan las percepciones generalizadas asociadas a la figura varonil descritas por Rafael Montecinos en *La nueva paternidad: expresión de la transformación masculina* (2004) pues actúa evitando verse fuerte, independiente, muestra autocontrol, no expresa su emotividad, no llora mostrándose como un hombre débil. Desobedecer las ideas preconcebidas es un desafío, en palabras de Sergio Sinay en *Masculinidad tóxica*, de abandonar la oscura, fría y solitaria guarida protectora del peligro para encaminarse hacia reconocer el mundo feminizante emocional encontrará un poderoso puente de comunicación y de empatía entre las personas.

No obstante, él enfrenta todas las ideas relacionadas con su madre durante *Tormenta en el Cuarto* (temporada 4, capítulo 17, 2017). En su casa observa a su amiga Connie interactuar afectuosamente con su madre la Dr. Maheswaran. Cuando las humanas se van, él cocina su cena notando que está solo en una gran habitación vacía y se muestra incómodo con la fotografía de Rose Cuarzo. Él evade su sensación continuando con su rutina comiendo en la terraza, pero una repentina lluvia le obliga a regresar al interior. Allí habla con el cuadro pidiendo conocer la verdadera versión de su madre, no la versión relatada por los demás. Su gema abre la puerta hacia la habitación de Rose con la habilidad de crear cualquier deseo.

El recorre el lugar decorado por nubes rosadas, Steven avergonzado desea ver a su madre. Aparece Rose Cuarzo, él se presenta ante ella y comparten tiempo juntos realizando actividades como videojuegos y fútbol americano. Todas estas actividades son las que Steven le gustaría hacer con su mamá. Más tarde ambos comparten una conversación donde él admite sentir inspiración para vivir cuando mira su retrato o haber pensado en teñirse el pelo rosa. Su madre responde: "No hay nada malo con tu cabello. Es maravilloso justo como es. Maravilloso en todos los sentidos, justo como tú". Él llora de alegría por sentirse reconfortado mientras apoya la cabeza en su madre. Cuando toma una *selfie* para retratar ese momento, mira pantalla viendo un fondo negro ocupado únicamente por su figura. Él nota haber estado hablando consigo mismo y entiende como la habitación mágica creó una figura basada en la contención emocional que deseaba recibir.

Las nubes forman una tormenta con rayos, él demuestra su decepción diciéndole a ella: "encerraste a Bismuto dentro de León porque ella quería destruir a las gemas y nunca se lo contaste a Garnet o Perla. Pero luego destruiste a Diamante Rosa. ¡Y ahora todo el Homeworld está al acecho de la Tierra, y de las Crystal Gems y de mí! ¡Nos pusiste en peligro a todos y tú simplemente desapareciste! Finalmente conozco la verdad. Ya sé lo que eres. ¡Eres una mentirosa!" Él enojado continúa enrostrando su mal comportamiento por lastimar a todos, abandonar a sus compañeras junto a su pareja y pregunta si solo esta vivo para lidiar con sus errores. La tormenta baja su intensidad, Rose contra pregunta si considera el mensaje entregado en la cinta es una mentira y él responde: "no estoy seguro… Estoy seguro que decías la verdad". Ambos se abrazan bajo una suave lluvia, Steven comenta: "sé que no querías que lidiara con tus problemas. Pero eres parte de mí ahora y tengo que lidiar con todo lo que hiciste" mientras su madre desaparece.

En esta situación él admite la necesidad de conocer a su madre, utiliza su habitación como espacio físico seguro para hablar directamente con ella y exponer su necesidad emocional. Si bien su interacción es breve resulta significativa pues él siente alegría por tenerla físicamente, recibe comentarios valorando su existencia y muestra su vulnerabilidad permitiéndose ser protegido por una figura materna. El comportamiento mostrado en el capítulo puede ser identificado recurriendo a la autora María Cristina Hoyos en *¿Entendemos los adultos el duelo de los niños?* Ella se refiere a John Bowlby resaltando las consecuencias de la separación por fallecimiento parental destacando, explicando la fase de anhelo y búsqueda: etapa de añoranza caracterizada por la presencia de inquietud física y pensamientos permanentes sobre el fallecido.

El chico observa la preocupación de Connie por su madre y la respuesta de la doctora Dr. Maheswaran ante la preocupación demostrada por su hija, permite a Steven reflexionar sobre su anhelo de vivir una relación similar a la mostrada por su amiga con su madre que nunca conoció. La sensación se intensifica porque está solo en la casa, durante la noche y rodeado por la lluvia. Debido a esto la gema reacciona por las emociones y se abre la puerta permitiendo al protagonista tener una conversación directa con la imagen de Rose Cuarzo.

Al no estar rodeado totalmente por su familia (Greg, Perla, Amatista y Garnet) o algún integrante puede abordar este anhelo emocional pues anteriormente estuvo sometido a la dimensión transgeneracional de duelo. Siendo definida por Emilio Gamo y Pilar Pazos en *El duelo y las etapas de la vida* por tener un efecto inconsciente con figuras hay figuras mitificadas cuya desaparición da lugar a reestructuraciones familiares o intensificación de mitos familiares. De esa forma él experimenta una catarsis al escucharse a sí mismo cuestionando el egoísmo demostrado en cada comportamiento, logrando reponerse tras la explosión emocional y aceptando tomar la responsabilidad para enfrentar las consecuencias.

Por esto Steven admite públicamente ser Rose Cuarzo aceptando su culpabilidad en la destrucción de Diamante Rosa. Experimenta un juicio ante Diamante Azul y Amarillo mientras surgen detalles importantes para revelar el secreto más importante guardado por la exlíder revolucionaria. El chico tiene un sueño en *No puedo regresar* (temporada 5, capítulo 17, 2018). Ve la sombra solitaria de Diamante Rosa, surge otra silueta con forma de Perla llevando la espada de Rose y mirando fijamente a él. Cuando llega a la Tierra en *Una Sola Rosa Pálida* (temporada 5, capítulo 18, 2018) explora los recuerdos de Perla hasta encontrarse en el palanquín rosa. Rose convence a su compañera de ayudarla a fingir su muerte para dejar la Tierra en manos de las Crystal Gems logrando vivir libremente con ella y la líder se transforma en Diamante Rosa.

Ella transforma un puñado de arena en trozos de diamante, los traga y le entrega su última orden a Perla de mantener el secreto y no hablar sobre lo ocurrido nunca más. El chico observa a su madre salir del palanquín, se encuentra frente a frente con Perla viéndola transformarse en Rose Cuarzo para atacarla y cumplir con su plan. Steven regresa al templo de cristal diciendo: "mamá fue Diamante Rosa" generando un momento caótico para el grupo. Durante una conversación en la pizzería él siente alegría por saber que Rose no asesinó a una Diamante, pero está molesto por la mentira haciéndolo sentir confundido. El diálogo continúa en la playa, Amatista decide no sentir culpa por el pasado para cuidarse a sí misma y apoyar a su amigo por siempre. Steven, sentado en la arena, la mira sorprendido. Su compañera pregunta: "así que Steven, ¿Cómo te sientes ahora?" y responde: "mucho mejor". Amatista lo acompaña sobre la arena y se acuesta mirando al cielo. Él pregunta: ¿has tratado de animarme todo este tiempo?". Ella contesta: "¡Sí! ¡Rayos! No ves que te lo mereces, eres una gran persona".

Desde ese momento el chico ayuda a las gemas colaborando con el matrimonio de Garnet y disfrutando la celebración hasta la repentina aparición de dos naves espaciales pertenecientes a Diamante Azul y Amarillo. Ocurre una batalla entre las Crystal Gems incluyendo a Connie, Peridot, Lapislázuli, Bismuto, León y el Clúster enfrentándose con las regentes. Mientras lucha Steven se acerca a las Diamantes afirmando ser Diamante Rosa, pero Diamante Amarillo lo aplasta con su bota dejándolo inconsciente. Sin embargo, utiliza la proyección astral llegando a las mentes de sus rivales, trata de contarles la verdad sobre Diamante Rosa y expande su aura. Gracias a esto las regentes reconocen la presencia de su compañera y detienen la batalla. Inmediatamente en *Piernas de aquí al planeta madre* (temporada cinco, capítulo 25, 2018) hay una conversación con las Diamantes. Steven explica que Diamante Rosa fingió su muerte para tomar la forma permanente de Rose Cuarzo. Luego cedió esa forma física para crearlo a él conservando sus poderes, su gema, pero no los recuerdos de ambas.

Durante el diálogo el chico se propone cumplir otro deseo de su madre buscando solucionar la corrupción de las gemas con ayuda a Diamante Blanco. Para lograrlo viaja al Homeworld acompañado por las Crystal Gems y las dos regentes. En este lugar el chico experimenta diversas situaciones donde entiende el sentimiento de añoranza presente en las Diamantes por su antigua compañera. En *Familiar* (temporada cinco, capítulo 26, 2018) Steven observa como las regentes buscan recuperar su composición familiar original sin preocuparse de entender quién era Diamante Rosa y porqué tenía su antiguo comportamiento. Por el contrario, el chico comienza a comprender quién era su madre cuando entra a la habitación de Rosa y descubre a los Guijarros.

E interpretan la canción *familiar* interpretando lo siguiente: *familiar, ¿por qué es tan familiar? Familiar, algo que solía saber. Familiar, mirando muy fijo el techo. Familiar, conozco este sentimiento. Y todos quieren que sea mamá, y todo lo que hago, lo hago mal, los distraigo con un chiste o una canción, y tal vez nos ayude a estar bien. Familiar, ¿por qué es tan familiar? Familiar, algo que solía hacer. Familiar, solía estar muy molesta, pidiendo (Steven y Guijarros: también un Diamante ser) Y a veces los hacía enloquecer., la aman, pero atrás la dejarán, sin sitios importantes donde estar, por estar con alguien como yo.* Usando estas palabras se plasma la añoranza de Diamante Rosa por integrarse a las regentes buscando ser una más del grupo pese a no sentirse querida. Para lograr esto intentaba agradarles haciéndolas reír, pero fallaba al actuar como ella misma en el grupo, ya que estaba presionada a tener cierto comportamiento según su posición social en el Homeworld. La sensación estaba acentuada porque las regentes no demuestran afecto entre sí ya que sus acciones estaban basadas en los roles establecidos hacia las líderes. Debido a eso Rosa deseaba tener una colonia para pertenecer al grupo. En paralelo Steven reconoce los sentimientos de su madre y las entiende. Pues él tuvo una experiencia similar cuando era más pequeño quedándose solo en casa mientras las gemas salían para cumplir sus misiones. O al inicio del relato donde él intentaba conocer sus poderes mágicos buscando encajar teniendo un rol participativo en el grupo.

Tras entender esto él experimenta una breve confusión sobre su propia identidad porque todas gemas habitantes del planeta lo reconocen con el nombre Diamante Rosa y durante sus sueños tiene diversos recuerdos pertenecientes a la época donde su madre era regente. Además, siente frustración ya que no consigue hablar con Diamante Blanco en *Juntos Solos* (temporada cinco, capítulo 27, 2018). Al final del capítulo Connie invita a bailar Steven para subirle el ánimo, se fusionan en Stevonnie ante los asistentes a la celebración y termina encerrada en una torre como castigo por su comportamiento inadecuado. En *Escapismo* (temporada cinco, capítulo 28, 2019) elle no encuentra una vía para escapar y se divide. Tras una conversación Steven decide pedir ayuda encarnando el cuerpo de una Sandía y llega hasta la Ciudad Playa logrando comunicarse con León, Greg y Bismuto. Mientras esto ocurre Stevonnie interpreta *Escapismo* expresando su agotamiento por las situaciones vividas hasta ese momento. Pues Steven recibió un golpe de la realidad en el Homeworld donde todo es diferente a la vida en la Tierra porque las gemas se encuentran enfocadas en cumplir sus funciones y seguir las normas sociales de interacción que impiden una comunicación empática. Sumado al revivir las emociones de su madre, aceptar como su idea de salvar a las gemas corrompidas no está funcionando ya que es imposible tener la atención de Diamante Blanco y lo frustrante de intentar hacer las cosas en forma diferente sin tener éxito. Sin embargo, tiene un gran deseo por salir del planeta y ser libre.

En la torre donde se encuentran prisioneros Connie y Steven aparece Diamante Azul. Ellos conversan sobre el daño emocional causado a Diamante Rosa. Los jóvenes consiguen ayuda para salvar a sus amigas de las burbujas creadas por Diamante Amarillo y reciben refuerzos provenientes de la Tierra. Mientras Alexandrita lucha contra un robot construido por cuatro naves de las regentes en *Cambia de parecer* (quinta temporada, capítulo 29-32, 2019) el chico ingresa a la cabina de control ubicada al interior de la cabeza blanca y se encuentra con Diamante Blanco. La gema habla arrogante de su perfección, él está asustado por observar a sus compañeras controladas por su rival, pero intenta dialogar. Ella desvaloriza a Diamante Rosa por rodearse de gemas inferiores para descartar como la mejor gema entre las peores. El chico le aclara estar hablando sobre su mamá mas no de él.

Llega Connie y las gemas controladas la atrapan. Blanco comenta: "estas gemas sin poco valor no fueron suficiente para ti, ¿no es así? ¿Ves cómo te rodeas de formas de vidas inferiores? Te ves a ti misma en ellos, se siente bien, ¿No es así Rosa? Esconder tu poder, esconder tu rostro, echándole la culpa a alguien más. Te volviste Rose Cuarzo para engañar a tus patéticos amigos y ahora has mejorado en eso porque ahora te estás engañando incluso a ti misma". El protagonista confundido recuerda los sueños de Rosa, pero menciona estar sintiendo las emociones de ella porque sus poderes mágicos funcionan de esa forma. Su amiga intenta ayudarlo, pero la Diamante toma al chico y extrae su gema desde el ombligo.

Él despierta sintiendo débil su cuerpo humano mientras observa la gema rosa transformarse en Diamante Rosa, Rose Cuarzo y él mismo. Blanco intenta recuperar a su compañera, pero Steven Rosa se niega gritando: "¡Ella se fue!" lanzando una onda rosada, ella se cae y Connie carga a su amigo. Los Stevens avanzan buscando reunirse, se abrazan riendo con lágrimas y girando en círculos hasta fusionándose en una sola existencia unida por el amor propio. Su amiga emocionada corre abrazándolo preguntando: "¿Ya están juntos de nuevo? ¿Ya eres tú?" y él seguro tocando su torso responde: "¡Sí, ya lo soy! Siempre he sido yo". Luego dialoga con la Diamante haciéndola sentir avergonzada provocando que cuestione su identidad.

Finalmente, el grupo regresa a la Tierra acompañado por las regentes para reparar a las gemas corrompidas afectadas por el ataque realizado miles de años atrás y cumplen con el deseo de Rose Cuarzo. Cuando las Diamantes terminan su trabajo regresan al Homeworld. Cae la noche las familias está en la playa celebrando, Steven se aparta para tocar ukelele acompañado por Garnet, Perla y Amatista. Esta última le pregunta qué está tocando, él responde tener una idea para una canción, Garnet propone escucharla y Steven toca *Cambia tu pensar*.

En este viaje Steven logra reconocerse a sí mismo con la fortaleza de defender su propia identidad, haciendo la diferencia entre las emociones experimentadas por Diamante Rosa y los secretos ocultados por Rose Cuarzo durante su nueva vida. Él consigue esto debido a lo vivido en torno a sus emociones complementado con la habilidad humana de cambiar, característica que le permite entender el proceso de crecimiento experimentado desde su primera misión hasta la última.

Este cambio individual se evidencia durante el diálogo entre Diamante Blanco y Steven. Ella reafirma su superioridad por medio de frases arrogantes para demostrar su perfección en relación a las otras Diamantes. También menoscaba el valor personal de Diamante Rosa deseando hacerla sentir culpable por su comportamiento, la menosprecia por elegir relacionarse con otros seres defectuosos y cuestiona su decisión de cambiar físicamente. Por eso la regente se encarga de negar la existencia de una gema con la identidad de Steven Universe porque cree estar ante Diamante Rosa. Sin embargo, el protagonista puede refutar los comentarios malintencionados ya que entiende la transición identitaria vivida por su madre siendo Diamante Rosa y eligiendo ser Rose Cuarzo, logrando entender el límite establecido emocionalmente entre las tres etapas. A esta separación se le puede aplicar el término autoconcepto definido por Ana Roa en el texto *La educación emocional, el autoconcepto y su importancia en la infancia* como una dimensión cognitiva donde inciden las vivencias del individuo y va creando su propia autoimagen pues no es innato.

Esto genera una confianza en sí mismo reforzada por el comportamiento de ambos Stevens que buscan estar unidos por la necesidad de regresar a ser él mismo. Eso explica la primera acción realizada por Steven humano, tras recuperar su conciencia y ver al otro Steven intenta mover su cuerpo debilitado para acercarse hacia él. Mientras el Steven gema confronta a la regente negando la existencia de Diamante Rosa gritando: "¡Ella se fue!", generando con su magia una onda expansiva que logra resquebrajar los objetos del lugar y defenderse contra los ataques hechos contra él.

Es importante resaltar como la postura de Diamante Blanco tiene una personalidad obsesiva manifestada en la búsqueda de perfección y control. Esto se expone cuando ejerce su rol como regente en el Homeworld viéndose replicado en las cortes de gemas y en las colonias externas al planeta. Por eso ella actúa caprichosamente y utiliza todo su poder como autoridad suprema para regresar a su compañera a la normalidad porque no entiende las razones de Rosa para ser Steven Universe. Y no puede detener la necesidad intrínseca de ambos Stevens de vivir unidos pues forman parte de uno mismo. Ellos lo demuestran durante su fusión por medio de un abrazo expresado en sus rostros desbordantes de alegría. Simbólicamente este gesto puede ser entendido como un reforzamiento hacia su autoestima e identidad según la definición entregada por Ana Roa, ya que valor y afecto hacia uno mismo aceptando ciertas características generando una disposición permanente para enfrentarnos con nosotros mismos, conforma nuestra personalidad, la sustenta y le otorga un sentido.

Él confirma sentirse confiado por haber sido él mismo durante todo este tiempo. La primera vez ocurre tras su fusión en la conversación con Connie donde afirma siempre haber sido él mismo. Con estas palabras demuestra haber disipado sus dudas respecto al cuestionamiento vivido antes sobre la identidad de su parte gema. En la segunda ocasión de noche en la playa sus compañeras gemas se acercan y él interpreta la canción *Cambia tu pensar* exponiendo: *yo no quiero tu respeto, me respeto. No quiero que me ames, yo me amo. Recuerda que puedes conocerme si cambias tu pensar, si cambias tu pensar, si cambias tu pensar, si cambias tu pensar.* En esta letra finalmente expresa valorarse mediante su propia aceptación a través del respeto y amor propio. Gracias a esto él logra entender el mensaje entregado por su madre sobre amarse a sí mismo porque es una existencia extraordinaria tal como fue mencionado en la grabación del VHS vista por el niño tiempo atrás.

Lista de episodios recomendados para entender: Puedes conocerme si cambias de opinión y ¿Soy mi madre o Steven Universe?

Temporada uno

Capítulo 1: *Brillo de gema.*

Capítulo 3: *Mochila Hamburguesa.*

Capítulo 8: *Steven se pone serio.*

Capítulo 14: *Lars y los chicos geniales.*

Capítulo 23: *Mi amigo, El Monstruo.*

Capítulo 25: *La Gema del espejo.*

Capítulo 28: *La carrera espacial.*

Capítulo 35: *León 3, El Vídeo.*

Capítulo 36: *Excursión en el Portal.*

Capítulo 40: *Fugitivos.*

Capítulo 45: *La Funda de la Espada de Rose.*

Capítulo 51: *El retorno.*

Temporada dos

Capítulo 2: *Un poco de diversión.*

Capítulo 13: *Amigo Cebolla.*

Capítulo 17: *La canción de Sadie.*

Temporada tres

Capítulo 20-21: *Bismuto.*

Capítulo 23: *Terrícolas.*

Capítulo 24: *De regreso a la Luna.*

Capítulo 25: *En la burbuja.*

Temporada cuatro

Capítulo 1: *La niña del kindergarden.*

Capítulo 4: *Educación Consciente.*

Capítulo 7: *Escuadrón Cebolla.*

Capítulo 17: *Tormenta en el Cuarto.*

Capítulo 23: *El buen Lars.*

Temporada cinco

Capítulo 17: *No puedo regresar.*

Capítulo 18: *Una Sola Rosa Pálida.*

Capítulo 25: *Piernas de aquí al planeta madre.*
Capítulo 26: *Familiar.*
Capítulo 27: *Juntos Solos.*
Capítulo 28: *Escapismo.*
Capítulo 29-32: *Cambia de parecer.*

Epílogo: Educación emocional y sus consecuencias

Por Jacqueline Herrera

La primera vez que me enfrenté a Steven Universe fue en uno de esos carretes donde a las 3 am alguien se pone a mostrar "una serie brutal", normalmente con harto gore y poca trama. Sin expectativas, el compañero nos empezó a mostrar estos "monitos del Cartoon Network" que veía su hijo sobre un cabrochico con una gema en el ombligo, que tenía escenas que le había sorprendido. "Un beso lesbiano, así, frente al cabrochico, parece japonés, miren…" y nos mostró la escena de "Escape en la prisión" con la canción de *Stronger Than You.*

Para el cisgénero homo sapiens que nos hablaba, le había parecido un tratamiento muy amable y respetuoso sobre los personajes que luchaban. Badass, fue la palabra que utilizó para describirlo, y con esa me quedo. Sin traducción, creo que esa palabra describe perfectamente la canción de Garnet, dulce, pero firme, y sabrosona. Infringe respeto, calma, sin dejar de establecer su límite. Desde ahí que seguí sagradamente la serie a través de portales, considero personalmente que las lecciones sobre humildad y resiliencia que atraviesa el personaje son tremendamente importantes. La validación que hace sobre los sentimientos de un niño —ya sea el miedo a responder el teléfono a Connie, la felicidad de comerse una donut, o lo incómodo de que todos quieran ver a su madre a través de los ojos de Steven— atrae una mirada no intrusiva o adultocéntrica, es decir, de crianza respetuosa. A lo largo del tiempo, varias veces he discutido sobre qué es la crianza, dar herramientas de expresión a un bebé para que de niñe pueda ser como Steven, alegre, confiado y tolerante. Creo que ver la serie entrega una serie de herramientas no solo a los niñes que la vean, sino a los mapadres o cuidadores de menores que se ven reflejados en el miedo ante lo desconocido, de decir demasiado, o explicar muy poco, sobre todo en torno al duelo, o la ESI (educación sexual integral) y el consentimiento. Porque si hay algo que desarrolla esta serie, es educación emocional, en todo momento, y más específicamente sobre el amor no heteronormado, distinto a como es representado normalmente, sino como es en realidad. Con familias homoparentales, con imágenes de mapaternidad distinta. Como la misma Rebeca Sugar describe en su entrevista a Vogue:

> "heterosexual cis kids have had cartoons and entertainment for 100 years that cater to them and asserts their identities as "normal"" (niñes hetero han tenido cien años de cartoons para que les digan que su identidad es "normal").

Las repercusiones de esta obra, por lo mismo, son incalculables. No es sólo que una generación haya crecido con la voz de Garnet lidiando con todos a la vez, sino el reflejo de los adultos creciendo a la vez que Steven, no son fórmulas acabadas sino personas que continúan madurando.

Dos temas que crecieron luego del final de la serie son el autoestima y el racismo. Desde la campaña de DOVE —la marca de jabón— sobre la pluralidad de cuerpos a el movimiento Black Lives Matter o #yotecreo los temas del cuerpo, el respeto y la tolerancia en nuestro mundo han sido puestos sobre el tapete y son motivo de discusión constante para los gobiernos. Si bien no es directamente responsabilidad de Rebecca Sugar, sí muchas de las personas que marcharon en esas oportunidades llevaron consigo carteles con caricaturas y frases tomadas de *Steven Universe* sobre estos temas.

Finalizando, esta serie no sólo nos parece buena e interesante a nosotros. Este libro pretende ser una primera guía o atisbo sobre cómo expandir los atributos de la emocionalidad trabajándolos de forma clínica, segura, donde podemos abordar aquellas situaciones de forma pragmática sin caer en la demagogia tan común en la narrativa infantojuvenil.

Muchas veces las palabras no son suficientes, también están los hechos, y que mejor que recordando todos los premios y nominaciones que ha tenido la caricatura Steven Universe.:

> Behind the Voice Actor Awards, Premios Annie, Young Artist Awards, Hall of Game Awards, Premios Emmy, James Tiptree Jr. Award, Kids' Choice Awards, GLAAD Media Awards, Teen Choice Awards, Motion Picture Sound Editors, Online Film & Television Association, Young

Entertainer Awards son solo algunas instituciones que han nominado y/o premiado el trabajo realizado en *Steven Universe*, desde actores de doblaje, logro individual excepcional en animación, mejor casting de voces, mejores actrices de doblaje, animación excepcional de corta duración, mejor animación o mejor serie animada desde el primer año de su emisión en el 2013, hasta su epílogo con *Steve Universe Future* en el 2020.

Bibliografía

Artículos web

Almenares, M. Louro, I. Ortiz, M. (1999). Comportamiento de la violencia intrafamiliar. Revista Cubana de Medicina General Integral, 15(3), 285-292. Recuperado de: http://scielo.sld.cu/scielo.php?script=sci_arttext&pid=S0864-21251999000300011

Bisquerra, R (2003) Educación emocional y competencias básicas para la vida. Revista de Investigación Educativa, 2003, Vol. 21, n.º 1, págs. 7-43 https://revistas.um.es/rie/article/download/99071/94661/0

Bisquerra, R. Filella, G. (2003) *Educación emocional y medios de comunicación.* Comunicar : revista científica iberoamericana de comunicación y educación, 2003, núm. 20, p. 63- http://repositori.udl.cat/handle/10459.1/31323

Blasco, C., & DEL CONCEPTO, J. A. (2005). Dependencia emocional. I Congreso Virtual de Psiquiatría 1 de febrero-15 de marzo 2000. Rescatado de: http://files.psicodx-funccog-personalidad.webnode.com.co/200000057-412c14225d/dependencia%20emocional.pdf

Bonino, L (2002). *Masculinidad hegemónica e identidad masculina.* Dossiers feministes 6 masculinitats: mites, de/construccions i mascarades. España. Pág. 7-36. Link: **https://www.google.com/url?sa=t&source=web&rct=j&url=https://www.raco.cat/index.php/DossiersFeministes/article/download/102434/153629&ved=2ahUKEwjw3_TCi_DgAhWFGbkGHXzyBNYQFjABegQIBhAB&usg=AOvVaw10BmkdQ-sHKdKgFBtCyvjv**

Botella, L., Grañó, N., Gámiz, M., & Abey, M. (2008). La presencia ignorada del cuerpo: Corporalidad y (re) construcción de la identidad.

Revista argentina de clínica psicológica, 17(3), 245-263. Recuperado de: https://www.redalyc.org/pdf/2819/281921795006.pdf

Brenlla, M. Brizzio, A. Carreras, A. (2004). Actitudes hacia el amor y apego. Psicodebate. Psicología, Cultura y Sociedad, N°. 4, 2004, págs. 7-23 Rescatado de: https://dialnet.unirioja.es/servlet/articulo?codigo=5645302

Caldevilla, D. (2010): Estereotipos femeninos en series de TV (Ensayos). En Chasqui Revista Latinoamericana de Comunicación. Quito: CIESPAL, pp. 73-78. ISSN:1390-1079 Recuperado de: https://repositorio.flacsoandes.edu.ec/bitstream/10469/5598/3/RFLACSO-CH111-15-Caldevilla.pdf

Capdevielle, J. (2009). Dos teorías explicativas del orden social. Recuperado a partir de https://www.perio.unlp.edu.ar/ojs/index.php/question/article/view/712

De Rosa, L. Dallas, A. Rutsztein, G y Keegan, E (2015) Perfeccionismo y autocrítica: consideraciones clínicas. Revista Argentina de Clínica Psicológica, vol. XXI, núm. 3, noviembre, pp. 209-215. Fundación Aiglé. Buenos Aires, Argentina **https://www.redalyc.org/html/2819/281929021003/**

Ferrando, J. (1974). Casta, estamento y clase social. Revista de estudios políticos, Número 198, Págs. 23-66. Recuperado de: https://dialnet.unirioja.es/descarga/articulo/1705316.pdf

Flórez, S. (2009). Duelo. *Anales del Sistema Sanitario de Navarra.* ANALES Sis San Navarra 2002, Vol. 25, Suplemento 3 pág. *25*, 77-85. Recuperado de **https://recyt.fecyt.es/index.php/ASSN/article/view/5545**

Gamo, E & Pazos, Pilar. (2009). *El duelo y las etapas de la vida.* Revista de la Asociación Española de Neuropsiquiatría, ISSN 0211-5735,

Vol. 29, Nº. 104, 2009, págs. 455-469. 29. 10.4321/ S0211-57352009000200011. **https://www.google.com/url?sa=t&source=web&rct=j&url=https://www.researchgate.net/publication/38292132_El_duelo_y_las_etapas_de_la_vida&ved=2ahUKEwia6fvWnsvkAhUuHbkGHU9RDzc4HhAWMAZ6BAgCEAE&usg=AOvVaw1iCAnzjyTC3GECduEUyCwY**

García, N., & Martínez, L. (2009). *La representación positiva de la imagen de las mujeres en los medios.* Comunicar, 16(32), 209-214. Recuperado de: https://www.redalyc.org/pdf/158/15812476023.pdf

Guerrero, D. (1900). El Tratado sobre el gobierno civil de John Locke. Una refutación del absolutismo de Robert Filmer. Universitas Philosophica, 8(15-16). Recuperado a partir de https://revistas.javeriana.edu.co/index.php/vniphilosophica/article/view/11573

Gustems, J. Oriola, S. (2015). Educación emocional y educación musical. Eufonía Didáctica de la Música, núm. 64, pp. 1-5. **https://www.researchgate.net/profile/Josep_Gustems/publication/282604182_Educacion_emocional_y_educacion_musical/links/56136ee208aedee13b5c317a/Educacion-emocional-y-educacion-musical.pdf**

Hoyos, M (2014) *¿Entendemos los adultos el duelo de los niños?* En: Acta pediátrica. Volumen N°73, número-2, febrero 2015 Págs. 27-32. Recuperado de: http://www.actapediatrica.com/images/pdf/Volumen-73---Numero-2---Febrero-2015.pdf#page=7

Kaufman, M. (1995) *Los hombres, el feminismo y las experiencias contradictorias del poder entre los hombres,* en Gabriela Arango, Género e identidad, Tercer Mundo Editores, Bogotá.

http://www.michaelkaufman.com/wp-content/uploads/2008/12/los-hombres-el-feminismo-y-las-experiences-contradictorias-del-poder-entre-los-hombres.pdf

López, F (2003). Apego y relaciones amorosas. Información psicológica, número 82, págs. 36-48. Rescatado de: **http://www.informaciopsicologica.info/OJSmottif/index.php/leonardo/article/view/382**

Mallor, P (2006). Relaciones de dependencia: ¿cómo llenar el vacío existencial? REVISTA DE PSICOTERAPIA / Vol. XVII - Nº 68.Págs. 65-87.Rescatado de: https://www.centroitaca.com/pdf/biblioteca/Dependencia%20emocional_29.pdf

Méndez, L. (2002). Cuerpo e identidad: modelos sexuales, modelos estéticos, modelos identitarios. Blanco, Miñambres y Miranda (coords.). Pensando el cuerpo, pensando desde un cuerpo. Universidad de Castilla La Mancha, Albacete, 123-137.

Montecinos, R. (2004) *La nueva paternidad: expresión de la transformación masculina.* POLIS 04 volumen DOS, pp. 197-220 **https://dialnet.unirioja.es/descarga/articulo/2159273.pdf**

Muñoz, S. (2004). La influencia de la Nueva Televisión en las Emociones y en la Educación de los Niños. *Revista Internacional de Psicología, 5*(02), 1-31. http://www.revistapsicologia.org/index.php/revista/article/view/28

Plancarte, R (2015) ¿Son racionales las normas sociales? Espiral, Estudios sobre Estado y Sociedad Vol. XXII No. 64. **https://www.google.com/url?sa=t&source=web&rct=j&url=http://www.scielo.org.mx/pdf/espiral/v22n64/v22n64a1.pdf&ved=2ahUKEwjY8v3fn8vkAhXFHbkGHS42**

A00QFjAFegQIBBAB&usg=AOvVaw35Ot72E0iUz9slRmk zJLGK

Portillo, C y Torres, L. (2007) *Efectos en la crianza de familias uniparentales: La autoestima.* Revista Electrónica de Psicología Iztacala Vol. 10 No. Pág. 16 -38. México **http://www.iztacala.unam.mx/carreras/psicologia/psiclin/vol10num1/art2vol10no1.pdf**

Prigoff, A. (2000). La violencia y el trauma emocional. Trabajo Social, (2), 124-131. Rescatado de: https://revistas.unal.edu.co/index.php/tsocial/article/view/32777

Puyana, Y, & Mosquera, C. (2005). *Traer "hijos o hijas al mundo": significados culturales de la paternidad y la maternidad.* Revista Latinoamericana de Ciencias Sociales, Niñez y Juventud, 3(2), 111-140. Retrieved April 21, 2019, recuperado de: http://www.scielo.org.co/scielo.php?script=sci_arttext&pid=S1692-715X2005000200005&lng **=en&tlng=pt**.

Roa, A. (2017). *La educación emocional, el autoconcepto y su importancia en la infancia.* Edetania. Estudios Y Propuestas Socioeducativas, 241-257. Recuperado a partir de https://revistas.ucv.es/index.php/Edetania/article/view/210

Sánchez, M (2011). Apego en la infancia y apego adulto: influencia en las relaciones amorosas y sexuales. Tesis de magíster en estudios interdisciplinares de género. Universidad de Salamanca. Rescatado de: https://gredos.usal.es/jspui/handle/10366/99355

San Miguel, M. (2006). Apego, trauma y violencia: comprendiendo las tendencias destructivas desde la perspectiva de la teoría del apego [Renn, P., 2006]. Aperturas Psicoanalíticas. Revista Internacional de Psicoanalisis, 24 .Rescatado de: http://www.aperturas.org/articulo.php?articulo=423

Torre, L. (2005) *La paternidad: un camino en construcción.* Apuntes de Psicología, Vol. 23, número 2, págs. 161-174. **http://www.apuntesdepsicologia.es/index.php/revista/article/view/88/90**

Trujillo, M, & Rivas, L. (2005). Orígenes, evolución y modelos de inteligencia emocional. Innovar, revista de ciencias administrativas y sociales. Universidad Nacional de Colombia. Enero a junio de 2005, 15(25), págs. 9-24. Rescatado de: http://www.scielo.org.co/scielo.php?pid=S0121-50512005000100001&script=sci_abstract&tlng=f

Valdés, X (2009) *El lugar que habita el padre en Chile contemporáneo: Estudio de las representaciones sobre la paternidad en distintos grupos sociales.* Polis [online]. 2009, vol.8, n.23, pp.385-410.https://journals.openedition.org/polis/1859

Yoffe, L. (2013) Nuevas concepciones sobre los duelos por pérdida de seres queridos. Av.psicol. 21(2) 2013 agosto - diciembre. Págs. 129-153. **https://www.google.com/url?sa=t&source=web&rct=j&url=http://www.unife.edu.pe/publicaciones/revistas/psicologia/2013/2/Laura%2520-Yoffe.pdf&ved=2ahUKEwjrlJ7QncvkAhXaILkGHX55BgYQFjASegQIAxAB&usg=AOvVaw0JjlKhUEVIQrx20nxddziP&cshid=1568289485413**

Entrevistas

Mallikarjuna, K (1 de diciembre de 2016) Rebecca Sugar, creadora de la serie. [Entrevista transcrita en blog]

Libros

Bauman, Z. Lyon, D (2013) Vigilancia Líquida. Editorial: Paidós. Barcelona, España. Rescatado de: http://www.ntic2012.yolasite.com/resources/10%20Bauman.pdf

Heller, E. (2008) Psicología del color. Como actúan los colores sobre los sentimientos y la razón. Editorial Gustavo Gili, Barcelona, España.

Scribano, A (2010) Cuerpo, Emociones y Teoría Social Clásica: Hacia una sociología del conocimiento de los estudios sociales de los cuerpos y las emociones. En: Cuerpos y Emociones desde América Latina. Editorial: CEA-CONICET; Doctorado en Ciencias Humanas - Facultad de Humanidades - Universidad Nacional de Catamarca.Córdoba, Argentina. Rescatado de: https://n9.cl/3wgjc

Sinay, S. (2006) *Masculinidad tóxica.* Ediciones B. Buenos Aires, Argentina.
http://kolectivoporoto.cl/wp-content/uploads/2015/10/Sinay-Sergio-La-masculinidad-toxica.pdf

Monbourquette, J (2004). *De la autoestima a la estima del Yo profundo.* Editorial SAL TERRAE. Maliano, España. http://recursosbiblio.url.edu.gt/publicjlg/biblio_sin_paredes/autoestima.pdf

Woolf, V (2010) *Un cuarto propio.* Editorial cuarto propio, Santiago, Chile.

Páginas de referencia

https://steven-universe.fandom.com/wiki/Steven_Universe_Wiki

https://steven-universe.fandom.com/es/wiki/Portada

Autores

Kata Allende

Nace en 1994 en Santiago de Chile. Desde temprana edad muestra interés por la comunicación, periodismo y audiovisual. Estudió en la Universidad de Chile donde obtuvo su Licenciatura en Comunicación Social y título de Periodismo. Durante su formación profesional participó en el taller de cine documental impartido por la Fundación Mafi (Mapa Fílmico de un País) edición 2015, realizó su práctica en la Cineteca perteneciente a Universidad de Chile y colaboró en diversos cortometrajes universitarios. Fue continuista en la realización del cortometraje con temática mapuche *Meli* (2020) dirigido por Ayelén Lonconao Vargas y es co-creadora del Podcast Cianisha Astral.

Priska Gallardo

Nace en 1994 en Puerto Natales. Desde temprana edad muestra interés por la literatura y el cine. A los 15 años hizo su primer viaje a Santiago para formar parte de la Escuela de verano de Literatura Contemporánea de la Universidad de Chile impartido en 2010. Años más tarde se vino a vivir a Santiago para estudiar la carrera de Cine y Tv en la Universidad de Chile donde obtuvo su Licenciatura en Comunicación Audiovisual. Trabajó en diversos proyectos universitarios asumiendo diversos roles como dirección de arte, producción, y montaje. En 2018 realizó su práctica en Festival Audiovisual para Niños (FAN) y trabajó como directora de arte en el cortometraje *Cerca del río* (2018) de la directora Andrea Castillo distribuido en festivales nacionales e internacionales.

www.ingramcontent.com/pod-product-compliance
Ingram Content Group UK Ltd.
Pitfield, Milton Keynes, MK11 3LW, UK
UKHW041630190726
13854UKWH00006B/2405

9 789569 505515